PAULO FREIRE
E O
NACIONALISMO-DESENVOLVIMENTISTA

VANILDA PAIVA

PAULO FREIRE
E O
NACIONALISMO-DESENVOLVIMENTISTA

© by Vanilda Paiva

CIP-Brasil. Catalogação-na-fonte
Sindicato Nacional dos Editores de Livros, RJ.

P171p

Paiva, Vanilda Pereira
Paulo Freire e o nacionalismo
desenvolvimentista / Vanilda Pereira
Paiva — São Paulo : Graal, 2000

Inclui bibliografia
ISBN 85-7038-020-8

1. Freire, Paulo, 1921-1987.
2. Educação – Filosofia.
3. Sociologia educacional.
4. Política e educação. I. Título.

00-1683

CDD-370.1
CDU-37.01

010009

EDIÇÕES GRAAL LTDA.
Rua Hermenegildo de Barros, 31 A
e
Rua do Triunfo, 177
Santa Ifigênia, São Paulo, SP — CEP 01212-010
Tel.: (011) 223-6522
E-mail:vendas@pazeterra.com.br
Home Page:www.pazeterra.com.br

2000
Impresso no *Brasil* / *Printed in Brazil*

Dedico esta edição a
meus pais, Walter
(1917-1991) e Maria
Hilda (1917-2000).

SUMÁRIO

Apresentação – Sobre nação, perdas e retratações 9

Prefácio 17

Introdução à nova edição 23

Introdução 31

I. A síntese pedagógica "existencial-culturalista" como
tradução do isebianismo 45
  1. Filosofia da existência e "culturalismo político":
os "isebianos históricos" 46
  2. Personalismo e culturalismo: o pensamento católico .. 74
  3. A pedagogia "existencial-culturalista" 98
    3.1. A "situação fundamental do homem" 100
    3.2. A interpretação da realidade 103
    3.3. A análise da realidade educativa 115
    3.4. Personalismo contra massificação 120
    3.5. Síntese "existencial-culturalista" e a "comunicação
de consciências" 130
    3.6. Culturalismo e "fichas de cultura" 138

II. Sociologia pragmática e pedagogia da libertação 143
  1. Uma educação para a mudança 144
  2. Indicações para uma psicologia pedagógica 155
  3. A conscientização 158
  4. Mannheim, Freire e o ISEB 160

III. Conscientização e populismo 169

1. As formas da consciência 175
2. O espaço pedagógico 191
3. Democracia burguesa e diretividade pedagógica 206
4. Populismo tradicional e "populismo indutivista" 216
5. Catolicismo radical e "populismo indutivista" 231

APRESENTAÇÃO

SOBRE NAÇÃO, PERDAS E RETRATAÇÕES

Que o leitor incauto não se deixe enganar pelo título: *Paulo Freire e o nacionalismo-desenvolvimentista* é muito mais do que um estudo sobre as correlações entre o método pedagógico do educador pernambucano, consagrado a partir da década de 1960, e algumas teses dos intelectuais da década anterior. O título do livro expressa de forma feliz e sintética, como deve ser, nada além do mote a partir do qual Vanilda Paiva se volta para um dos momentos mais fascinantes da história intelectual e política brasileira, vasculhando de forma cuidadosa algumas das idéias-força que o animaram.

Um dos aspectos dessa obra que chamam logo a atenção é o fato de a autora não se limitar à interpretação do nacionalismo-desenvolvimentista pela lente de Paulo Freire. Ela vai à produção intelectual dos próprios nacionalistas da década de 1950 (leia-se, os isebianos históricos), partindo, contudo, das influências por eles recebidas da geração anterior e das matrizes teóricas a que se filiavam. É atravessando paciente e precisamente esse caminho que ela chega a Paulo Freire, a suas próprias formulações, às influências por ele recebidas também do pensamento católico para, a partir de então, retornar às articulações entre o método pedagógico, tal como concebido e redefinido no período entre 1959 e 1965, e o nacionalismo-desenvolvimentista. O resultado final é um dos mais belos trabalhos de história das idéias já produzidos no Brasil.

A tarefa que Vanilda se impôs e a forma como a realizou seriam razões mais do que suficientes para que o relançamento de seu livro, vinte anos após a primeira edição, fosse saudado como uma das mais felizes iniciativas editoriais dos últimos tempos. Há, contudo, outras razões para isso. Já quando foi lançado originalmente, em 1980, *Paulo Freire e o nacionalismo-desenvolvimentista* surgiu como uma das principais análises dedicadas ao nacionalismo da década de 1950 no Brasil. Arrisco a afirmar, porém, que, dentre as outras poucas obras dedicadas ao tema surgidas naquele momento, o livro não só recebeu atenção inferior à merecida, mas também sua perspectiva foi suplantada por outra, mais crítica e corrosiva acerca do nacionalismo-desenvolvimentista, em geral, e de suas formulações saídas do interior do ISEB, em particular. Talvez, àquele momento, as feridas decorrentes do golpe militar de 1964, que sepultou boa parte das "ilusões" e prospecções otimistas alimentadas a partir de 1945, não estivessem suficientemente cicatrizadas. É provável que essa seja uma das razões por que o nacionalismo-desenvolvimentista e o próprio nacionalismo, posteriormente incorporado à propaganda do regime militar, tenham-se tornado um alvo quase evidente do doloroso processo de expiação de culpas e revisões a que se lançou a esquerda brasileira, incluindo aí suas ramificações nos meios intelectuais. Ou seja, há na leitura que vingou sobre as teses nacional-desenvolvimentistas uma espécie de acerto de contas tácito entre seus formuladores, cujos trabalhos foram realizados no final dos anos 70 e início da década seguinte, e os nacionalistas, que representavam, aos olhos dos primeiros, a geração que protagonizara um fracasso deplorável. Esse não é, decididamente, o tom deste livro, o que contribui para sua singularidade e perenidade.

O mascaramento dos conflitos entre os interesses de classe, a tendência a superestimar o caráter revolucionário de uma parte da burguesia nativa, o aludido caráter populista das teses nacionalistas, os traços alegadamente autoritários de suas propostas políticas e a ideologização (com toda a carga pejorativa que se pode imputar ao termo) das análises que se pretendiam objetivas do processo histórico brasileiro foram apontados como razões mais do que suficientes para que a produção intelectual engendrada no ISEB fosse anatematizada como mistificação, como um corpo teórico datado, inconsistente, cheio de contradições internas e fadado ao fracasso. A dor decorrente do sentimento de perda experimentada por uma geração, embutida nas análises "definitivas" do nacionalismo-desenvolvimentista, levou à geração subseqüente uma perda maior.

Menos preocupada em apontar os erros estratégicos e as imprecisões teóricas do pensamento nacional-desenvolvimentista, a autora se concentra no intrincado processo intelectual pelo qual alguns de seus principais mentores formularam suas teses. Essa não foi uma tarefa fácil para eles. Tampouco o foi a reconstituição aqui feita, de forma magistral. A descrição do processo pelo qual dois dos chamados isebianos históricos, Helio Jaguaribe e Roland Corbisier, passam da reflexão filosófica típica do IBF para uma postura intelectual mais engajada e voltada para a análise dos problemas brasileiros revela, já nas primeiras páginas, o que teremos pela frente. O leitor acompanha, passo a passo, a chamada síntese teórica em que o existencialismo, o vitalismo, o culturalismo e o hegelianismo filtrado por Kojève formam as fontes a partir das quais os isebianos puseram a seu serviço obras de intelectuais tão díspares entre si como Sartre, Gabriel Marcel, Jaspers e Ortega y Gasset. Entendida como a forma pela qual o homem intervém sobre a natureza, e também como o processo pelo qual o homem apreende essa própria ação, a cultura e sua problematização ganham dimensão política. A reflexão filosófica passa a estar voltada para a transformação das consciências e para a promoção da libertação do homem.

Com Guerreiro Ramos, terceiro isebiano a aparecer em cena, opera-se uma nova torção: cabe colocar a síntese filosófica a serviço do conhecimento dos processos sociais. A Álvaro Vieira Pinto, o mais palatável isebiano histórico entre os círculos da esquerda do início dos anos 60, cabe o papel de principal referência de Paulo Freire em seu esforço de definição do que viria a ser seu método de educação e como ele poderia levar as massas, por meio da prática pedagógica, a um estágio de consciência crítica. Assim, tomamos contato, ao longo do livro, com os sofisticados procedimentos intelectuais que presidiram a construção de conceitos-chave do pensamento nacional-desenvolvimentista. Aprendemos o modo pelo qual conceitos como fase, época, colonialismo, consciência ingênua, alienação, emancipação nacional, autonomia, heteronomia, nacionalismo, redução sociológica e tantos outros foram semantizados pelos isebianos, foram por eles dotados de poder heurístico e vitalidade política. Suas dificuldades, ambigüidades e lacunas não são esquecidas. Elas estão presentes na análise, mas enquadradas num conjunto de esforços que as torna compreensíveis, quase como decorrências do caráter ambicioso das próprias formulações.

Contemporâneos de um período extremamente rico em movimentos de libertação nacional e afirmação de nações do então recentemente alcunhado Terceiro Mundo, os isebianos pagaram um preço à posteridade por não pouparem esforços em buscar, num mundo bipolarizado, uma alternativa teórica e prática tanto ao liberalismo quanto ao marxismo (seria aceitável, como então, chamá-la de terceira via?). Do mesmo modo, pagaram um preço por abordarem a história, tal como encontramos literalmente em *Formação e problema da cultura brasileira*, de Roland Corbisier, como um conjunto de narrativas construídas com o intuito de conferir inteligibilidade a uma certa "circunstância" e, mais importante, de superá-la. Abordagens que se encontram perdidas nas prateleiras empoeiradas dos sebos, em obras há muito esperando por reedições e que, uma vez resgatadas, tiram um pouco do frescor excessivamente novidadeiro de intervenções recentes no Brasil e em outros centros.

Entretanto, tomar as formulações desses intelectuais como respostas para nossa própria contemporaneidade não representaria apenas um anacronismo. Seria traí-los, por negligência intelectual, indigência política ou por completa incapacidade de compreender suas proposições. Por outro lado, cobrar deles a utilização de categorias e a abordagem de problemas que não estavam em seu universo de preocupações, seja por escolha, seja por não serem questões de seu próprio tempo, também não parece uma atitude conseqüente se quisermos realmente conhecê-los de modo adequado. Da mesma forma, anatematizar essas mesmas formulações em razão dos desdobramentos políticos posteriores ao período em que seus criadores se dedicavam a dar respostas conseqüentes aos problemas e às alternativas disponíveis para o Brasil parece de uma deslealdade intelectual sem qualquer fundamento. Vanilda escapa de cada uma dessas armadilhas com serenidade invejável e, por essa razão, seu livro pode representar uma peça de ligação crucial entre a geração de 1950 e as novas gerações de cientistas sociais.

Os estudantes de Ciências Sociais que, como eu, ingressaram na universidade no início dos anos de 80 viveram uma situação paradoxal. Fomos beneficiados por encontrar o campo pelo qual optamos dedicar nossa formação profissional amplamente consolidado. Àquela altura, as Ciências Sociais produzidas no Brasil já possuíam um belo patrimônio construído no interior de instituições universitárias sólidas e em alguns institutos de pesquisa e de pós-graduação também consolidados e preparados para a necessária tarefa de difusão desse campo de saber, de seus métodos e recursos de análise. Encontramos, enfim, um campo de atividade profissional legitimado institucionalmente e em expansão.

Por outro lado, contudo, nossa formação se deu num contexto em que vigorava (será acertado o uso do pretérito?) uma concepção de produção intelectual em que as fronteiras disciplinares e temáticas eram rapidamente levantadas e os nichos ferozmente demarcados. Mais desastroso, fomos socializados com uma história da formação do pensamento social no Brasil que, partindo dos "pais fundadores", aqueles que produziram no momento anterior à radicação das Ciências Sociais no interior da universidade brasileira, chegava à escola sociológica de São Paulo, entendida, a partir de sua criação, como a esfera de produção científica por excelência. Desde então, a dimensão institucional passa a funcionar, explícita ou tacitamente, como crivo legitimador da produção intelectual. Ou seja, a partir da institucionalização das Ciências Sociais e da adoção de seus métodos então consagrados, tudo o que lhe foi externo passou a ser encarado como resíduo de uma forma de produção intelectual antiga e inconsistente teoricamente. Basta consultar os programas de pensamento social então ministrados para que se confirme essa tendência.

Desse modelo de formação, sofremos duas conseqüências. Primeiro: fomos privados do contato com obras e autores sofisticados, empenhados em tornar inteligíveis os problemas sociais e em dar respostas tentativas às inquirições de seu tempo. Segundo: incorporamos uma espécie de ética da especialização, pela qual nos recusamos a identificar o trabalho intelectual como algo indissociável da atuação na esfera pública, encontrando, entre os muros da academia e nos ouvidos, entre interessados e complacentes, de colegas, professores e alunos, nosso porto seguro. No célebre confronto Florestan/Guerreiro Ramos, o primeiro, malgrado sua trajetória posterior e o belo patrimônio que nos legou, obteve sua vitória de Pirro.

O livro de Vanilda é crucial também no que diz respeito a esses "efeitos perversos" da institucionalização das Ciências Sociais no Brasil. Nele a autora mobiliza sua própria erudição para evidenciar a sofisticação de intelectuais que, por razões diversas que pouco têm a ver com a qualidade e o vigor de suas obras, estão hoje banidos dos programas básicos do pensamento social produzido no Brasil. Nele também, e graças, mais uma vez, à cultura histórica da autora, podemos ter contato com uma produção teórica que não necessitou abrir mão de sofisticação analítica para se pôr a serviço da ação política voltada para a construção de um país menos inequânime e excludente. O percurso que conduz da redução filosófica dos isebianos históricos até a redução pedagógica de Paulo Freire, passando pela redução sociológica, também operada no interior do ISEB, marca os caminhos e descaminhos de um experimento intelectual ambicioso, da maior importância para a história recente do Brasil, cujo esquecimento representa uma perda intelectual, política e, por que não dizer, existencial para a geração posterior. Um momento em que o fazer filosófico rompeu as margens da *vita contemplativa* e se dispôs a ir às ruas. Momento em que se ousou filosofar em língua portuguesa, com todos os riscos que tal esforço representava. É crucial que fechemos essa lacuna e, para essa tarefa, a reedição de *Paulo Freire e o nacionalismo-desenvolvimentista* é uma contribuição crucial.

Um outro aspecto a ser ressaltado no que diz respeito à conveniência da reedição desse livro. Vivemos, atualmente, um período de grande interesse pelo estudo de questões relativas ao nacionalismo em suas mais variadas configurações. Seja porque a idéia de nação e seus corolários — Estado nacional, movimentos nacionalistas, soberania nacional etc. — estão em crise, seja simplesmente porque passam por um momento de redefinição, seja, enfim, pelo recrudescimento de algumas de suas manifestações mais perturbadoras, é pouco provável que em algum outro momento se tenha escrito e estudado tanto tais questões como agora. Esse interesse pode indicar, como Benedict Anderson sugere hipoteticamente, o canto do cisne de uma era. Pode significar, também, a urgência imperativa em redimensionarmos padrões básicos de socialização em larga escala.

O que cabe salientar é o descompasso entre essa onda de estudos e o pouco interesse que o tema desperta atualmente no Brasil. Talvez o professor Antônio Carlos Peixoto tivesse razão, quando observou certa vez, em caráter informal, que a questão nacional se coloca (ou, justamente, não se coloca), no Brasil de hoje, como uma espécie de efeito de inércia. Dimensão não problemática de uma sociabilidade difusa. De todo modo, esse relativo silêncio não deve ser mantido por muito mais tempo. Há questões em excesso a serem abordadas teórica e politicamente no Brasil que, de um modo ou de outro, nos obrigam a tomar o nacional como questão. Talvez a mencionada anatematização do nacionalismo-desenvolvimentista tenha a ver com essa tendência que, cedo ou tarde, terá de ser superada.

Não precisamos nos tornar nacionalistas para dispensar a devida atenção ao tema. Se nos tornamos nacionalistas, não necessariamente o fazemos pela adesão a suas configurações autoritárias, xenófobas e/ou provincianas. Certamente não precisamos pautar critérios de exclusão para firmarmos laços de pertencimento ou, inspirados em Appiah, não precisamos abdicar da ambição por uma espécie de nacionalismo cosmopolita. O nacionalismo isebiano traz indiscutíveis traços de autoritarismo, como, por sinal, Vanilda não hesita em demonstrar, mas representa também um dos mais árduos esforços de balizamento de uma ação política voltada para a incorporação, para a formalização de laços de pertencimento capazes de promover alguns milhões de brasileiros a uma condição de vida mais decente. Se, como quer Richard Rorty, o sentimento nacional está para um povo assim como a auto-estima para o indivíduo, o nacionalismo-desenvolvimentista deve ser visto também como a mais comovente tentativa de afirmação do Brasil como algo dotado de sentido e plausibilidade. Mais importante ainda: se situamos alguns dos isebianos na história do pensamento social brasileiro, vemos neles o primeiro esforço de formulação de ações políticas que levam em conta as idéias de sociedade civil, liberdade individual e democracia política articuladas em um projeto coletivo.

Nas passagens em que a influência do pensamento católico é trazida à cena, percebemos ainda mais claramente que estamos lidando com um momento em que a idéia de nação e a inércia atual são absolutamente incompatíveis. Talvez não fique suficientemente claro que as teses de Maritain e Mounier, referências fundamentais do jovem movimento católico, também estiveram presentes nas obras de alguns isebianos históricos. Nada grave, visto que a leitura atenta da análise acaba fazendo com que o próprio leitor o perceba. Assim como perceberá que também nesse campo, o do pensamento católico, estamos acumulando um certo *déficit*. Essa, por sinal, é mais uma razão para que se tenha em mente que este livro oferece muito mais do que seu título, sintético, como deve ser, sugere.

Por fim, um comentário sobre o Paulo Freire de Vanilda. Logo na abertura, a autora menciona as leituras áridas impingidas aos estudantes de pedagogia que ingressaram nas universidades nos idos de 1960. Curioso notar que algo parecido ocorreu com pelo menos alguns dos estudantes que entraram em contato com a obra de Paulo Freire, também nas universidades, nos anos de 80. Isso porque, tomado como cânone, como recurso didático a ser meramente assimilado e utilizado na prática pedagógica, o método Paulo Freire perde boa parte de sua vitalidade. O método de Paulo Freire é, antes de tudo, o anticânone. Ele é concebido como experimento, é inspirado por matrizes filosóficas e concepções de mundo diversas. Seu próprio criador o submete a redefinições, segundo cada experimento, cada crítica, cada contexto. Paulo Freire parte do dirigismo ilustrado, que a autora aponta como uma das heranças do isebianismo, para, pouco a pouco, sob a influência do personalismo inspirado em Mounier, abrir-se para as condições efetivas do homem a quem pretende levar a libertação.

Paulo Freire e o nacionalismo-desenvolvimentista é desses livros que não acabam quando da conclusão de sua leitura. O texto, a um só tempo denso e agradável, instiga o leitor a ir às próprias fontes da autora. Provoca o leitor a ir a Paulo Freire, aos nacionalistas isebianos, a seus inspiradores existencialistas, cristãos, vitalistas, não necessariamente nessa ordem. É um livro, enfim, que abre possibilidades para que outros livros sejam lidos e escritos, não tem a pretensão de ser definitivo. O que mais podemos esperar de um clássico?

João Trajano Sento-Sé,
novembro de 2000.

PREFÁCIO

Embora este volume seja o resultado de uma reunião de textos escritos para serem publicados isoladamente, o conjunto deles está a serviço de algumas teses centrais que os unificam. O título recebido resume as teses defendidas: procura-se demonstrar que a pedagogia de Paulo Freire deve ser entendida a partir do movimento de idéias que caracterizou os anos 50, notadamente a ideologia do nacionalismo-desenvolvimentista. O terceiro e último dos textos aqui reunidos é publicado pela primeira vez. O menor deles, reproduzido neste volume sob o título que recebeu sua tradução em espanhol ("Sociologia pragmática e pedagogia da libertação"), foi anteriormente publicado em português — sem que tenha sofrido posteriormente qualquer alteração — no número 14 (set.-dez., 1978) da revista *Síntese* com o título "Sobre a influência de Mannheim na pedagogia de Paulo Freire". A mesma revista publicou, em seu número 16 (maio-ago., 1979), uma versão mais curta do trabalho que abre esta coletânea e que recebeu, então, a denominação de "Existencialismo cristão e culturalismo: sua presença na obra de Freire".

Como qualquer produto do trabalho intelectual, estes textos têm uma história que só se esclarece pela história de vida do autor. O interesse pela pedagogia de Freire nasceu de preocupações práticas ligadas a como alfabetizar e educar adultos no interior de um estado do Nordeste na segunda metade dos anos 60. Naquela época, parecia existir uma única solução: o método Paulo Freire. Para utilizá-lo, generosas pedagogas com pouca clareza sobre a realidade socioeconômica, sobre seus próprios objetivos político-sociais e sobre as implicações de sua ação, envolvidas pelo despistante linguajar de professores improvisados ou de autores capazes de utilizar com rara eficiência político-ideológica chavões pedagógico-humanistas de caráter abstrato, lançavam mão de mil malabarismos que terminavam por desvirtuar os objetivos a que deveria servir o método, por frustrar seus clandestinos utilizadores e, finalmente, por contribuir para mistificar o método e seu autor. Estou certa de não descrever aqui uma experiência individual. A formação recebida nos cursos de pedagogia — no passado e ainda hoje — contribui, na maior parte dos casos, para embaçar a compreensão da realidade e do próprio significado da atividade pedagógica. E não é, certamente, inocente: serve à formação de seres com boa consciência dedicados à reprodução de uma estrutura social calcada sobre a desigualdade e a exploração; transforma jovens ingênuos em profissionais que se mantêm à margem de tudo o que é relevante para a vida educacional do país e que, quando logram romper as barreiras criadas pelo "ambiente pedagógico" e se propõem a participar, mal sabem como se situar num meio que lhes é estranho e hostil, que fala uma linguagem e defende valores anatematizados pelos "educadores", e no qual devem enfrentar os preconceitos cultivados por profissionais das áreas conexas em relação aos pedagogos e desenvolvidos igualmente por estes em relação àqueles. A "formação pedagógica" certamente dificultou aos profissionais da educação a apreensão do significado social, político e mesmo pedagógico do trabalho de Freire; aos mais afoitos reservava-se, como máximo de percepção possível, a desconfiança de que muitas coisas ficavam na penumbra e mereciam explicação maior. Mas como elucidar questões que nem sequer eram claramente formuladas, se a não-compreensão não se reconhecia plenamente como tal, ficando no nível da intuição? A busca das pós-graduações em educação tampouco serviu ao processo de esclarecimento do social e do pedagógico, num período de cerceamento das liberdades de pensamento e expressão: os chavões pedagógico-humanistas conviviam com ou eram substituídos por chavões tecnocráticos, de igual valor e serventia, à época das ilusões do planejamento educacional. Por outro lado, à medida que a repressão crescia e com ela aumentavam as dificuldades de utilização do método, avolumava-se a crença nos seus "poderes subversivos" (pela impossibilidade do confronto com os problemas colocados pelo seu uso e pela própria imagem da pedagogia de Freire criada pelo regime), fortalecia-se tal metodologia como panacéia para os problemas pedagógicos enfrentados por quaisquer programas de educação popular.

Aos estudantes dos anos 70, leitores de *A reprodução* de Bourdieu/Passeron, dos textos de Poulantzas e Althusser sobre os Aparatos Ideológicos de Estado – AIE, contemporâneos da descoberta de Gramsci como pensador da educação popular, alunos que não tiveram de enfrentar os compêndios de sociologia de Ogburn e Ninkoff como árido e pouco útil pão cotidiano, certamente parecerá estranho esse duro processo de descoberta do social a partir do pedagógico. Mas, para a geração que entrou na universidade no início da década anterior, a descoberta de que a educação é parte relevante de um processo mais amplo de socialização que tem a ver diretamente com as características e transformações da totalidade social era uma tarefa para se cumprir pela vida afora, esbarrando com as dificuldades e questões colocadas pela vida profissional concreta. Constatar que as idéias pedagógicas tinham a ver com a história das idéias filosóficas, sociais e políticas: essa era toda uma outra descoberta! Tão difícil e dura quanto a primeira. Afinal, onde já se viu pedagogo falar em história das idéias? Estas quando apontadas de longe, por compêndios de terceira ou quarta geração, não estavam apenas restringidas à fatia que dizia respeito "à essência do homem e sua educabilidade"; limitavam-se à Antiguidade e, por especial concessão, chegavam ao tomismo e quiçá ao filantropismo do século XVIII.

Mas não pretendemos fazer aqui um inventário das vicissitudes de um pedagogo que precisa voltar-se para a sociologia (e para a filosofia, como conseqüência) para tentar levantar a penumbra que o impedia de ver as vinculações (nos níveis social, político e ideológico) das idéias e da prática pedagógica em geral e daquela ligada ao pedagogo pernambucano, em especial. Basta-nos indicar que esta foi, para a autora deste livro, uma tarefa desenvolvida nos anos 70, fora do Brasil. Por isso, a tese central do conjunto de trabalhos aqui reunidos bem como muitas das idéias de menor alcance neles defendidas (em que pese a substancial diferença na forma) coincidem, em grande medida, com as que aparecem em nossa dissertação de doutoramento, apresentada na Universidade Johann Wolfgang Goethe em Frankfurt am Main em julho de 1978. Busca-se neste trabalho contribuir para a compreensão da formulação pedagógica de Freire como produto de um período da vida intelectual brasileira capaz de gerar exatamente aquele tipo de idéias pedagógicas, como parte da sua lógica. Como tal, ele é também uma contribuição à história das idéias no Brasil, um estudo de alguns de seus filões e a tentativa de identificar as conexões estabelecidas, na época, entre eles. Por certo que esse tipo de análise precisa ser complementado com o que procura desvendar o significado político e social do surgimento do método e de sua utilização na primeira metade dos anos 60. Acreditamos trazer aqui algumas indicações úteis a esse trabalho; não temos, porém, a pretensão de fazer, especificamente, análise social e política do período e de entender, dentro dela, a prática pedagógica intentada com o método Paulo Freire. Restringimo-nos à tentativa de compreensão das raízes do discurso pedagógico de Freire até 1965, porque acreditamos que a sua elucidação pode ser utilizada não somente para perceber corretamente o significado daquela pedagogia no contexto político-social da época mas também para avaliar o seu papel possível na conjuntura brasileira atual. A repressão, o cerceamento das liberdades públicas nos últimos anos criaram mitos e fizeram inflar muitas idéias, organizações e figuras neste país; de pronto, o próprio governo se encarrega de esvaziar agrupações políticas, formulações intelectuais, programas partidários, desinflando-os e tornando-os subitamente anacrônicos. Teria ocorrido o mesmo com a pedagogia de Freire? Por certo que a repressão não somente fez crescer o fascínio exercido por tais idéias pedagógicas, como o próprio golpe em 1964 as poupou das inevitáveis críticas que acompanhariam a avaliação do Programa Nacional de Alfabetização (PNA), críticas que foram sendo formuladas onde o método foi deixando o seu rastro (Chile, Peru, México, Tanzânia, Guiné-Bissau) e que provocaram muitas das revisões feitas pelo próprio Freire em suas idéias. Mas as dificuldades criadas para a utilização do método provocaram também o surgimento de novas formas de atuação pedagógica, do mesmo modo que os obstáculos criados para a organização dos trabalhadores estimularam novas formas de associação e solidariedade: um processo não está desvinculado do outro. A pedagogia Paulo Freire, no Brasil, parece ter dominado a cena do período de nostalgia em relação ao início dos anos 60, provocando até mesmo o esquecimento de que ela foi apenas uma das pedagogias populares surgidas no fertilíssimo período que vai de 1958 a 1964; uma vez retomada a mobilização da sociedade civil, retomou-se igualmente a busca de instrumentos pedagógicos adequados a ela. E possivelmente as idéias de Freire, revistas e desdobradas por ele ao longo da última década, ainda podem contribuir neste contexto, não como panacéia universal, mas como um instrumento, entre outros, a ser considerado na reflexão que serve ao fortalecimento da classe trabalhadora.

Daquilo que dissemos, conclui-se de maneira lógica que este trabalho tem objetivos limitados, aborda apenas alguns aspectos do conjunto de vinculações e implicações da pedagogia de Freire. Daremo-nos por satisfeitos se ele contribuir para esclarecer pontos obscuros, para possibilitar uma leitura mais objetiva da obra do autor, para conduzir à revisão dos comprometimentos de tal pedagogia e à busca de soluções mais adequadas, que podem até partir dela mesma. Outros estudos devem ajudar a formar um quadro mais completo do período, de maneira a permitir sua melhor compreensão: esta é uma tarefa a ser cumprida pelos que consideram o tema relevante.

Como bolsista do Serviço Alemão de Intercâmbio Acadêmico (Deutscher Akademischer Austauschdienst — DAAD), entre dezembro de 1972 e março de 1976 e durante os meses de junho e julho de 1978, me foi dada a oportunidade de realizar estudos que serviram de suporte aos textos aqui apresentados. Estes foram redigidos já no Rio de Janeiro e muito devem às condições de trabalho que me foram oferecidas pelo Instituto Brasileiro de Desenvolvimento – Ibrades/Centro João XXIII, quando do meu regresso ao Brasil em 1976. Em termos pessoais, desejo registrar o meu agradecimento ao dr. Friedrich Schwamborn, coordenador regional do DAAD à época do encaminhamento do meu pedido de bolsa, pelo seu empenho em favor da sua outorgação. Na República Federal da Alemanha recebi não apenas o apoio dos funcionários do DAAD ligados aos bolsistas brasileiros, especialmente as sras. Marie-Louise Ulrich e Helga Wahre, mas especialmente o apoio e a amizade de Wautraut Heidenreich, encarregada dos assuntos ligados aos estudantes estrangeiros na Universidade de Frankfurt. O texto alemão definitivo do meu trabalho, no entanto, nunca teria visto a luz do dia se eu não tivesse contado com a ajuda preciosa de Gudrun e Walter Seipp na sua tradução e dos amigos aos quais dedico esta publicação, em sua revisão, com a paciência de Ute von Bieberstein, que o datilografou, e com a disponibilidade de Horst Gerhardt para o cumprimento de intermináveis formalidades burocráticas. Registro ainda minha dívida para com os professores Heinz-Joachim Heydorn, falecido em 1975, Ernest Jouhy, Egon Becker e Martin Rudolf Vogel.

Aos companheiros do Ibrades/Centro João XXIII, onde se manteve ao longo da difícil década de 1970 um estimulante clima de liberdade de pensamento, devo agradecer o incentivo e a amizade recebidos nos últimos quatro anos. Meu amigo Paulo Meneses, que em sua passagem pela RDA em 1975 convidou-me a retornar à instituição, na qual já trabalhara no período 1971-1972, aí me recebeu no ano seguinte, brindando-me com sua confiança e afeição. Aí também reencontrei o padre Fernando Bastos de Ávila, diretor do Ibrades, e o padre Belisário Velloso, diretor do Centro João XXIII, dos quais recebi, em todos estes anos, compreensão e apoio. Um agradecimento especial devo fazer a Ana Carolina Santa Cruz que não datilografou apenas os textos aqui apresentados, mas, sem conhecer o idioma, datilografou criteriosamente em alemão a dissertação sobre a qual eles se apóiam.

Rio de Janeiro, 1980.

Agradeço também aos amigos que, em 1977, contribuíram para a revisão do texto em alemão, ao saber: Manfred Stinnes, Fabian von Schlabrendorff, Christel Euler, Rudolf Schweikat, Ingrid Biebrich e Heinz-Peter Gerhandt.

Em 7 de novembro de 2000.

INTRODUÇÃO
À NOVA EDIÇÃO

A notoriedade nacional e internacional adquirida por Paulo Freire nos anos 60, e fortalecida na década seguinte, atravessou todo o final do século XX e parece não ter arrefecido, podendo-se prever que sua influência sobreviverá pelo menos ao início do século XXI. Como muitos dos participantes do clima de efervescência política e ideológica dominante na vida brasileira nos anos 60 que se voltaram para questões educacionais e decidiram realizar atividades concretas, vi-me muito cedo confrontada com a existência de um novo e revolucionário método de alfabetização que parecia ser eficiente e "milagroso" — dada a rapidez de seus efeitos — e com a existência de um recém-surgido e importante personagem nacional na área da educação popular. Suas palavras eram fonte de iluminação e verdade indiscutível para milhares de estudantes e profissionais engajados no combate ao analfabetismo, tarefa que à época não tinha apenas o apelo das palavras de ordem dos organismos internacionais e sua respectiva tradução no plano nacional, mas que incidia diretamente sobre a vida política brasileira em conseqüência da proibição ao voto dos analfabetos desde o final do século passado. O imenso preconceito contra os analfabetos — portadores de "microcefalia" segundo caracterização do renomado médico Miguel Couto — que se gestou na sociedade brasileira foi cuidadosamente construído desde a Lei Saraiva (1882) que, ao eliminar a barreira da renda à prática da cidadania pelo voto, precisou colocar outra em seu lugar. Na metade do século XX, quando o combate ao analfabetismo e a difusão do ensino básico tornaram-se a tradução periférica da "educação para a democracia" européia pós-fascismo, alfabetizar fez-se sinônimo de ampliar a cidadania sob a égide da democracia representativa.

Tudo isso é passado no Brasil de hoje, onde os índices de analfabetismo se aproximam dos 10% entre a população acima de 15 anos e o voto dos analfabetos foi assegurado em lei. No imediato pós-guerra, porém, os índices globais de analfabetismo se situavam acima de 50% (49,31% em 1950, ano em que contávamos apenas com 7,9 milhões de eleitores), atingindo níveis dramáticos em regiões rurais do Nordeste e em periferias urbanas compostas de migrantes recentes. Campanhas nacionais de alfabetização foram criadas pelo poder público federal na segunda metade dos anos 40 e nos anos 50, sendo seus efeitos colocados em questão no final desta última década até serem extintas por força da descentralização prevista na Lei de Diretrizes e Bases da Educação Nacional de 1961. Em contrapartida, à medida que o clima político se radicalizava — em especial entre 1958 e 1964 — a questão do combate ao analfabetismo e da educação das massas adquiriu um maior peso político, multiplicando-se os movimentos (de estudantes, da Igreja, de partidos políticos, de todos os níveis da administração pública) para promovê-los. O questionamento do resultado político e educacional de toda essa mobilização só se tornou parcialmente possível depois do golpe militar de 1964. Mesmo assim, a discussão a respeito de seus limites, a indagação a respeito do seu real significado histórico-político e da consistência intelectual de seus supostos foram mal vistos entre os que combatiam o regime militar de 1964-1985.

Não é possível nem mesmo abrir aqui uma exceção aos quadros intelectuais paulistas, apesar de eles terem sido os primeiros a interpretar o nacional-desenvolvimentismo como tradução ideológica do populismo varguista, até porque — no caso concreto analisado — a conexão Freire/ISEB não estava feita nem era evidente por si mesma. Além disso, os isebianos saíram do Grupo Itatiaia que congregava intelectuais que habitavam o Rio de Janeiro e São Paulo — muito embora estes não fossem propriamente os mais legítimos representantes da influência metódica cartesiana associada ao marxismo da missão francesa. Mas talvez uma boa demonstração da presença de uma contraditória influência modernista paulista sobre esse grupo de arcaico linguajar possa se encontrar no antropofagismo intelectual implícito na proposta da redução sociológica de Guerreiro Ramos.

Localismos à parte, é preciso dizer que este livro nasce da conjunção indicada nos parágrafos anteriores. Ao ser publicado pela primeira vez em 1980 foi mal recebido em muitos meios (mesmo nas universidades) exatamente por propor-se a explicar política e intelectualmente o surgimento do método e das idéias de Paulo Freire. Essa reação emocional era compreensível por diversas razões que se situam para além da dificuldade em criticar qualquer idéia ou política combatida *manu militari*. Por um lado, porque ele oferecia um instrumento prático de ação que, inicialmente visto apenas como um método de alfabetização (cuja avaliação dos efeitos a longo prazo ainda não havia sido realizada), foi sendo cada vez mais desdobrado como um conjunto de princípios para a ação cultural e política — o que era plenamente coerente com sua inspiração inicial no movimento francês *Peuple et Culture*, que orientou o Movimento Popular de Cultura de Pernambuco, no qual foi gestado. Por outro, porque punha à disposição do militante de base, em linguagem simples e direta, um conjunto de valores e orientações práticas que serviam a posições as mais diversas por situar-se, simultaneamente, num plano de consenso humanista e democrático e em posição marcada pela ambigüidade entre o não-diretivismo pedagógico nas relações face a face e certo dirigismo no plano ideológico mais amplo, ditado pelos valores básicos de sua proposta histórico-social, religiosa e cultural.

Um dos mistérios do êxito continuado de Freire prende-se certamente a essa ambigüidade. Suas posições iniciais são claramente diretivas, mas ele vai sofrendo um processo de conversão não diretiva à medida que participa de um redirecionamento mais amplo das forças católicas na América Latina e em outras partes do mundo. Ao procurar reconstruir esse caminho, o fizemos com a consciência de que a importância de Freire não deve ser buscada na sua *Leistung* propriamente intelectual, mas no fato de ele ter logrado situar-se no ponto de encontro das mais importantes tendências sociais e político-intelectuais de sua época, integrando-as num todo cuja tônica é dada pela tradução dos ideais sociais protecionistas e distributivistas do pós-guerra no Terceiro Mundo, pela perspectiva de emancipação política (e eventualmente econômica-industrial) do período — aí incluídas tanto a defesa do processo de substituição de importações quanto os produtos ideológicos nascidos das lutas de libertação nacional dos países africanos e do *tiersmondisme* em geral — e pelas orientações que marcaram a evolução católica. Neste último caso, deve-se deixar claro que o progressismo de Freire e as influências indiretas que recebeu de fontes anarquistas mediatizadas pelo catolicismo de esquerda francês trazem a marca da evolução possibilitada pelo Concílio Vaticano II.

Não deixa de ser um paradoxo que Freire tenha logrado ser ao mesmo tempo um produto relativamente tardio (sua adesão ao catolicismo progressista ocorre já nos anos 60) e uma das mais enfáticas e influentes expressões do Concílio de 1958. Em certo sentido ele integra harmonicamente um quadro de evolução de homens do seu tempo que, em proporções elevadas, migraram da direita para a esquerda (no sentido amplo dos termos) e, por isso mesmo, sentiram-se à vontade para aceitar a influência de autores marxistas das mais variadas filiações, sem que se atrelassem a esta ou aquela ortodoxia e sem que se vissem obrigados a abdicar de influências outras. Diríamos hoje que o pêndulo da história (no plano dos fatos e das idéias) fê-los passar intelectualmente de "ecléticos" a arautos da "segunda modernidade".

No entanto, foi a sua condição de tradutor pedagógico do Concílio que lhe deu notoriedade e vida longa. Alçado ao Conselho Mundial de Igrejas ele foi instado a dar maior consistência a suas idéias e a reforçar o caráter católico-cristão progressista de sua pedagogia, pois essa era a condição para o lançamento e a propagação de suas idéias e de seus escritos em nível mundial. A tarefa certamente não foi fácil e não há nenhum desmérito em afirmar que não se deve buscar o segredo de seu sucesso numa sofisticada elaboração teórica. Freire foi fundamentalmente um homem prático e um militante político e religioso, uma liderança importante, em especial entre as bases cristãs. Chegou a ser uma liderança tão importante e com tanto poder legitimador que, ao longo de décadas e em diversas partes do mundo, muitos trabalhos educativos originais se desenvolveram localmente sob o mote de que "tudo é Freire", sem reivindicar sua real originalidade.

Apesar disso, não será possível entender o seu trabalho nem sua influência sem a compreensão do ambiente político-intelectual no qual se moveu, em especial no seu ponto de partida. O nacional desenvolvimentismo, que encontrou no Brasil a expressão mais desdobrada e sofisticada de toda a periferia do sistema capitalista, nada mais foi senão a tradução política e intelectual-filosófica do keynesianismo no plano econômico e das idéias sociais que serviram de base aos Estados de bem-estar europeus. Sua formulação mais contida e dentro dos cânones de uma vida acadêmica que se afastava da filosofia deve ser buscada na obra de Raul Prebish, que a trazia na bagagem ao ser criada a Cepal. Na fonte do estruturalismo cepalino que varreu o continente muitos beberam, assenhorando-se de uma sobriedade, de uma metodologia e de uma linguagem consideradas "modernas". Esse certamente não foi o caso dos isebianos, que continuaram — desde a criação dos *Cadernos do Nosso Tempo* pelos pré-isebianos do Grupo Itatiaia em 1952 — a remeter conteúdos modernos a uma linguagem e um raciocínio já então vistos como ultrapassados. Digamos que estávamos diante de um corpo novo metido em roupa velha, mas era essa a roupa que aquele grupo de intelectuais sabia portar com dignidade e erudição.

Foi a sobrevivência dessa roupa velha que possibilitou associar ao nacional-desenvolvimentismo tanto o pensamento existencialista europeu quanto as expressões do nacionalismo africano. A conexão entre estas, diga-se de passagem, era explícita e para dela dar-se conta basta ler as obras de Albert Memmi[1] e o clássico livro de Franz Fanon[2] *Os condenados da terra*, prefaciado por Sartre. O nacionalismo cultural (a cultura popular) estava aí amplamente defendido, cabendo a Sartre atacar o "indigenato de elite", em cuja testa, dizia, os europeus gravavam os princípios da cultura ocidental metendo-lhe na boca mordaças sonoras que o fazia emitir ecos da verdade do colonizador[3]. Toda essa literatura trabalhou com díades como colonizador/colonizado, opressor/oprimido, sendo a contrapartida para a "educação do colonizador" (e do opressor) uma pedagogia do oprimido. Transpostas tais idéias da realidade africana para a América Latina, elas aqui assumiram primeiramente a forma de luta entre uma "sociedade moderna" (industrial, com justiça distributiva e democracia representativa) e uma "sociedade arcaica" (agrária e oligárquica) para somente mais tarde — na segunda metade dos anos 60 — começarem a arranhar a questão da contradição e luta de classes. O marxismo que atravessa levemente as formulações isebianas (que, afinal, propunha a conciliação de classes em nome do desenvolvimento) não é aquele de *Das Kapital*, mas o do jovem Marx ainda marcado pela tradição hegeliana. Do mesmo modo, o exis-

---

[1] Memmi, Albert. *Retrato do colonizado precedido pelo retrato do colonizador*, Rio de janeiro, Paz e Terra, 1967.

[2] Fanon, Franz. *Os condenados da terra*. Rio de Janeiro, Paz e Terra, 1968.

[3] Sartre, Jean-Paul. "Prefácio". In: Franz, Fanon. Ibidem.

tencialismo que atua sobre os isebianos tem sua fonte na obra de Karl Jaspers muito mais do que nos escritos sartreanos.

Influências múltiplas cruzam o trabalho de Freire, seja por via direta ou pela leitura dos isebianos, seja — mais tarde — pela assimilação de autores marxistas e cristãos de diferentes procedências. Entre elas é importante ressaltar aquela exercida por Roland Corbisier, ao tratar da questão cultural num linguajar e numa argumentação hegeliana cuja forma pode hoje parecer antiga, e o imenso impacto de *Consciência e realidade nacional* de Vieira Pinto. Em que pese o fato da influência deste último sobre Paulo Freire ter sido fundamental, somente os tolos poderão acreditar ser possível ler e estudar a obra de Álvaro Vieira Pinto apenas e exclusivamente para entender Freire. Pelo menos dois equívocos estão aí involucrados. O primeiro está em acreditar que é possível isolar aspectos "menores" de um todo "maior" sem a compreensão deste, ao qual aqueles estão articulados. O segundo, produto de tosca pretensão e curto horizonte intelectual, é pensar que — por ser menos elaborado e, portanto, intelectualmente "menor" de um ponto de vista meramente acadêmico — um autor possa assimilar partes sem qualquer conexão com o todo. Por certo que, por razões de exposição, pode até parecer aos mais desatentos que são somente conceitos isolados que Freire toma de Vieira Pinto, como no caso da "consciência ingênua" e da "consciência crítica". Ocorre, porém, que estes são os conceitos centrais de *Consciência e realidade nacional,* aqueles que orientam a redação das mil páginas em que um volume trata da "consciência ingênua" e o outro da "consciência crítica". Outros conceitos vão aparecendo ao longo da obra, mas o que interessa a Vieira Pinto (e aos isebianos em geral) é o que caracterizaria a "mudança de época" que estariam vivendo: a passagem de uma a outra forma de consciência. Na discussão dessa passagem é que ele vai lançando mão de numerosas ferramentas, num todo desorganizado mas não incoerente, para travar a luta que lhe interessa: a de um pensamento heterodoxo influído — mas não determinado — pelo marxismo, arremessando-o contra o leninismo. Uma *démarche* muito cara ao pensamento católico de esquerda e a todas as orientações heterodoxas.

Na amálgama realizada por Freire é preciso não esquecer que no mesmo momento em que, já tendo assimilado o nacional-desenvolvimentismo (e estando, talvez, a ponto de abandoná-lo), começa a assumir posições mais radicais, ele vê o seu método ser usado como instrumento prático da "ida ao povo" que resulta do Vaticano II, e assiste ao lançamento da mais progressista Encíclica da História da Igreja (*Populorum Progressio*), sendo testemunha das marcas deixadas pelo padre Comblin sobre o Encontro de Medellin, assegurando a presença de posições nacionalistas e desenvolvimentistas nos documentos deste padre. Por isso mesmo, a importância dessas idéias transcendem muito, no continente e no trabalho de Freire, o restrito e efervescente período 1958-1964.

A pergunta que hoje se coloca é: qual o significado desse tipo de pensamento quando o keynesianismo desapareceu, os Estados de Bem-Estar se retraíram, o industrialismo está no fim, o emprego tornou-se raro e André Gorz pode permitir-se concluir que quem não trabalha também comerá? Talvez a resposta se encontre na necessária reação ao acirramento do conflito Norte-Sul pela apropriação de todo tipo de excedente e dos mercados de serviços, à forma como uma racionalidade antibismarckiana se impõe pelo alto promovendo uma rápida desregulação e desestatização com desnacionalização dos setores-chave da acumulação contemporânea e propiciando o desmantelamento da estrutura social pelo empobrecimento das camadas médias sem correspondente redistribuição aos setores mais pobres. A experiência do Norte tem mostrado que não há ninguém lá disposto a abrir mão de interesses nacionais (e dos nacionais), da acelerada acumulação de capital com pátria de origem e remessa de lucro nem do controle exercido sobre o Hemisfério Sul — em especial num momento em que os limites dos recursos naturais do planeta se tornaram parte da consciência coletiva global. Remetido às origens, Paulo Freire ainda diz algo através de suas fontes.

Vanilda Paiva,
novembro de 2000.

INTRODUÇÃO

Desde o surgimento do famoso método capaz de alfabetizar adultos em apenas 40 horas, no início dos anos 60, Paulo Freire tornou-se um dos mais conhecidos pedagogos do país. A experiência de Angicos foi prestigiada pelo presidente João Goulart, que compareceu ao seu encerramento. Em pouco tempo, o método impôs-se ao Plano Nacional de Alfabetização (PNA) e Freire viu-se alçado ao nível federal, devendo contribuir para a realização de um plano que visava alfabetizar 5 milhões de brasileiros em apenas dois anos. A prisão e o exílio não o fizeram cair no esquecimento: ao contrário. Estimularam o educador pernambucano a preparar a edição de *Educação como prática da liberdade,* que difundiu nos últimos 15 anos, em sucessivas edições, as características do seu método e as idéias pedagógicas que o embasavam. O exílio levou-o a outro países, onde seu método foi aplicado e suas idéias pedagógicas recebidas com grande entusiasmo, difundindo-se de início pela América Latina e posteriormente pelos Estados Unidos e países europeus.

Num processo que guarda certa analogia com a "descoberta" da literatura latino-americana, nos últimos anos, por estudiosos e apreciadores da produção literária nos países desenvolvidos — produto do interesse por conhecer melhor as áreas para onde se deslocou considerável volume de capital controlado por firmas daqueles países —, os pedagogos dos países centrais perceberam no método e nas idéias pedagógicas de Freire a existência de uma "pedagogia do Terceiro Mundo". O entusiasmo suscitado por ela foi enorme e encontra a sua explicação numa conjunção de fatores. Um deles deve ser identificado na indigência da pedagogia voltada para a questão da formação da consciência político-social nos países desenvolvidos, em face da crescente opacidade das relações econômico-sociais no capitalismo avançado, que dificulta a percepção dos reais mecanismos de funcionamento da sociedade e suas contradições. Nascido em meio a condições socioeconômicas relativamente transparentes, o método Paulo Freire ressuscitou a esperança de uma solução pedagógica de validade universal. Por outro lado, o fato de Freire apoiar-se sobre a tradição teórica européia tornou a sua recepção mais fácil nos países daquele continente: ele não somente lança mão de conceitos e categorias familiares ao intelectual europeu como busca, utilizando-as, uma resposta pedagógica para problemas e preocupações que desde há muito estavam em debate nos meios pedagógicos dos países centrais e que mantêm a sua atualidade. Na Alemanha, por exemplo, ele podia agradar leitores com orientações as mais diversas. Por um lado, ele podia ser identificado com a variante pedagógica da crítica da cultura que apresenta o fantasma da massificação em oposição ao ideal de construção de personalidades autônomas; por outro, tocava de leve em temas e questões que deram à Escola de Frankfurt a sua feição característica. Assim, ele se ocupa da manipulação em grande escala possibilitada pela sociedade industrial, partilha do ceticismo em relação às formas de socialismo existentes, preocupa-se com as manifestações de autoritarismo em nome de uma posição pedagógica não-autoritária, aborda (à sua maneira) os problemas da comunicação interclasses, resultantes de processos de socialização específicos de acordo com cada classe social e traduzidos na sua linguagem, nos seus valores etc., ao mesmo tempo que — pela apresentação de um método de educação política — responde de forma positiva, otimista, ao pessimismo, à dialética negativa frankfurtiana. É evidente que a proximidade entre Freire e os frankfurtianos é superficial não somente em razão da diversidade de níveis em que tais temas são tratados por Freire, de um lado, e pelos frankfurtianos, de outro, mas principalmente porque os problemas concretos e a própria discussão teórica que conduziram ao método e à explicitação das idéias pedagógicas de Freire — ou seja, as suas fontes histórico-sociais e políticas, bem como as influências por ele recebidas, os suportes teóricos do seu trabalho — são outros. Os textos apresentados neste livro tratam fundamentalmente de uma dessas fontes: o nacionalismo-desenvolvimentista[1].

É certo que também uma preocupação prática conduziu muitos jovens dos países desenvolvidos a colocar suas esperanças na utilização do método: a existência de milhares de trabalhadores estrangeiros, vindos de países subdesenvolvidos da Europa, Norte da África e Oriente Próximo, sobretudo, freqüentemente analfabetos em seu próprio idioma e sem qualquer conhecimento do idioma do país que os recebia como força de trabalho barata e necessária à expansão industrial, renovava em jovens de esquerda — diante da impossibilidade de realizar a revolução em seus países — a esperança de preparar aqueles trabalhadores para a luta política em seus próprios países, ao retornarem, ou — eventualmente — nos países onde se encontravam.

Mas o êxito de Freire por toda parte parece estar apoiado em algumas características da sua obra que, se por um lado podem ser apontadas como seus pontos débeis, são igualmente seus pontos fortes. Se observamos em seus escritos, até 1965, certa imprecisão teórica que se acompanha de um insuficiente desdobramento das idéias (carências que Freire buscou suprir em seu trabalho posterior a 1965), foram exatamente essas características que permitiram a cada leitor fazer de seus livros a leitura que mais lhe conviesse e utilizar o seu método de forma compatível com tal leitura. Elas não impediram, no entanto, o autor pernambucano de criar um instrumento pedagógico dos mais interessantes surgidos nas últimas décadas em todo o mundo e que muito deve também à sua intuição e sensibilidade. Intelectuais de direita exigiam, porém, como arma política na época, a explicitação das "bases científicas" do método; e, diga-se de passagem, houve quem tomasse a sério tal exigência: ingênuos estudantes paulistas, por exemplo, lançaram-se — no início dos anos 60 — à cata daquelas "bases científicas" para poder justificar o método diante daqueles que, na maior parte dos casos, nada criam porque se perdem na mistificação do "científi-

---

[1] Na publicação alemã do livro de Freire *Educação como prática da liberdade*, foram retiradas expressões e períodos inteiros que tinham a ver com o nacionalismo brasileiro, o que — se por um lado permitiu ao texto adquirir um sentido mais universal — dificultou a identificação desse enraizamento da obra de Freire na vida intelectual brasileira dos anos 50-60 e mais especificamente a sua vinculação com o nacionalismo-desenvolvimentista.

co" ou nas "profundezas" do filosófico e que lançam mão das exigências acadêmicas, porque a crítica em nome da ciência é a forma mais fácil de acobertar o ataque pessoal e o combate político. O paradoxal, em tudo isso, é que — como procuramos mostrar nos textos deste volume — as origens intelectuais de Freire não estavam muito distantes das dos seus detratores, e suas limitações — por certo marcadas pela sua história pessoal e por características próprias — são as limitações da sua geração de intelectuais. Suas debilidades e seus pontos fortes resultam do quadro cultural brasileiro da época, devendo ser seu trabalho apontado como uma das mais acabadas sínteses pedagógicas do período. Como tal, Freire simboliza nossas fraquezas e nossos acertos. Sua importância para a pedagogia brasileira reside exatamente aí: como "sujeito pedagógico coletivo" ele sintetiza pedagogicamente o espírito da época e, em tal resumo, realiza a amálgama das principais correntes que se digladiaram nas décadas anteriores. Embora católico, Freire foi também um escolanovista e seu trabalho põe fim — mediante uma fusão profunda — à disputa entre católicos e liberais, nela refletindo-se o caminho percorrido pelo pensamento católico ligado à Ação Católica Brasileira nos anos 50. Sua pedagogia situa-se também no ponto de encontro do pensamento católico e do nacionalismo-desenvolvimentista.

Quando neste livro tratamos a pedagogia de Freire basicamente em suas ligações com a ideologia isebiana, não pretendemos — evidentemente — que ela traduza apenas o isebianismo nem que tenha tido, mesmo no curto período que vai de 1959 a 1965, um sentido unívoco. Aquele foi um período de grande efervescência político-social e por isso mesmo o significado das formulações teóricas e mesmo da prática pedagógico-política se modificou ao longo desses anos, sem que seus participantes necessariamente se dessem cabalmente conta dos novos significados adquiridos pelas idéias e métodos pedagógicos então surgidos e utilizados. Além disso, os produtos do período não surgem do nada: são resultado não apenas das características e exigências do momento em que surgem mas também de uma evolução que aí desemboca. Nesse sentido, o método de alfabetização de adultos de Freire (e as idéias que lhe servem de base) é o resultado, em termos pedagógico-didáticos, de uma complexa evolução de idéias que começa no Instituto Brasileiro de Filosofia, passa pelo Instituto Superior de Estudos Brasileiros e desemboca na Ação Popular, num sinuoso percurso que mostra um caminho que vai da atividade meramente especulativa à militância política, passando por formulações teóricas provenientes de instituições de caráter e com objetivos muito diversos, que incluem elementos provenientes de variadas tradições teóricas e incorporam, em cada um de seus momentos mais marcados, "restos" do momento anterior. O pensamento de Freire floresceu à sombra de um pensamento que se quis liberal mas que não estava isento de autoritarismo, recebeu estímulo do maritainismo mas foi influído pelo processo de contestação das idéias de Maritain e pela penetração do personalismo radical de Mounier. E, quando adquiriu concretude na forma de um método pedagógico, a sua prática foi mais que tudo isso — precisando ser explicada em conexão com as características e contradições do período. O usual, porém, é apresentar Freire como um pedagogo católico de esquerda. A nossa opção foi buscar as suas raízes intelectuais, mostrando a sua pedagogia como parte de um processo de evolução teórico-ideológico, no final do qual a referência ao catolicismo radical certamente adquire maior relevância. Mas enfatizamos aqui a conexão com o nacionalismo-desenvolvimentista por nos parecer que essa foi a formulação teórica que mais fortemente marcou o seu trabalho nos anos 50 e 60, embora reconhecendo tanto suas raízes pré-isebianas quanto a crescente influência do personalismo radical, nos anos 60, que o conduziu a posições sempre menos diretivas e à revisão do seu ponto de partida autoritário. No que concerne à interpretação da realidade, Freire não se apóia apenas sobre as formulações isebianas mas apela para uma tradição interpretativa pré-isebiana, ligada a autores como Oliveira Vianna e Gilberto Freyre. Do mesmo modo, suas idéias pedagógicas prendem-se originalmente ao pensamento católico tradicional e seus "restos" são amalgamados numa síntese na qual o escolanovismo podia funcionar como uma contrapartida pedagógica do nacionalismo-desenvolvimentista. No entanto, ao ver-se instado a criar um método de ensino, as próprias exigências da ideologia isebiana o levaram a ultrapassar os quadros do escolanovismo. Este podia atender bem aos objetivos da democratização do ensino, da introdução de métodos pedagógicos ativos, da exigência de adequação do sistema educacional à formação de força de trabalho qualificada para o desenvolvimento nacional. Mas, certamente, não oferecia instrumentos adequados à educação da consciência, à sua condução de uma forma "ingênua" a uma forma "crítica".

A ênfase dada por nós ao vínculo com o nacionalismo-desenvolvimentista poderia sugerir que a pedagogia de Freire se prendesse, de algum modo, em seu nascedouro, ao populismo tradicional brasileiro, se aceitamos que o isebianismo o traduzia no plano teórico. As teses aqui defendidas apontam para essa conclusão no que diz respeito ao trabalho de Freire de 1959; o método e sua justificação na primeira metade dos anos 60 são, porém, produtos de um período em que o isebianismo entrara em decadência, adquirindo o nacionalismo uma conotação mais radical e mesclando-se ao movimento de defesa das reformas de base. Freire tomou parte ativa no processo político-social no qual observou-se tal evolução, sendo o seu método de alfabetização experimentado nesse período no Rio Grande do Norte e transposto para o plano nacional pelo Plano Nacional de Alfabetização – PNA, no final de 1963. Por isso, não é possível desvincular a sua utilização do quadro político populista da época, embora tampouco nos pareça legítimo reduzi-lo a um instrumento colocado a serviço do populismo tradicional. A sua pedagogia e a aplicação do seu método devem ser vistos, nos anos 60, como parte de um processo que inclui a tentativa de rompimento das amarras do populismo tradicional por parte das classes populares e da busca de mantê-las sob controle, por parte das lideranças populistas.

Não é nossa pretensão fazer uma análise sociopolítica do período; como já indicamos no Prefácio, este volume está voltado para questões ligadas à história das idéias. No entanto, alguns dados vinculados à utilização do método Paulo Freire podem ser aqui trazidos para que se possa entender como ele tão rapidamente foi transposto para o plano nacional e para que sirva de estímulo a uma investigação que poderá ser levada adiante por outra pessoa.

Um dos mais discutidos episódios ligados à experimentação realizada com o método Paulo Freire foi o seu financiamento com recursos da U.S. Agency for International Development (Ag. americana para o desenvolvimento internacional – Usaid). Para entendê-lo, é preciso levar em conta alguns dados da conjuntura política do Nordeste entre 1958 e 1964. Com a redemocratização em 1945, os coronéis do interior pernambucano agruparam-se no partido de Vargas (PSD), enquanto os usineiros e senhores de engenho passaram a integrar, na sua maioria, o partido de oposição ao varguismo (UDN). O PSD manteve-se no governo do estado desde o final da guerra graças ao controle eleitoral exercido pelas oligarquias no campo, combinado com a utilização dos mecanismos de manipulação populista nas cidades. No entanto, desde 1946 formara-se a chamada "Frente do Recife" que reunia comunistas, socialistas, católicos de esquerda e facções de esquerda do PTB e do PSD. A "Frente" lançou em 1948 a candidatura de Pelópidas Silveira à Prefeitura do Recife, vencendo as eleições com o dobro da votação dada aos outros quatro candidatos ao cargo. O peso eleitoral da frente de esquerda tendia a crescer à medida que se intensificava a migração rural-urbana: em 1964 localizava-se na cidade do Recife um terço do eleitorado do estado. Essa situação indicava claramente à UDN que qualquer pretensão de conquistar o governo do estado implicava uma aliança com as forças de esquerda. Essa aliança levou ao governo de Pernambuco o usineiro Cid Sampaio, em oposição aos coronéis do interior, em 1958. A campanha eleitoral de 1958 realizou-se com a orientação de firmas especializadas em propaganda eleitoral, observando-se intensa utilização de símbolos, exploração da emocionalidade popular, radicalização das disputas pessoais etc. Um processo semelhante ocorreu no estado do Rio Grande do Norte, dois anos depois. Neste estado, tanto a UDN quanto o PSD abrigavam importantes facções oligárquicas e, ao contrário do que ocorria em Pernambuco, a UDN detinha a governança do estado desde 1950. Na UDN surgiu, em 1960, a dissidência de Aluisio Alves, que se candidatou ao governo do estado contra a direção do seu partido e aliou-se às forças antiudenistas, incluindo-se aí os grupos de esquerda. Após uma campanha eleitoral em que a manipulação populista penetrou no campo e atingiu o nível do grotesco, o dissidente udenista conquistou o governo do estado. Em Pernambuco, a mesma aliança que elegera Cid Sampaio em 1958 conduziu à Prefeitura de Recife seu concunhado, Miguel Arrais, em 1960; no Rio Grande do Norte, na mesma campanha em que se elegeu Aluísio Alves, foi conduzido Djalma Maranhão à Prefeitura de Natal, eleito principalmente com o apoio das forças de esquerda.

Ora, naqueles dois estados nordestinos pareciam ocorrer fenômenos semelhantes: candidatos contra a "situação", conservadores porém "modernizadores", favoráveis à industrialização e a uma política de reformas, venciam as eleições para a governança do estado. Candidatos de esquerda eram levados às prefeituras das capitais, incluindo seus respectivos programas a ampliação da rede escolar e o combate ao analfabetismo. Tais programas (como o colocado em prática pelo Movimento de Cultura Popular de Pernambuco e da Campanha de Pé no Chão

Também se Aprende a Ler) assumiram grande importância, uma vez que não somente contribuíam para gerar novos eleitores nas capitais mas para um efetivo favorecimento da participação popular na administração municipal, que por sua vez fortalecia eleitoralmente os então prefeitos. A política da "Frente", a partir de 1960, parece ter visado à conquista dos governos dos estados pelos prefeitos eleitos no pleito anterior — o que foi conseguido em Pernambuco em 1962.

Devemos lembrar aqui que a criação da Aliança para o Progresso em 1961 muito deveu à situação política vivida no campo nordestino no período, especialmente à multiplicação das Ligas Camponesas. Não por casualidade montou-se o escritório da Usaid no Brasil em Recife, logo após a criação da Aliança para o Progresso. E sua política de "ajuda ao desenvolvimento" deixou ver em seguida a sua verdadeira face de "programa de impacto", entrando o novo organismo em conflito com a Superintendência de Desenvolvimento do Nordeste – Sudene por realizar convênios diretamente com os governos estaduais considerados "receptivos" e aplicando seus recursos com base em critérios essencialmente políticos. Segundo Riordan Roett, que trabalhou como membro da equipe da missão AID no Nordeste, os "Estados Unidos viam a região como um problema de segurança internacional e a assistência econômica externa como uma arma contra uma ameaça que o Brasil não reconhecia unanimemente"[2]. Por isso, os planos de ajuda eram, em primeiro lugar, adaptados às "exigências da segurança dos Estados Unidos", a fim de "derrotar a ameaça comunista" e, em abril de 1962, os Estados Unidos consideravam que a situação nordestina já ultrapassava o estado de emergência que motivou a decisão inicial de oferecer ajuda econômica. Do ponto de vista de Washington — diz Roett —, o problema não era mais o desenvolvimento econômico e social, mas a sobrevivência política imediata de uma sociedade não-comunista no Nordeste[3]. Ora, não apenas as Ligas Camponesas eram vistas como ameaçadoras. Também a vitória eleitoral das Frentes com participação de forças de esquerda não somente revelava a radicalização da vida política na região como contribuía para levá-la mais longe. Assim, preocupava a conquista das prefeituras de Recife e Natal mas especialmen-

---

[2] Roett, Riordan. *The politics of the foreign aid in Brazilian Northeast.* Nashville, Vanderbilt University. Press, 1972. p. 92.

[3] Ibidem, pp. 93 e 95.

te a possibilidade dos prefeitos daquelas cidades chegarem aos governos dos respectivos estados; um dos problemas dos norte-americanos era como contribuir para evitá-lo. A interferência nas eleições com o financiamento dos candidatos antinacionalistas não era suficiente; era necessário fortalecer os políticos "receptivos". Aluísio Alves — antigo quadro da UDN — não só era "receptivo" como conjugava características ideais: por um lado, era capaz de controlar os impulsos de radicalização das classes populares pela prática de uma política ultramanipulatória e suficientemente ambicioso e conservador para não representar um perigo potencial de evolução para a esquerda. Por outro, embora aliado a algumas oligarquias tradicionais, representava a vitória de uma política de incentivo à industrialização no seu estado. Tratava-se, pois, de ajudar a um governador "favorável ao progresso".

As negociações entre Alves e a Usaid começaram em agosto de 1962, mas devemos lembrar que logo que foi eleito ele visitou Kennedy em Washington, a convite do Departamento de Estado norte-americano, e recebeu promessa de ajuda. Esta era essencial para Alves pois, representando a vitória de um espírito "desenvolvimentista" e travando uma dura luta contra as oligarquias udenistas, seu fortalecimento político e a realização de suas ambições no nível federal estavam ligados à transformação econômica do estado e aos programas que ele conseguisse realizar na sua gestão. A obtenção de recursos parece ter sido facilitada pela aceitação, por parte do governador, de pressões norte-americanas para que entregasse a Secretaria de Educação ao jornalista Calasans Fernandes. Os interesses ianques e os de Alves acoplaram-se bem no que concerne ao tipo de programa a ser lançado: os "programas de impacto", que deixam de lado projetos de ajuda propriamente econômica e se concentram em áreas "visíveis" como saúde e educação (principalmente a construção de prédios escolares), serviam para assegurar à população o interesse norte-americano e do governo do estado pelo seu bem-estar. O complemento para o programa de construções escolares era uma campanha de alfabetização que aumentasse o eleitorado sob controle do líder populista, fortalecendo suas bases eleitorais e diminuindo as chances de uma futura vitória do então prefeito de Natal. A decisão de lançá-la e a obtenção de recursos com tal objetivo coincidiram com o aparecimento do método Paulo Freire, que apresentava vantagens sobre outros métodos possíveis: por alfabetizar em poucas horas, ele podia ser aplicado em larga escala a baixo custo, apesar dàs elevadas despesas iniciais que exigia; a posição cristã de seu criador era conhecida, tanto quanto as tensões surgidas entre ele e os comunistas durante a campanha de Arrais para o governo de Pernambuco, o que servia como segurança contra as suspeitas de "subversividade" do método. Freire recebeu, por isso, a oferta de realizar com seu método uma experiência em grande escala no Rio Grande do Norte, financiada com recursos provenientes do convênio entre o governo do estado e a Usaid.

A aceitação do convite por parte de Freire gerou tensões entre as forças de esquerda, sentindo-se estas ameaçadas em sua estratégia política no Rio Grande do Norte. Concedendo ao governador do estado que a experiência se realizasse em sua cidade natal (Angicos), Freire logrou obter duas concessões importantes: a não-interferência na programação e a incorporação dos estudantes ao programa em todos os níveis, incluindo a sua direção. Essas exigências suavizaram o impacto da aceitação do convite. Além do mais a alfabetização realizada com o método era uma faca de dois gumes tanto do ponto de vista eleitoral como ideológico. Alves não poderia dar-se ao luxo de ampliar o corpo eleitoral apenas no interior, sob o risco de que o programa favorecesse a facção mais conservadora da UDN, eleitoralmente forte no campo; nas cidades ele lograva controlar boa parte do eleitorado e a ampliação do número de eleitores urbanos era imprescindível para o tipo de política colocada em prática por ele. Mas, nas cidades, os novos eleitores podiam ser disputados pelas forças de esquerda, representando para estas um eleitorado potencial. A percepção dessa contradição contribuiu para diluir tensões surgidas entre Paulo Freire e elementos integrantes da "Frente", as quais se desfizeram definitivamente com a inclusão da Prefeitura de Natal na programação. O próprio prefeito de Natal pensou em utilizar o método amplamente, num programa próprio de assessoria a prefeituras do interior denominado Frente de Educação Popular que, a partir da experiência da Campanha De Pé no Chão Também se Aprende a Ler, e com a ajuda da equipe por ela responsável, permitiria às forças que o apoiavam penetrar no campo.

Freire considerava, na época, que os norte-americanos financiavam o programa porque estavam atentos somente ao sucesso da técnica de alfabetização e que era preciso aproveitar os recursos que eles ofereciam. Por ocasião do seu lançamento, o programa foi saudado pela imprensa conservadora do país como um grande acontecimento, sendo ressaltado em diversos jornais e revistas que a alfabetização em larga escala por um método rápido como o do prof. Paulo Freire desagradava tanto aos coronéis udenistas e pessedistas quanto aos comunistas, porque ele ensinava não apenas a ler e a escrever, mas também a amar a democracia[4]. No transcurso de 1963, porém, essa mesma imprensa denunciou o método e o programa da Usaid como um "programa intensivo de comunização do Nordeste", obrigando o diretor da Usaid a esclarecer publicamente que "o método Paulo Freire, como qualquer outra teoria não-política, prepararia o indivíduo para ser influenciado por qualquer escola de pensamento político"[5]. No entanto, logo em seguida, a Usaid retirou o apoio ao projeto em virtude da "inadequação dos procedimentos didáticos" — como razão oficial —, mas na verdade porque passara a encarar o método como uma "fábrica de revoluções"[6]. Mas, quando isso ocorreu, Freire e seu método já estavam lançados no plano nacional. Goulart interessou-se pessoalmente por ele, comparecendo ao encerramento da experiência em Angicos a convite de Alves, que tratava paralelamente de manter boas relações com o governo federal. Com a nomeação do democrata-cristão Paulo de Tarso para o Ministério da Educação, Freire foi chamado a realizar uma experiência também em Brasília; o Serviço de Extensão Cultural (SEC) da Universidade de Pernambuco passou a orientar programas em diversas regiões do país. Naquele período, buscou-se não somente conhecer melhor as experiências existentes em matéria de educação popular — pela realização, em Recife, em setembro de 1963, do I Encontro Nacional de Alfabetização e Cultura Popular —, mas promover a sua unificação por meio de um acordo entre as distintas organizações políticas que apoiavam os programas mais amplos e relevantes, tendo como meta a realização de um plano nacional de alfabetização. Em que pesem as discussões a respeito das vantagens e desvantagens apresentadas

---

[4] Ver, por exemplo, "A lição do Rio Grande do Norte" (*Diário de Natal*, 7 fev. 1963), transcrito de *O Estado de S. Paulo* (30 jan. 1963) e também "Educação na quadragésima hora" (*O Cruzeiro*, 4 maio 1963, p. 108).

[5] Carta do diretor da Usaid, James W. Hope, ao jornalista Carlos Swann, que havia acusado, pelo jornal *O Globo* do Rio de Janeiro, aquela organização de "financiar no Nordeste um programa intensivo a favor dos comunistas", transcrita em *A Gazeta de S. Paulo*, em 24 jan.1964.

[6] Page, Joseph. *The revolution that never was*. Nova York, 1972, p. 175.

pelo método Paulo Freire depois que Paulo de Tarso foi substituído por Júlio Sambaqui no Ministério da Educação, as forças que lutavam pela sua utilização conseguiram impô-lo ao Plano Nacional de Alfabetização (PNA), que começou a ser articulado no final de 1963 e início de 1964, prevendo-se a realização preliminar de duas grandes experiências: a de Sergipe e a do Rio de Janeiro.

Vimos que políticos populistas tentaram, no Nordeste, utilizar eleitoralmente em seu favor a alfabetização rápida proporcionada pelo método. Ele foi também utilizado pela Prefeitura de Natal e pelo governo do estado de Pernambuco no período imediatamente anterior ao golpe. Em diversos estados da federação os estudantes lançaram-se à sua aplicação por iniciativa própria, tendo os estudantes paulistas se tornado um ponto de apoio essencial de Freire na propagação do seu método. Também em nível nacional, o método pareceu ser um instrumento capaz de atender à urgência da formação de eleitores em número suficiente para assegurar a aprovação das reformas de base por via plebiscitária; por isso o governo Goulart, no início de 1964, pretendia estender o PNA a muitas partes do país, antes mesmo da conclusão das experiências amplas previstas para Sergipe e Rio de Janeiro. Estudantes cristãos visavam, com a sua utilização, à transformação "da massa em povo", sem pretensão diretiva (em que pese o conteúdo nacionalista e favorável às reformas e à modernização da sociedade que ele trazia consigo); militantes de movimentos de esquerda cristã e não-cristã viam nos círculos de cultura a possibilidade de iniciar um trabalho amplo de organização política das classes populares, atuando junto a uma população já alfabetizada e motivada pelo conteúdo transmitido pelo processo alfabetizador. Assim, a prática pedagógica com o método, naquele período, adquiriu significados muito variados, sendo isso possível em razão das características da vida política e da própria ambiguidade da formulação teórica sobre a qual o método se apoiava, no que concerne à questão da diretividade ou não-diretividade pedagógica. Freire foi combatido por forças de esquerda por ser não-diretivo, mas seu método foi usado por aquelas forças visando à organização política dos alfabetizandos; sua pedagogia foi assumida como radicalmente não-diretiva por jovens cristãos preocupados com a "personalização" dos indivíduos e que postulavam a necessidade de um trabalho educativo a longo prazo, mas aquela pedagogia trazia consigo um conteúdo do qual eles não se desvencilharam. Esse conteúdo era capaz de servir tanto a programas promovidos por líderes políticos populistas tradicionais como aos integrantes das Frentes nordestinas, que assumiram nítida posição de esquerda, porque no período final do governo Goulart as reformas de base unificaram os objetivos imediatos das forças nacionalistas e populistas das mais variadas tendências e a sua defesa era claramente percebida na aplicação do método. Por certo, Freire fora conquistado pela política das reformas de base, evoluindo até ela a partir do isebianismo — como ocorreu com diversos intelectuais brasileiros na época. Mas o método não se reduzia a tal defesa, e, em meio à diversidade de práticas que ele permitiu, realizadas de acordo com objetivos variados, ele contribuía — na visão de Freire — para a sua meta central: a da democratização da sociedade brasileira. Como mostramos neste livro, esta confundia-se, inicialmente, com a realização plena da democracia parlamentar tal como proposta por Mannheim e Jaspers, na Europa, e pelos isebianos, no Brasil. Mas, à medida que penetramos nos anos 60, os modelos político-sociais do educador pernambucano começaram a ser abalados sem que outros entrassem no lugar dos antigos — caracterizando-se este momento como um momento de transição de suas idéias pedagógicas, no qual observamos que as dúvidas a respeito de seus objetivos político-sociais mais gerais traduziram-se igualmente em elevada dose de ambigüidade em relação à questão da diretividade pedagógica, diretividade que era nítida em seu trabalho de 1959. Por isso, aquele objetivo da democratização, pouco desdobrado e diferenciado, podia passar pela diversidade de práticas pedagógicas que se observou na utilização concreta do seu método até 1964.

A evolução de Freire a partir da segunda metade dos anos 60 merece um trabalho específico. Acreditamos, porém, que os elementos trazidos por este volume poderão servir à compreensão da sua trajetória posterior, cujos produtos muito influíram sobre a "mentalidade pedagógica" das gerações formadas nos últimos quinze anos.

I. A SÍNTESE PEDAGÓGICA "EXISTENCIAL-CULTURALISTA" COMO TRADUÇÃO DO ISEBIANISMO

Paulo Freire tem indicado explicitamente ter sido o existencialismo a corrente filosófica que maior influência exerceu sobre o desenvolvimento de suas idéias pedagógicas. E não se trata do existencialismo em geral, mas daquele que se desenvolveu em conexão com os princípios que, para o cristianismo, devem reger a relação com o próximo. De tal influência, e de sua íntima interligação com o culturalismo, trata este artigo. Abordaremos aqui não apenas como a síntese "existencialculturalista" está presente na pedagogia de Freire, mas também os caminhos percorridos por tais idéias entre os grupos cristãos, até chegar ao pedagogo pernambucano, incluindo em tal percurso a penetração daquelas idéias entre os ideólogos isebianos.

Não há dúvida de que, se Vieira Pinto exerceu uma fundamental influência sobre Freire, grande parte da sua reflexão sobre a cultura teve como ponto de referência alguns dos mais conhecidos ensaios de Roland Corbisier. Em seu livro *A filosofia no Brasil*, Helio Jaguaribe aponta os filósofos cristãos Ortega y Gasset e Gabriel Marcel como os principais inspiradores da posição filosófica sustentada por Roland Corbisier ao longo dos anos 50: ele estaria dedicado, no início da década, "à formação de uma nova consciência cultural, procurando, na base de uma cosmovisão existencial-culturalista, interpretar a cultura e a vida brasileira"[1]. Jaguaribe cunhou o termo "existencialismo-culturalista" para de-

---

[1] Jaguaribe, Helio. *A filosofia no Brasil.* Rio de Janeiro, MEC/ISEB, 1957. p. 49. Trata-se de um texto publicado anteriormente pelo *Jornal do Comércio* em seu 125º aniversário (out. 1952).

45

signar o movimento que resulta da confluência do existencialismo com o que ele denomina "culturalismo". Este seria marcado pelo "reconhecimento da cultura como ordem própria de valores e pela compreensão dos valores como algo de ocorrente no curso do processo histórico e a ele submetido", resultando do encontro da evolução da historiografia desde Ranke, com o historicismo de Dilthey e a filosofia dos valores da Escola de Baden. A crescente "interligação entre a filosofia da existência e o culturalismo", característica do nosso tempo, encontraria — conclui-se das indicações de Jaguaribe — especial acolhida entre historiadores e sociólogos: são aí citados como "existencial-culturalistas"[2], entre outros, Max Weber, Alfred Weber, Spengler, Raymond Aron, Gurvitch e Toynbee.

O culturalismo brasileiro teria sido iniciado nos anos 40 por Miguel Reale, enquanto a síntese entre o existencialismo e o culturalismo teria tido em Vicente Ferreira da Silva o seu representante mais destacado[3]. Tais idéias tiveram especial oportunidade de difusão após a criação, pela Reitoria da USP em 1949, do Instituto Brasileiro de Filosofia (IBF), responsável pela *Revista Brasileira de Filosofia* e organizador de Congressos Nacionais de Filosofia que, nos primeiros anos, obtiveram grande êxito. Seu principal animador foi o próprio Miguel Reale; do IBF participou ativamente Roland Corbisier, fazendo parte Helio Jaguaribe da seção carioca daquele Instituto. No entender deste autor, que aliás partilhava da posição por ele caracterizada, o "existencialismo-culturalista" difundido pelo IBF tornou-se uma das correntes dominantes da filosofia brasileira.

1. Filosofia da existência e "culturalismo político": os "isebianos históricos"

Atentando para os autores citados por Freire, deparamos praticamente com todos os "isebianos históricos", os quais — por sua vez —, na sua grande maioria, participaram de alguma maneira do IBF. Interessa-nos aqui, além das idéias e posições defendidas por eles, também as que caracterizaram a obra de Vicente Ferreira da Silva, pela influência por ele exercida sobre os intelectuais brasileiros de orientação exis-

---

[2] Ibidem. p. 45.
[3] Ibidem. p. 48.

tencialista e especialmente sobre os que eram alcançados pelas idéias difundidas pelo IBF. Comecemos por este autor, não sem antes dizer o seguinte: embora não seja impossível que Freire tenha tomado contato com algum escrito de Ferreira da Silva — já que, em virtude do êxito dos Congressos de Filosofia promovidos pelo IBF, seus anais bem como a própria *Revista Brasileira de Filosofia* foram lidos por muitos interessados em problemas filosóficos em todo o país no início dos anos 50 —, é pouco provável uma influência direta do segundo sobre o primeiro. Se influência houve, ela foi mediatizada pelos trabalhos de Roland Corbisier. No entanto, vale a pena expor as posições de Ferreira da Silva porque entre elas e as de Freire existem numerosos pontos em que se observa proximidade e até mesmo certa coincidência. Produto de um quadro de influências comuns, característicos da vida intelectual brasileira no pós-guerra, tais posições comuns parecem resultar do fato de terem ambos, no que concerne à reflexão sobre as relações interpessoais, se apoiado ampla e explicitamente sobre a obra de Karl Jaspers. Freire chegou a elas em virtude de suas preocupações pedagógicas, enquanto Ferreira da Silva, em razão delas, desembocou em preocupações de caráter pedagógico. A grande diferença entre eles está no fato de que Ferreira da Silva permaneceu preso a preocupações restritas ao plano do indivíduo, enquanto Freire parece ter chegado a Jaspers pela influência dos isebianos[4].

Vicente Ferreira da Silva, embora partilhasse das idéias de autores considerados "culturalistas" (como Spengler, Toynbee e outros),[5] defendia uma posição marcadamente idealista, ocupando-se dos temas clássicos do existencialismo: o outro como problema, o reconhecimento e a comunicação das consciências, o encontro com o próximo. Sua reflexão apóia-se em Hegel; este porém, para ele, apesar de ter tido, entre outras virtudes, a de ter "colocado o problema do

---

[4] Os livros de Jaspers citados por Freire são: *Razão e anti-razão do nosso tempo*, traduzido por Vieira Pinto (apesar de já existir uma tradução portuguesa) e publicado pelo ISEB em 1958, e *Origen y meta de la história*, cuja publicação em espanhol em 1950 tornou possível a enorme influência exercida pela obra sobre grande número de intelectuais brasileiros. Freire leu este livro em 1961.

[5] Como facilmente se pode observar nos artigos e ensaios que compõem a parte II ("Sobre o homem, o mundo e a história") do vol. II de suas *Obras completas* (São Paulo, IBF, 1964-1966).

reconhecimento das consciências num plano volitivo e não contemplativo", teria desconhecido os "direitos da individualidade existente" ao ver no binômio luta-trabalho a essência da dialética das consciências. Com isso, ele teria deixado de lado o que há de "festa, regozijo e pura expressão lúdica na evolução da cultura e da consciência humana".[6] Orienta, portanto, sua reflexão a partir da dialética do Senhor e do Escravo, da luta pelo reconhecimento das consciências e da consciência da dominação que destrói a possibilidade de comunicação entre os homens.[7] Mas a problemática hegeliana é apenas o ponto de partida: o tema do encontro com o outro é tratado a partir das obras de Heidegger, Jaspers e Martin Buber e os demais temas conexos (como o próprio reconhecimento, o sentido da dialética intersubjetiva), embora estejam marcados pela citação de autores como Max Scheler, Huizinga, Ortega y Gasset, Berdiaeff, Gabriel Marcel (autores, portanto, existencialistas e culturalistas), são pensados com base numa fonte principal: a obra *Von der Wahrheit* de Karl Jaspers.[8] Heidegger era importante para ele mas sua reflexão situava-se no terreno da ontologia; Buber era também importante, mas permaneceria na superfície, na exortação à comunicação possível dos espíritos. Jaspers seria o meio-termo, aquele a quem preocupava a superação das formas deficientes de comunicação com o outro, aquele que apresentava o ser-com-o-outro como condição para o desenvolvimento do ser-para-si-mesmo. Como os demais existencialistas de inspiração cristã, Jaspers enfatizava a necessidade de superar as "formas imeritórias do existir" mediante o amor que permite o diálogo, que possibilita a comunicação existencial, que se manifesta como ato humanizador por

---

[6] Ferreira da Silva, Vicente. "Dialética das consciências" In: *Obras completas*. vol. 1, op. cit. p. 171.

[7] As referências a Hegel estão quase sempre ligadas à parte B (capitulo IV) da *Fenomenologia do espírito* (sobre a autoconsciência) que, aliás, é o capítulo que Freire citará na *Pedagogia do oprimido*. Compare-se o livro de Vicente Ferreira da Silva com *Fenomenologia del Espiritu* (México, Fondo de Cultura Econômica, 1966. pp. 107-39) de G.W.F.Hegel.

[8] Jaspers, Karl. Vem der Wahrheit, München, Piper Verlag, 1947. A influência de autores alemães entre nós resultou, em certa medida, da tradução de muitas obras pela editora mexicana Fondo de Cultura Econômica, que foi o caso da obra em questão. Vicente Ferreira da Silva lia e citava profusa e por vezes confusamente em alemão.

excelência.[9] Somente ele seria capaz de fazer que o homem se voltasse para outro homem buscando despertá-lo para o existir autêntico.

O verdadeiro contato interpessoal permitiria "sacudir as consciências, retirá-las do seu sono indiferente, conturbar a paz da superfície, denunciar o compromisso consigo mesmo, lembrar ao homem a sua condição, ampliar a consciência de seu próprio poder ser".[10] Neste movimento amoroso próprio do diálogo, estaria implícita a tendência para a confissão, para a irrupção do verdadeiro. Pensado tal movimento, o autor brasileiro termina por identificar uma analogia da forma pedagógica subjacente às idéias de Jaspers com o diálogo socrático[11], uma analogia que tem sido freqüentemente apontada no trabalho de Freire.

Como veremos, os "isebianos históricos" beberam nas mesmas fontes que Vicente Ferreira da Silva. Parece distingui-los o fato de que aqueles dirigiram suas preocupações para a sociedade, enquanto este permaneceu, como nos mostra sua produção ulterior[12], preso à reflexão sobre o indivíduo, condenando mesmo o caminho seguido pelos isebianos"[13].

O hegelianismo, porém, não era privilégio de Vicente Ferreira da Silva. Sua presença, "indigenizada" ou não, pode ser sem dificuldade percebida no "coquetel filosófico"[14] isebiano. Facilmente encontramos

---

[9] Ferreira da Silva, Vicente, "Dialética das consciências". In: *Obras completas.* vol. 1., op. cit. "O amor, diz Jaspers, faz o eu encontrar-se com o eu do outro (...) ele é tornar-se a si mesmo com o outro através da comunicação". Seria a "forma eminente do reconhecimento das consciências, a conduta comunicativa por excelência" (p. 207-12).

[10] Ibidem. p. 213.

[11] Ibidem. p. 226.

[12] Ferreira da Silva, Vicente. "A filosofia do reconhecimento" In: *Obras completas*, vol. 2, op. cit., pp. 217-33.

[13] Quando critica em Guerreiro Ramos a ênfase dada à realidade nacional, Ferreira da Silva o faz em nome de uma reflexão que não ultrapasse os limites do indivíduo (Ferreira da Silva, V. "Em busca de uma autenticidade". In: *Obras completas*, vol 2., op. cit., pp. 255-57.

[14] A denúncia do "coquetel filosófico" por Michel Debrun ("O problema da ideologia do desenvolvimento". *Revista Brasileira de Ciências Sociais*, Belo Horizonte, vol. II, n. 2., 1962, p. 242) e por Gérard Lebun ("A 'realidade nacional' e seus equívocos". *Revista Brasiliense*, São Paulo, n. 44, 1962, pp. 42-62) refere-se à obra de Vieira Pinto. Mas o ecletismo que o informa esteve presente na obra de, praticamente, todos os "isebianos históricos". Já Maria Sylvia de Carvalho Franco

também a utilização de conceitos e idéias provenientes da obra de Jaspers, embora sem a mesma freqüência e sistematicidade observada nos escritos de Ferreira da Silva: sabe-se, afinal, que o livro *Vom Ursprung und Ziel der Geschichte* lido no Brasil na tradução espanhola *(Origen y meta de la história)* fez furor no pós-guerra entre o grupo de intelectuais ligados ao IBF, tornando-se a discussão a respeito do "tempo-eixo" uma discussão "em moda" naqueles meios. A importância dada a este livro pode ser avaliada pela resenha de 27 páginas escrita por Jaguaribe e publicada na *Revista Brasileira de Filosofia*, na qual o autor conclui que a compreensão da história em Jaspers e Alfred Weber não entram em choque, mas bem se complementam[15].

A influência de autores existencialistas marcou igualmente, por outro lado, a atividade intelectual dos chamados "isebianos históricos"[16], combinando-se com a de autores catalogados como culturalistas e predominando, entre eles, a obra de Ortega y Gasset. Esta "influência preponderante" foi, aliás, assinalada por Padre Vaz em 1957 entre os autores por ele apontados como "culturalistas" brasileiros e cujos nomes coincidem exatamente com os dos "isebianos históricos". Mas seria "inexato falar de orteguismo puro (...) (se) Ortega lhes fornece uma temática fundamental e uma característica direção de análise, a influência dos existencialistas como Jaspers e Marcel é neles também per-

---

denuncia os "arranjos indigenistas" do marxismo, do existencialismo, da fenomenologia ("O tempo das ilusões". In: Chauí, Marilena e Carvalho Franco, M. S. *Ideologia e mobilização popular*. Rio de Janeiro, CEDEC/ Paz e Terra, 1978. p. 165).

[15] Nesta resenha Jaguaribe mostra sua adesão às idéias essenciais defendidas por Jaspers, buscando mostrar sua proximidade com as obras de Mannheim e de Alfred Weber. Sua filosofia da história, com ênfase no caráter transitório do fenômeno histórico, na compreensão da História como processo inacabado, na teoria das etapas históricas e na concepção do "tempo-eixo", fazia dele um pensador que levava mais adiante as idéias defendidas por Alfred Weber em sua sociologia da cultura. Ver Jaguaribe, Helio. "Origem e meta da história". *Revista Brasileira de Filosofia*, São Paulo, vol. II, fasc. 3, jul.-set. de 1952, pp. 531-58.

[16] Deixamos aqui de lado três autores em geral catalogados como "históricos": Nelson Werneck Sodré, por considerar que suas posições não podem ser identificadas com as dos demais componentes do grupo; Cândido Mendes de Almeida, pela pouca ou nenhuma influência exercida sobre Freire; e Álvaro Vieira Pinto, por pretendermos dedicar a ele um artigo à parte.

ceptível"[17]. Tal grupo de culturalistas estaria, no início dos anos 50, dedicado à tentativa de aplicar suas idéias na formulação e solução dos problemas brasileiros: estaríamos diante de um "culturalismo político e militante", do qual seria o ISEB um produto[18].

Na obra de Helio Jaguaribe, cujo encaminhamento posterior para posições em que predomina uma racionalidade tecnocrática e para estudos na área da ciência política faz esquecer mais rápido as posições que anteriormente defendeu, encontramos os traços característicos do que ele mesmo definiu como "culturalismo". Não queremos aqui fazer a exegese do pensamento pré-isebiano dos isebianos. Acreditamos, porém, que não é possível entender as formulações daqueles autores sem considerar as posições que eles defenderam no período imediatamente anterior, apenas porque eles não rompem com tais idéias: eles as combinam, ecleticamente, com outras — resultado de influências novas — que facilitam a passagem do "culturalismo especulativo" ao "culturalismo militante". Não há dúvida de que, como afirma Caio Navarro de Toledo em relação à influência existencialista, as opções teóricas dos isebianos não resultaram de uma análise histórico-social do subdesenvolvimento. Sobre eles ecoaram, por certo, os acontecimentos nacionais (de forma especial os resultados das eleições de 1950), mas estes foram interpretados com as categorias e a partir da teoria de que eles dispunham anteriormente. Com elas, eles trabalharam suas novas preocupações, que resultaram de uma certa abertura para a percepção (e para nova interpretação) da realidade econômica e política e da sua sensibilização diante das injustiças sociais[19], não devendo ser esquecido em tal evolução o papel desempenhado tanto pelo clima de efervescência ideológica que caracterizou o pós-guerra no Brasil quanto, mais tarde, pelos rumos tomados pela reflexão de alguns dos existencialistas franceses (a abertura para a realidade político-social e para as contradições do colonialismo e do neocolonialismo na África). Eles saíram, assim, do plano especulativo para a elaboração de um instrumento de intervenção no real, desenvolvido no plano em que eles se sentiam ca-

---

[17] Vaz, Henrique Lima. "Apêndice". In: França, Leonel. *Noções de história da filosofia*, 19. ed., Rio de Janeiro, Agir, 1957, p. 356.

[18] Ibidem. p. 357.

[19] Toledo, Caio Navarro de. *ISEB: fábrica de ideologias*. São Paulo, Ática, 1977, pp. 110-11.

pazes de fazer algo e ao qual atribuíam eficácia própria: no plano das idéias. Consideremos, por tudo isso, aquilo que diz Jaguaribe nos anos que precedem a criação do ISEB.

Pode-se afirmar que, no início dos anos 50, as preocupações e as análises de Jaguaribe inspiraram-se na obra de Ortega y Gasset, e que o vitalismo orteguiano contribuiu para que ele desembocasse na reflexão sobre a realidade brasileira. A "crise brasileira" por ele então denunciada era interpretada como "crise da cultura", resultante do fato de que o dogmatismo que a modelara não respondia à vida, à circunstância que caracterizava o momento vivido; ela não mais oferecia idéias e instrumentos adequados à interpretação da realidade transformada[20]. Seu ponto de partida era a discussão da "crise da cultura ocidental", como era moda na Europa desde Leo Frobenius e especialmente depois do aparecimento do famoso livro de Spengler (autores, aliás, bastante citados nos escritos mais antigos dos diversos isebianos). Como parte da civilização ocidental, também a sociedade brasileira estaria em crise: a abordagem das questões de "ordem universal" eram secundadas por indagações acerca das peculiaridades da "circunstância brasileira", esclarecia Jaguaribe, perguntando: "Que devemos fazer com relação à técnica? Como evitar a massificação? (...) Precisamos reconstruir nossas crenças... intervir em nosso futuro"[21]. Vemos aí que a indagação sobre a

---

[20] Jaguaribe, Helio. "Idéias para a filosofia no Brasil". *Anais do I Congresso Brasileiro de Filosofia*. São Paulo, IBF, vol. I, mar. de 1950, pp. 159-69. Na página 189 ele explicita a sua adesão ao vitalismo de Ortega y Gasset: "falar em razão vital é abrir toda uma problemática (...). Limitar-me-ei a lembrar que, segundo a expressão de Ortega, '*yo soy yo y mi circunstancia*'. Filosofar é filosofar na vida e para a vida, na circunstância e para ela. A filosofia brasileira, nesse sentido, ou será brasileira ou não será filosofia (...). Porque a circunstancialidade significa apenas que o ponto de partida autêntico de toda a cogitação é a perspectiva em que me encontro (...) a filosofia brasileira, cuja circunstancialidade é necessária e inevitável, só poderá ser autêntica se assumir plena consciência dessa circunstancialidade". Constatamos, assim, que em Ortega se encontra não apenas a raiz do "historicismo desenfreado" de alguns isebianos, mas também da própria preocupação em pensar a realidade (a circunstância) brasileira. Jaguaribe justifica seu historicismo afirmando que toda filosofia depois de Dilthey, Ortega e Heidegger teria de procurar tanto a validade formal quanto a validade histórica de suas formulações, ou seja, nas suas palavras, "almejar sua 'atualidade'" (p. 167).

[21] Ibidem. p. 164.

"circunstância" nacional é ela mesma marcada pelos temas clássicos dos livros de Ortega: a civilização dominada pela técnica e a ascensão das massas, sua rebelião (capaz de provocar o surgimento de ditaduras irracionais e escravizantes). E, sem dúvida, o livro de Ortega *Ideas y creencias* serviu como um dos principais esteios do "pensar a crise do nosso tempo". Essa crise é a crise da cultura — diz ele, numa argumentação orteguiana — porque nascemos num determinado contexto cultural e histórico, recebendo pela tradição um repertório de crenças e usos que mediatizam nossas relações com as coisas, com os demais homens e conosco mesmo. Essa "cultura ambiente" (língua, valores etc.) nos proporciona nossa visão de mundo que apresenta falhas, brechas, à medida que o mundo se transforma. Nesses casos, os usos e costumes tornam-se insuficientes para orientar a vida e é preciso renová-los; as brechas abertas na cultura devem ser recompostas pelo esforço cognoscitivo: "As idéias", diz Jaguaribe, "são o resultado de nossa reação em face da insuficiência das crenças anteriores"[22]. Ora, se ele interpretava a nossa "circunstância" do início dos anos 50 caracterizada por uma crise (da cultura, e — portanto — das crenças que orientam a vida social), era necessário realizar um esforço de interpretação da realidade transformada para, por meio dela, recompor as brechas abertas pela mudança.

No livro publicado no ano seguinte[23], Jaguaribe defende as mesmas idéias. O seu vitalismo vai desembocar nos artigos publicados em 1953 e 1954 nos *Cadernos do Nosso Tempo* os quais constituem o ponto de partida (que contém idéias básicas) para o desdobramento do nacionalismo-desenvolvimentista[24]. Em 1953 Jaguaribe pretende diagnosticar a crise brasileira, de modo a retirar dela "o máximo de rendimento

---

[22] Jaguaribe, Helio. "O que é filosofia?", *Revista Brasileira de Filosofia*, IBF, vol. I, fasc. 12, 1951, pp. 164-81.

[23] Idem. *A filosofia no Brasil*, op. cit. A crise brasileira era apresentada como parte da crise da cultura ocidental e ele a via como positiva (porque a necessidade de reconstruir as crenças, a "autoconsciência do mundo", impulsiona a filosofia, embora de difícil superação em virtude das nossas elites intelectuais estarem ultrapassadas e as elites econômica e política serem ineptas.

[24] Idem. "A crise brasileira". *Cadernos do Nosso Tempo*, Rio de Janeiro, ano I, n. 2, mar. de. 1953, pp. 120-60, e "A crise do nosso tempo e do Brasil". *Cadernos do Nosso Tempo*, Rio de Janeiro, ano II, n. 2, 1954, p. 1-17 (trata-se do discurso de abertura dos seminários do IBESP em maio de 1954).

"(...) como fator estimulante da cultura"[25]. Mas já aí começou a abandonar o plano da especulação: o seu problema principal é a crise provocada pelo desenvolvimento, como estimulá-lo e como recompor as idéias e crenças de modo a acelerá-lo. Ao deixar o plano de especulação, Jaguaribe passou a buscar apoio também em economistas, sociólogos, cientistas políticos e não mais apenas em filósofos, sendo facilmente identificável a leitura de Pareto, de Max Weber e de Karl Mannheim. O seu problema já então é o da construção da nação, a intervenção do Estado para assegurar o desenvolvimento, a racionalização das atividades do Estado, a adoção de uma política externa que atendesse aos interesses nacionais e não de blocos econômico-militares, a elaboração de um projeto social que possibilitasse reduzir o antagonismo entre as classes. A crise da cultura brasileira era o resultado do processo de crescimento econômico, da industrialização substitutiva de importações nos últimos anos: somente entendendo esse processo é que se poderia preparar a recomposição da nossa cultura, livrar-se da importação cultural ao buscar conhecer a nossa "circunstância".

Desse modo, nos vemos diante dos produtos do momento em que Jaguaribe começa a dar o passo que o leva da filosofia à ciência política, da especulação à militância, das preocupações com o indivíduo à preocupação com a realidade socioeconômica (na forma de "realidade nacional"), do vitalismo orteguiano à sociologia pragmática. As idéias básicas sobre as quais se apoiará o nacionalismo-desenvolvimentista são forjadas nesta passagem: elas serão mais tarde depuradas e sofisticadas, sem nunca se livrarem das marcas deixadas por posições teóricas e políticas anteriores[26]. Na verdade, como ocorreu com diversos isebianos,

---

[25] Idem. "A crise brasileira". *Cadernos do Nosso Tempo*, op. cit., p. 140. Neste artigo Jaguaribe ainda faz afirmações como: "uma cultura se forma (...) graças aos estímulos da angústia religiosa-filosófica" (...) (p. 129). Aliás, o próprio Jaguaribe indica, num artigo publicado anos depois, que todos os isebianos estavam influídos pelo historicismo em geral e pela filosofia da existência em particular, pelo pensamento econômico da Cepal e pela sociologia do conhecimento de Mannhein. Ver Jaguaribe, Helio. "The dynamics of brazilian nacionalism". In: Veliz, Claudio. *Obstacles to change in Latin America*. New York, 1965, p. 173.

[26] Em 1953 Jaguaribe busca realizar um "diagnóstico da crise brasileira" e indicar um caminho para superá-la. Sua proposta, apesar de enfatizar a intervenção do Estado na vida econômica, mesmo que isso implicasse a socialização dos meios de produção, não é socialista; ao contrário, ela nasce na polêmica com o socialis-

Jaguaribe, ao longo dos anos 50, não rompeu com o culturalismo, o historicismo e com a filosofia da existência, do mesmo modo que não abandonou o elitismo e o autoritarismo característico dos intelectuais que orbitavam em torno do IBF. Ao contrário, foi com esses pontos de referência que ele partiu para a interpretação da realidade sociopolítica, a "circunstância" brasileira. Para esse fim ele tomou à literatura de orientação culturalista os conceitos de "época" (etapas atravessadas por uma cultura à qual pertencem diversas comunidades, como as da Idade Média e Moderna na cultura ocidental), de "fase" ("etapa no processo histórico da comunidade integrada no processo da sua cultura") e de "estrutura-tipo"[27]. A sociedade brasileira estaria vivendo no pós-guerra uma "transição de fase" e a crise correspondente: depois de atra-

mo como forma de organização social e com o marxismo como teoria. Para ele, tanto o "projeto marxista" quanto o capitalista (que "entrara em decadência no século XX") estariam em crise; era necessário buscar um terceiro caminho e o que ele propõe é a "socialização sem socialismo", ou seja, a conversão da propriedade privada dos bens de produção em pública, com o mero objetivo de alcançar um regime ótimo de investimentos. Para isso, continuava ele, era preciso distinguir entre a "socialização inversionista" (que ele propõe e na qual o Estado determinaria as prioridades de investimento e transformaria os empresários particulares em administradores públicos durante a fase do "capitalismo de transição" que o país estaria atravessando) e a "socialização reparticionista" (injusta e inadequada a um país que precisa elevar seus investimentos porque daria ao operariado "um salário nominal superior ao valor da sua produção"). Ibidem. pp. 127, 140, 149, 150 e 156. Como vemos, o seu nacionalismo já está claramente aqui delineado; vê-se aí também reforçado o mito do Estado forte que se coloca acima das classes sociais e atua como árbitro de seus interesses: tal mito sobrevivia na revisão das posições influídas pelo integralismo e bem se integrava na posição defendida pelo autor, já que o Estado como instrumento de afirmação da Nação é um elemento indispensável a qualquer perspectiva nacionalista. Como os demais intelectuais reunidos no Parque Itatiaia, no IBESP e finalmente no ISEB, Jaguaribe buscou uma via "centrista" para os problemas cruciais da época (o dilema capitalismo/socialismo, as questões do desenvolvimento e da democracia), uma via capaz de assegurar o desenvolvimento, promover a participação eleitoral das massas, sem ameaçar no fundamental a ordem social e econômica.

[27] Ver Jaguaribe, Helio. *Condições institucionais do desenvolvimento*. Rio de Janeiro, MEC/ISEB, 1958, p. 13. Ele afirma ainda aí que só com a elaboração de teorias relacionadas com o culturalismo e o historicismo, a partir de meados do século XIX, a ciência política teria atingido a objetividade científica já conquistada pelas ciências culturais em outros setores.

vessar uma fase colonial (até meados do século XIX) e uma fase semicolonial, a sociedade brasileira transitava para uma nova fase (com a correspondente transformação da sua "estrutura-tipo", ou seja, vivendo transformações econômicas, políticas e culturais) caracterizada pelo desenvolvimento.

A "transição de fase", a passagem de uma "estrutura-tipo" semicolonial a uma "estrutura-tipo" característica de um país industrial, desenvolvido, colocava em questão os nossos valores culturais, exigindo um "ajustamento faseológico" das nossas idéias e crenças para que a nova fase pudesse emergir em sua plenitude. Ora, se não dispúnhamos das crenças, hábitos e idéias adequadas à rápida transformação da sociedade brasileira (ao rápido desenvolvimento), Jaguaribe conclui pela necessidade de apelar para as instituições (fundamentalmente para o Estado) como "sistema de normas que disciplinam o processo social" de modo a promover conscientemente a mudança cultural[28]. Para isso seria necessária a conquista do aparelho do Estado pelos representantes das forças interessadas na industrialização, no desenvolvimento: o instrumento de tal conquista era a formação de uma "frente nacional", na qual diferentes classes ou facções de classes se reconciliavam em torno de um objetivo nacional maior (o desenvolvimento) e combatiam as forças que se opunham à "mudança de fase".

Ora, tanto a aliança de classes em torno do objetivo do "desenvolvimento nacional" quanto a realização de planos promovidos pelo Estado dependiam do convencimento das diferentes classes sociais de que os objetivos atendiam a seus interesses: a demonstração disso exigia "um esforço ideológico e de organização de núcleos de coordenação e esclarecimentos sociais"[29], ou seja, uma ampla mobilização ideológica que difundisse as idéias e crenças necessárias à nova "fase" nacional.

---

[28] Nesse raciocínio não-isento de autoritarismo, Jaguaribe passa facilmente de Ortega y Gasset (das idéias e crenças) a Max Weber, invocando a correlação entre crenças e hábitos de uma sociedade e seus processos de desenvolvimento econômico.

[29] Jaguaribe, Helio. *Condições institucionais do desenvolvimento.* op. cit., p. 53. A análise dos isebianos pretende ser globalizante, tal como a de Mannheim, que tanta influência exerceu sobre eles. Mas essa exigência decorria também de forte influência da fenomenologia: a compreensão dos eventos históricos exigia a compreensão do todo, devendo ser simultaneamente "conhecimento histórico" e "ser histórico", intervenção no real.

Vemos assim que a "reabilitação da esfera ideológica", a que se refere Caio Navarro de Toledo, aparece como desdobramento lógico do culturalismo, cuja inspiração fundamental se encontra na obra de Ortega. O culturalismo também é claramente visível no livro que serviu como estopim para a crise do ISEB em 1958. Ele mantém a sua interpretação tendo como base os conceitos de "época" e de "fase", situando a história da "comunidade" ou país na história da sua cultura e ressaltando o papel desta na constituição das nações. Diz ele:

> (...) longe de serem o fundamento da nação, as chamadas características nacionais são o efeito da história nacional, dentro da história global de uma cultura determinada, no âmbito interno de uma nação, por seu processo faseológico e, no âmbito geral da cultura, por suas transformações epocológicas. São as grandes épocas da história ocidental — para tomá-las como exemplo — que suscitam o aparecimento de modelos psicossociais como os do homem gótico ou renascentista ou barroco. E são as diversas fases de desenvolvimento interno de cada nação que condicionam o caráter dos povos[30].

No caso brasileiro, deveríamos considerar o rápido desenvolvimento econômico-social a partir dos anos 30: ele teria conduzido ao

---

[30] Ver Jaguaribe, Helio. *O nacionalismo na atualidade brasileira*. Rio de Janeiro, MEC/ISEB, 1958, p. 24. Os "corpos históricos que são as culturas — afirmava Alfred Weber — estão insertos num grande movimento cultural progressivo e uniforme que se processa por 'etapas' e que abarca a humanidade"; nele teríamos um "processo de domínio intelectual e teórico da existência" que caminharia progressiva e necessariamente "da ingenuidade paraa consciência reflexiva", da apatia ao conhecimento. O homem seria, portanto, neste "movimento progressivo" que implica o "processo civilizador", cada vez mais consciente do que ocorre na sua cultura. Tal "movimento progressivo" provocaria igualmente o surgimento constante de "novas atitudes psico-intelectuais perante a existência, procurando criar novas fisionomias culturais ou transformar as antigas". Contaria nas transformações não somente a consciência (que gera atitudes intelectuais, faz surgir interpretações), mas também a vontade cultural que se derrama sobre o "complexo vital" que se dá a conhecer em cada nova constelação histórico-sociológica, no que se refere à cultura perante a vida. Ver Weber, Alfred. *História sociológica da cultura*. São Paulo, Mestre Jou, 1970, pp. 26-7. O "vitalismo", ao qual havia aderido Jaguaribe anteriormente, encontra respaldo também em A. Weber, o mesmo ocorrendo com a compatibilização entre a aceitação de certo determinismo "faseológico" com o voluntarismo.

nacionalismo ao provocar a coexistência de "estruturas sociais correspondentes a fases diferentes na história nacional"[31]. Na luta entre tais estruturas o nacionalismo surge como ideologia que deve servir ao combate da fase a ser ultrapassada pela comunidade.

Na defesa do nacionalismo-desenvolvimentista como a ideologia que a comunidade necessitava para sedimentar a nova "fase", Jaguaribe vai lançar mão dos conceitos de representatividade (calcado sobre a sociologia do conhecimento de Karl Mannheim: a ideologia como expressão de interesses sócio-situacionais das diferentes classes sociais, representativas, portanto, de tais interesses) e de autenticidade. Este último conceito, tomado à filosofia da existência, insere-se num quadro culturalista:

> São autênticas as ideologias que (...) formulem para a comunidade critérios e diretrizes que a encaminhem no sentido de seu processo faseológico, ou seja, que permitam o melhor aproveitamento das condições naturais da comunidade, em função dos valores predominantes na civilização a que pertence[32].

Em suma, a "adequação à fase" é elevada a critério de autenticidade: as ideologias, como "conjunto de valores e de idéias" que se subordinam a um sistema cultural e sobre as quais influem as particularidades das situações, são autênticas (ou seja, ficam legitimadas em seu papel de comandar o comportamento social da comunidade) à medida que servem à fase ou à "transição de fase" atravessada pela comunidade. Identificada à "transição de fase", bem como às características de uma e outra fase, tratava-se de defender — de acordo com Mannheim e também com Alfred Weber — aquela ideologia que favorecia a transformação e o progresso, que facilitava a mudança.

Também Guerreiro Ramos, em que pese apresentar grande parte do seu trabalho um caráter mais definidamente sociológico, deixa ver a profunda influência recebida pelo culturalismo e pelo existencialismo cristão, percebendo-se claramente os traços deixados pela leitura de Ortega y Gasset. Ao pensar a sociedade brasileira ele partia da distinção

---

[31] Jaguaribe, Helio. *Condições institucionais do desenvolvimento*. op. cit., p. 33.
[32] Ibidem. p. 49. Desse modo, legitimava Jaguaribe a arbitragem dos intelectuais entre os projetos sociais das diferentes classes ou frações de classes.

entre natureza e cultura, vendo a consciência e a liberdade humana como fundamentos do homem e da história: a sociedade brasileira estava deixando de ser uma sociedade natural (a sociedade colonial, sem consciência de si) para se constituir numa sociedade histórica, consciente da sua liberdade, capaz de se distinguir como ser autônomo. Tal sociedade, dizia ele, se "personalizava": "a pessoa, como ser eminentemente projetivo, subentende a História; as coletividades, quando aspiram à História, aspiram à personalização"[33]. Assistia-se no Brasil de então a um processo de "personificação histórica" que se refletia na luta entre a mentalidade colonial ou reflexa, caracterizada pela alienação, e uma mentalidade autenticamente nacional em formação. Cabia à intelectualidade ajudar, com uma interpretação correta da realidade e a elaboração de uma cultura nacional, esse processo. Para a realização dessa tarefa, Guerreiro Ramos propõe um método: a "redução sociológica".

O método redutivo proposto para os estudos sociológicos buscava sua justificativa na filosofia. Como nos diz Padre Vaz, ele não apenas apresentava problemas filosóficos mas implicava um ponto de partida filosófico, uma filosofia da cultura[34]. Guerreiro Ramos, em meio à citação de numerosos autores, destaca a importância de Husserl e de Heidegger em seu trabalho. O objetivo da "redução sociológica" era cultural: possibilitar a realização da "tarefa substitutiva no âmbito da

---

[33] A transposição da filosofia da existência cristã para o plano da nação é absolutamente clara em Guerreiro Ramos. Diz ele que da mesma forma como a pessoa "se define como ente portador de uma consciência autônoma, isto é, não é determinado pelo arbitrário nem pela pura contingência da natureza, também a personalidade histórica de um povo se constitui quando, graças a estímulos concretos, ele é levado a perceber os fatores que o determinam e começa a conduzir-se diante deles como sujeito". Ver Guerreiro Ramos, A. *A redução sociológica*. Rio de janeiro, MEC/ISEB, 1958, pp. 20-4. Este raciocínio estava explicitamente ligado à concepção culturalista e historicista que, difundida especialmente por Spengler, divide os povos e culturas em "naturais" e "históricos".

[34] Ver Vaz, Henrique Lima. "Apêndice". In: França, Leonel. *Noções de história da filosofia*, op. cit., p. 358. Aliás, ao afirmar que o desenvolvimento suscitava o surgimento de uma "consciência crítica", ele deixa ver o "existencial-culturalismo" subjacente ao seu raciocínio, dizendo: "Este terreno. — somente com o consenso da filosofia e, mais particularmente, da filosofia da cultura pode ser explorado. A autoconsciência coletiva e a consciência crítica são produtos históricos. Surgem quando um grupo social põe entre si e as coisas que o circundam um projeto de existência". Ver Guerreiro Ramos, A. *A redução sociológica*, op. cit., p.21.

cultura" de modo a combater de maneira eficiente os transplantes culturais; cultural era igualmente seu objeto: tal método permitiria "pôr entre parênteses as notas históricas adjetivas do produto cultural e apreender suas determinantes"[35]. Ainda no que concerne à "redução", Guerreiro Ramos, em meio à avalanche de citações legitimadoras do conceito e do método no terreno da sociologia, termina por apoiar-se com ênfase em Karl Mannheim: este teria aplicado a redução sociológica no tratamento de vários assuntos exatamente por ter "visível familiaridade com o pensamento fenomenológico e culturalista, ao qual se prende a redução sociológica"[36]. Ora, o método apresentado por Guerreiro Ramos resume, efetivamente, a proposta da fenomenologia no plano sociológico, ou seja, propõe uma "retomada crítica e construtiva das pesquisas sociológicas" a partir de uma perspectiva na qual o social é tratado como vivência a ser adequadamente descrita para que se possa reconstituir-lhe o sentido, apoiando-se esta sobre dados sociológicos, resultados de uma objetivação prévia do social[37]. Seria outro o conteúdo da "redução sociológica"? Esta implicaria, por parte do pesquisador, a "vivência" do Brasil, a "conversão diuturna do sociólogo ao interesse nacional"; a partir daí poderia ele partir para "a elaboração de idéias, conceitos, teorias com as quais a nação possa compreender-se a si pró-

---

[35] Ibidem. p. 63.

[36] Ibidem. p. 71.

[37] Ver a introdução a Lyotard, J. F. *A fenomenologia*. São Paulo, Difusão Européia do Livro, 1967, p. 89. Na verdade, o ponto de partida metodológico da produção isebiana é a fenomenologia. A compreensão histórica é um "ato da existência", está ligada à vida, depende pois da vivência, do engajamento daquele que compreende: supõe a rejeição da ilusão do objetivismo (do positivismo). A compreensão tem como objetivo "restituir ou reestabelecer o acordo, preencher as lacunas", e supõe a substituição de conceitos ultrapassados por conceitos adequados, a "purificação" da consciência de seus preconceitos seculares e suas antecipações atuais, a distinção dos "preconceitos que cegam daqueles que esclarecem". Ela é, ao mesmo tempo, "saber histórico" e "ser histórico", traz com ela a consciência das possibilidades futuras e, portanto, um novo "projeto". Como vemos, estas posições coincidem amplamente com aquelas defendidas pelos isebianos. Consultar Gadamer, Hans-Georg. *Le problème de la conscience historique*. Paris/Louvain, Beatrice-Nauwelaerts/Université. Catholique de Louvain, 1963. Para um tratamento mais amplo e sistemático ver do mesmo autor *Wahrheit und Methode. Gründzüge einer philosophischen Hermeneutik*. 3. ed., Tübingen, J. C. B. Mohr, 1972.

pria, decifrar objetivamente os seus problemas"[38]. A atitude redutora era, para Guerreiro Ramos, "uma atitude metodológica que tem por fim descobrir os pressupostos referenciais de natureza histórica, dos objetos e fatos da realidade nacional", eliminando (ou pondo entre parênteses) tudo aquilo que, pelo seu caráter acessório e secundário, "perturba o esforço de compreensão e obtenção do essencial de um dado" (ou da "coisa em si").

Tratava-se da utilização do procedimento da fenomenologia com o objetivo de combater a concepção ingênua vigente em países de formação colonial como o Brasil, de que "os produtos culturais produzem o mesmo efeito em qualquer contexto" de modo a estimular a investigação da sociedade brasileira a partir de um engajamento consciente do cientista social em relação ao seu contexto[39]. O próprio Guerreiro Ramos trata de iniciar esse trabalho retomando criticamente a produção sociológica nacional[40].

Também a compreensão da história a partir das "fases" da cultura encontrou acolhida nos escritos de Guerreiro Ramos. Já em 1954 afirmava ele que

(...) não se encontrará objetivamente o equacionamento desses problemas (nacionais) se não se adota o que tenho chamado de *approach* faseológico. A idéia central deste *approach* pode ser assim delimitada: toda estrutura econômica e culturológica condiciona seu correspondente elenco de problemas, o qual só se altera à medida que a referida estrutura se transforma faseologicamente.

Ele parte dessa idéia para concluir voluntaristicamente que a estratégia de solução para os problemas consistiria em "deflagrar numa

---

[38] Guerreiro Ramos, A. "Cartilha brasileira do aprendiz de sociólogo". *Introdução crítica à sociologia brasileira.* Rio de Janeiro, Andes, 1957, p. 105.

[39] Idem. *A redução sociológica*, op. cit., pp. 46 e 75.

[40] Guerreiro Ramos tenta rever a produção sociológica brasileira buscando nela a tradição capaz de ser retomada pelo nacionalismo-desenvolvimentista. Ele denuncia aí não apenas os estudos que tratavam do negro brasileiro de uma perspectiva claramente racista mas também a "luso-tropicologia" de Gilberto Freyre, dedicado a pseudoproblemas, a "mandarinagens sem nenhuma urgência, necessidade ou funcionalidade", bem como aos estudos empíricos de comunidade sem qualquer valia para a compreensão da estrutura social.

fase determinada os fatores genéticos da fase superior"[41]. Em *A redução sociológica*, Guerreiro Ramos dedica todo um capítulo às "fases" e suas leis. Da mesma forma que Dilthey fala de uma "razão histórica" e Ortega de uma "razão vital", existiria também uma "razão sociológica" que permitiria compreender os fatos singulares dentro da totalidade. O conceito de "fase" permitiria captar essa "razão": a compreensão das determinações particulares de cada seção do fluxo histórico-social (cada seção percebida como "uma totalidade histórico-social, cujas partes estão dialeticamente relacionadas") permitiria clarificar o sentido dos acontecimentos[42]. As fontes desse raciocínio seriam o sociólogo culturalista Franz-Carl Müller-Lyer e Mannheim (considerando que este teria sido influenciado por aquele), além de Alfred Weber.

O culturalismo se combina com o vitalismo orteguiano e com o existencialismo ao defender o autor tratado uma "sociologia nacional": ele considerava que a possibilidade de tal sociologia estava dada pelas "condições reais da fase atual da sociedade" e que ela deveria refletir as "peculiaridades da circunstância" para poder ser "autêntica"[43]. Aliás, vale a pena assinalar que Guerreiro Ramos — tal como outros "isebianos históricos" — utilizou crescentemente, nos anos 50, uma terminologia existencialista, empregando-a para referir-se à nação: o nacionalismo era apresentado como "o projeto de elevar a comunidade à apropriação total de si mesma, isto é, de torná-la o que a filosofia da existência chama de um 'ser para si'"[44]. Essa "apropriação do sujeito

---

[41] Guerreiro Ramos, A. "O regionalismo na sociologia brasileira". *Revista de Serviço Social*, São Paulo, ano XIV, n. 74, 1934, pp. 69 e 71.

[42] Guerreiro Ramos, A. *A redução sociológica*, op. cit., pp. 105 e 109.

[43] Guerreiro Ramos, A. *Introdução crítica à sociológia brasileira*, op. cit., p. 25. A influência de Ortega aparece aí de maneira clara quando ele afirma que "o sociólogo só existe nacionalmente à medida que o seu pensamento seja autêntico e (este) terá de refletir as particularidades da circunstância em que vive". Também o conhecimento teria raízes existenciais: "O homem que conhece — afirma ele — é um 'ser em situação'" (p. 17).

[44] Guerreiro Ramos, A. *O problema nacional do Brasil*, 2. ed., Rio de Janeiro, Saga, 1960, p. 35. Ver ainda a p. 96. Há trechos em que a linguagem e a argumentação deste autor é inteiramente orteguiana. Em *A redução sociológica*. (op. cit., p. 32.) diz, Guerreiro Ramos que em conseqüência da industrialização o povo brasileiro estaria empenhado na realização de projetos, apresentando-se como "um povo que projeta enfrentar a sua circunstância de modo ativo, procurando explorar as suas potencialidades segundo urgências determinadas".

pelo próprio ser" (a essência da autenticidade) era dificultada pelas normas e valores que modelavam a vida nacional: a ação em favor da mudança deveria, portanto, visar à transformação das normas, dos valores, das idéias e crenças de modo a atender às necessidades "faseológicas" da comunidade.

Mas sem dúvida foi Roland Corbisier o isebiano que maior atenção dedicou à questão da cultura e quem mais explicitamente se apoiou sobre as idéias de Ortega y Gasset. Egresso das fileiras integralistas, ligado ao IBF no início dos anos 50, os escritos de Corbisier no final dos anos 40 e início da década seguinte revelam profundo elitismo e completo alheamento em relação ao país. Idealista, ele apresentava em 1948 o "desequilíbrio das instituições" como um reflexo "da crise fundamental do espírito"[45]; nesse mesmo ano, escrevia artigos nos quais a erudição e o academicismo eram colocados a serviço da defesa de posições amplamente aceitas nos meios integralistas: a história seria, por exemplo, resultado do "permanente esforço do espírito", sendo, portanto, por ela responsável os "que encarnam a causa do espírito". Esses eram os homens excepcionais, os gênios que brilham como "estrelas solitárias" e nasceram para comandar, já que "as sociedades humanas só existem como sociedades porque consistem numa maioria articulada por uma minoria, por uma elite"[46]. Em 1950 ele analisa a vitória de Vargas procurando "pôr o mundo entre parênteses" e utilizando para a sua análise conceitos e termos tomados à filosofia da existência. Nesse momento ele se manifestava contra o sufrágio universal, lamentava a destruição do Império e defendia o governo de uma "elite competente". Reconhecia, no entanto, que o "assalto ao poder" das massas por meio do trabalhismo em 1950 permitira que "uma realidade social oculta e desconhecida se revelasse ou se desvelasse diante de nós"[47]. Fazia-se necessário — afirmava ele — tomar clara consciência da "circunstância" política em que nos encontrávamos.

Em 1950 o nacionalismo defendido por Corbisier (a preocupação com o "destino da nação") é francamente autoritário (apoiado sobre Alberto Torres e Oliveira Vianna) e suas preocupações são dominantemen-

---

[45] Corbisier, Roland. Apresentação da *Revista Colégio* (1948) reproduzida em *A responsabilidade das elites*. São Paulo, Livraria Martins, 1956, pp. 21-2.

[46] Ibidem. pp. 39-41.

[47] Corvisier, Roland. "Reflexões sobre o momento político". Ibidem. p. 63.

te políticas. Estas o conduzem a pensar os problemas pedagógicos, como vemos no ensaio de 1952: se a sociedade nos educa, a pedagogia se identifica com a política, com a missão da comunidade de "formar os homens de acordo com os ideais e valores da cultura de que é portadora"[48]. Ora, por um lado a fragmentação do mundo moderno destruiria a eficácia da pedagogia e, por outro, a democracia liberal permitiria substituir a pedagogia pela propaganda: o resultado era a massificação característica do mundo contemporâneo, o mundo da técnica e dos meios de comunicação de massa. Em tal mundo, em que assistíamos à "rebelião das massas", a organização pedagógica se via prejudicada pela "crise de confiança nas crenças e valores sobre os quais nos assentamos"[49]. A influência de Ortega é notória: Corbisier apóia toda a sua argumentação fundamentalmente sobre os dois livros mais conhecidos do filósofo espanhol, exatamente os que haviam lastreado também a especulação de Jaguaribe, ou seja, *Ideas y creencias* e *La rebelión de las masas*. Ao referir-se às massas, ele repete o raciocínio de Ortega: elas irrompiam na História, insubmissas e agressivas, reivindicando a fruição do bem-estar e conforto modernos para cuja construção não contribuíram (já que era resultado do esforço de uma elite). Para explicar o comportamento do "homem-massa", ele apela para a análise de Max Scheler do "homem do ressentimento", incapaz de respeito e veneração, concluindo — já apoiado em Gabriel Marcel — pela impossibilidade da sua educação. Por isso mesmo (por serem "impermeáveis à educação e ao espírito") elas "se tornam presa da propaganda que as modela"[50]: as massas seriam essencialmente "fanatizáveis", afirma ele, ainda citando Marcel.

A crise da educação era, para Corbisier, apenas um aspecto da "crise do nosso tempo" e dela só sairíamos encontrando uma fórmula que nos permitisse "restaurar um patrimônio de crenças comuns em função do qual se conciliariam espontaneamente a liberdade e a disciplina, a ordem e a vida"[51]. Sua visão da educação das massas, por serem

---

[48] Idem. "Situação e problemas da pedagogia" Ibidem. p. 228. Trata-se da conferência de abertura dos cursos de extensão cultural do IBF em 1952, publicado na *Revista Brasileira de Filosofia* (vol. II, fasc. 2, abr.-jun., 1952, pp. 219-35).

[49] Ibidem. p. 44. A influência culturalista e existencialista neste ensaio é marcante, sendo citados com freqüência Ortega, Burckhardt, Jaspers e Marcel.

[50] Ibidem. p. 232.

[51] Ibidem. p. 243.

elas avessas à ordem e à disciplina, era — como já indicamos — profundamente negativa; o indivíduo e somente ele era educável. Do mesmo modo que Corbisier se move na tradição inaugurada por Gustave Le Bon, continuada por Scheler e Ortega (a da "psicologia das massas"), no que concerne ao estudo da sociedade contemporânea, ele também mantém-se, no que diz respeito à educação, dentro das fronteiras ditadas pelo pensamento católico conservador. Sua preocupação é a educação do indivíduo para a liberdade, para a escolha: esta, porém, submete-se a valores e ideais que não se colocam em discussão porque eternos e não social e historicamente determinados. Era necessário defender a liberdade do indivíduo, educando-o, porém; ensinando-o "a servir-se dela para promover a realização de uma imagem ideal com a qual deve coincidir"[52]. A pedagogia era aí um instrumento essencial na "drenagem, canalização e aproveitamento de algo preexistente que é o homem como natureza bruta e suscetível de receber a cunhagem de uma forma preestabelecida"[53]. Nos vemos, portanto, diante de uma concepção pedagógica profundamente autoritária.

Não podemos dizer de Corbisier que ele passa, nos anos 50, de um culturalismo especulativo a um "culturalismo político e militante": ele vem de uma militância intensa. Ao participar, em 1952, do Grupo Itatiaia ele está, como Jaguaribe, envolvido pela problemática orteguiana e sob tal influência começa a perceber novos dados da "circunstância" e a interpretar de outra maneira a realidade.

O vitalismo orteguiano mostra-se de maneira cristalina em 1952. A filosofia, diz ele, deve responder à vida e, por isso, na raiz do pensamento filosófico estão as crises, as "urgências vitais" (Ortega), as "situações-limite" (Jaspers). O pensamento é "diálogo com a circunstância", na qual o indivíduo se encontra e só pode ser entendido a partir do conhecimento dessa "circunstância": as idéias, para atender à vida, devem

---

[52] Ibidem. p. 236. Somente assim poder-se-ia evitar que a liberdade degenerasse em arbítrio. Pela liberdade o homem transcenderia a sua "circunstância" assumindo a responsabilidade pelo seu destino (p. 237), mas seu exercício deveria estar referido a valores e submetido a ideais vinculados a uma teoria a respeito da essência e do destino último do ser humano, ou seja, a uma antropologia filosófica.

[53] Ibidem. p. 235. A tarefa da pedagogia seria a de estabelecer o intercâmbio entre os valores e princípios formadores da cultura e a espontaneidade do indivíduo.

ser instrumentos para transpor obstáculos e resolver problemas[54]. Ele está preocupado com o esfacelamento das crenças mas conclui pela necessidade de pensar a "circunstância" que provocou tal esfacelamento, ou seja, de pensar a realidade socioeconômica e política. No ano seguinte ele se coloca ainda mais próximo de Jaguaribe ao pensar a "crise" e não se trata mais da mera "crise existencial", mas da "crise histórica", como crise da cultura. Apoiando-se em Alfred Weber, Jaspers, Gabriel Marcel e especialmente em Ortega, também ele parte da crise da cultura ocidental e suas conseqüências sobre as crenças. A crise histórica, diz ele citando Ortega, se instala exatamente quando — em conseqüência da mudança — ao sistema de convicções da geração anterior sucede um estado vital em que o homem fica sem aquelas convicções. Mas ele aceita aí a mudança, a historicidade da cultura e seus produtos e da "perspectiva" a partir da qual configuramos as coisas e estruturamos o mundo. Sua argumentação é rigorosamente orteguiana: citando, como Jaguaribe, a famosa frase "eu sou eu e minha circunstância", desde o ventre materno, ele identifica na "circunstância" uma dimensão natural e outra cultural. Esta última resultava da "interferência modificadora" do homem sobre o mundo (o que o levava a aceitar como cultura os produtos da atividade humana; ele nos oferece aí o exemplo da cultura criada pelos índios). O mundo é percebido pelas referências que são dadas pela cultura, ou seja, por convicções, crenças, idéias, que permeiam a vida do grupo. Ocorre, porém, diz ele já então citando Jaspers, que a História é transição, mudança. Se a circunstância muda, torna-se então necessário refazer as convicções e as idéias com as quais percebemos o mundo[55]. Está, portanto, dado o passo necessário à adesão ao nacionalismo-desenvolvimentista.

Ao reunir em livro seus artigos e ensaios do período 1948-1952, já em 1956, Corbisier fez uma autocrítica no Prefácio: os escritos republicados em *A responsabilidade das elites* eram produto de um período no qual os intelectuais consideravam difícil viver no Brasil e desfrutar das "coisas do espírito", no qual a participação na vida intelectual se fazia a partir da adoção de uma postura "européia". Em 1956 ele con-

---

[54] Idem. "Introdução à filosofia como problema". *Revista Brasileira de Filosofia*, vol. II, fasc. 4, out.-dez, 1952, pp. 668-78.
[55] Idem. "Significação da idéia de mundo e de crise". *Revista Brasileira de Filosofia*, vol. III, fasc. 3, jul-set, 1953, pp. 422-36.

siderava tal postura resultado da alienação em que viviam, alienação que — em seu caso particular — havia sido vencida na passagem do IBF ao ISEB: "vencendo a alienação mental em que sempre havíamos vivido, tomamos finalmente consciência da inautenticidade da nossa situação existencial". A partir de então, sua tarefa como intelectual prendia-se à necessidade de "compreender o nosso país, a nossa 'circunstância'" — e esta idéia orientou a elaboração dos ensaios que compõem o livro *Formação e problema da cultura brasileira* (1956). Já aí a reflexão sobre a cultura se orienta de acordo com as linhas gerais da ideologia isebiana, deixando muito visível a influência exercida pelas idéias de Ortega y Gasset[56].

Em Corbisier como em Jaguaribe o vitalismo orteguiano parece ter facilitado o voltar-se para a realidade brasileira, não sendo de se negligenciar a influência pessoal exercida por Jaguaribe em tal "leitura" de Ortega desde a época das reuniões realizadas no Parque Itatiaia. Corbisier se coloca como tarefa pensar sobre "o mundo que nos cerca ou sobre a 'circunstância' que nos envolve" a partir de uma perspectiva culturalista muito clara: pensar o mundo é pensar a cultura. Este era o resultado da ação criadora ou transformadora do homem sobre "a primeira dimensão da estrutura do mundo ou da circunstância": a natureza. A atividade, o trabalho humano sobre a natureza, gerava a "dimensão cultural da circunstância". A cultura, portanto, não deve ser pensada como acumulação de conhecimentos, mas como resultado da ação do homem, e ao defender essa idéia ele nos oferece um exemplo: "um bloco de mármore, antes de ser trabalhado pelo escultor, é natureza: depois de ter recebido a forma de estátua, torna-se cultura". É, portanto, cultura tanto um utensílio indígena quanto uma pintura a óleo[57].

Uma argumentação hegeliana é utilizada por Corbisier nesse contexto: o espírito humano se objetiva pelo trabalho criando cultura. Mas

---

[56] A crítica à "alienação cultural" característica do período anterior é feita com grande paixão exatamente porque tem caráter de autocrítica. O intelectual brasileiro importava idéias e problemas alheios: lendo, traduzindo, comentando e citando os autores estrangeiros, perdia-se nos outros e por isso sua cultura reduzia-se à erudição. Não podia — diz ele —, por isso, interpretar e compreender a sua "circunstância". Tratava-se de intelectuais "incultos e eruditos", imersos numa "cultura de palavras". Corbisier, Roland. *Formação e problema da cultura brasileira.* 2. ed., Rio de Janeiro, MEC/ISEB, 1959, pp. 80-2.

[57] Ibidem. pp. 13-4.

a criação cultural tem um significado e este é desvendado à medida que valores culturais comuns ligam aquele que pretende entender a cultura e o sentido da obra. Essa comunidade de valores que permite a apropriação da cultura existe à medida que o homem é formado pela cultura em que vive: o homem cria e é criado pelo seu mundo cultural, pela sua "circunstância". Diz Corbisier: "O mundo da cultura é um mundo em trânsito, afetado em suas entranhas pelo tempo, pela historicidade, que também afeta, em sua estrutura, o ser do homem"[58]. Ao fazer cultura, portanto, o homem transforma a natureza e a si mesmo e para chegar a essa conclusão Corbisier não precisa ler Marx: ela decorre de um culturalismo com tinturas hegelianas.

Aliás, nenhum autor isebiano explicitou tanto a sua ligação com o culturalismo. A formação histórica do povo brasileiro é, para Corbisier, a "formação da cultura brasileira" pensada sob a inspiração de Burckardt e de Alfred Weber, além — naturalmente — de Ortega. A cultura é tratada como "totalidade das manifestações vitais" que caracterizam e definem um povo: vitalismo e culturalismo entrelaçam-se para explicar a história humana. Essa história é, para ele, a "biografia da cultura humana em geral ou das diferentes culturas, em particular"; em conseqüência, a compreensão da "presença" do homem na "circunstância" só se fazia possível a partir da compreensão da sua inserção num determinado momento da história de uma cultura particular[59]. E para compreender o momento atravessado pela cultura brasileira ele invoca, como os demais isebianos, a idéia de "fase" cultural: vivíamos, naquele momento, a "transição de fase", passando da "situação colonial" à independência nacional. Nessa "transição de fase" (e a "crise" por ela suposta, favorável à "tomada de consciência dos problemas internos da cultura"), começavam a surgir as condições (geradas pelo desenvolvimento) para o surgimento de uma cultura autônoma, de um "pensamento nacional autêntico". O culturalismo de Corbisier desemboca aqui numa análise tipicamente isebiana: o desenvolvimento havia transformado a "circunstância" brasileira propiciando o surgimento de uma "autoconsciência" nacional. Esta, porém, era condição para que o próprio desenvolvimento pudesse prosseguir, para que a nova "fase" se instalasse plenamente: era preciso desenvolver um pensamento nacional que fosse

---

[58] Ibidem. p. 18.
[59] Ibidem. pp. 53-4.

"autoconsciência da cultura", conhecimento da "nossa circunstância", para que essa circunstância pudesse ser racionalmente transformada. O pensamento brasileiro (Corbisier fala numa "filosofia brasileira" numa proposta análoga à de uma "sociologia nacional" formulada por Guerreiro Ramos) deveria ser um instrumento de libertação do "complexo colonial", contribuindo para revelar-nos "o nosso ser como destino", para converter-nos ao Brasil, reconciliando-nos com nós mesmos e tornando autêntica a nossa existência[60]. A "transição de fase" (o desenvolvimento que possibilitava a passagem de uma "fase colonial" a uma "fase nacional") começara de forma imperceptível: nos anos 50 nos dávamos conta da transformação e percebíamos também os riscos de retorno ao passado, de uma regressão. Como apoiar de maneira efetiva a transformação, a mudança de "fase"? Para Corbisier, como para os demais isebianos, a contribuição específica da "vanguarda" intelectual era a análise da "situação colonial", tal como sugerira Ortega[61], e a elaboração de uma ideologia que permitisse "decifrar o Brasil" e servisse à mudança à medida que atendesse às necessidades das forças representativas da nova "fase". Tendo tais objetivos, Corbisier empreende o estudo não da "história da cultura" brasileira, mas da "formação (colonial) da cultura brasileira" (que se confunde com a "formação do povo e da nação brasileira") para concluir que — em razão da alienação, da heteronomia, da inautenticidade, da transplantação, características do "complexo colonial" — não se formara uma cultura, um povo, uma nação brasileira. As condições de tal formação haviam surgido precisamente naquele período da nossa história, cabendo aos intelectuais iluminar o caminho a ser seguido, à luz da apreensão do "sentido" da nossa formação e da compreensão do nosso destino.

Tal como fizeram outros isebianos, Corbisier preocupa-se com a cientificidade da análise da realidade e defende uma posição próxima a Jaguaribe e a Guerreiro Ramos (a de combate ao empirismo em no-

---

[60] Ibidem. pp. 86-7.

[61] Corbisier cita um artigo de Ortega escrito em 1932 no qual o filósofo espanhol pergunta, referindo-se aos Estados Unidos: "por que não se estudou esse gigantesco fenômeno — vida colonial — em toda sua amplitude? (...) Para penetrar a fundo no tema, seria preciso investigar todas as áreas do globo e todas as grandes etapas históricas", de modo a conhecer a essência e a forma específica da "existência colonial" (Ibidem. p. 71).

me da compreensão global da realidade), apoiando-se, porém, de forma explícita, sobre Ortega. A análise filosófica confunde-se com a análise sociológica; a metodologia defendida é "não-empírica mas que parte do real", o que para ele caracterizaria o método da filosofia da existência: "A filosofia que chamaríamos de concreta — dizia ele — procura partir do real e ao real manter-se dócil e fiel, empenhando-se, a fim de garantir a autenticidade do pensamento, em caucionar as suas operações com um lastro de experiência vivida"[62]. Para analisar a realidade fazia-se mister partir da reflexão sobre o "homem em situação", realizar uma "análise fenomenológica da situação fundamental do homem" (Marcel) e pensar a nossa "presença no mundo" pensando simultaneamente a nossa "circunstância". Este "pensar a presença na circunstância" conduz a pensar a História, já que a condição humana — diz ele citando mais uma vez Marcel — é sempre "situada e datada". Pensar o homem brasileiro em sua cultura é pensar a realidade, a cultura brasileira:

> (...) se o eu concreto implica (...) a circunstância ou mundo em que se acha inserido, e se a dimensão propriamente humana do mundo é a dimensão cultural, podemos desde já concluir que o problema da cultura brasileira (...) é um problema (...) pessoal de cada um de nós[63].

Ora, Corbisier conclui então — como já indicamos — que a nossa circunstância é o contexto colonial, e nosso problema, o da formação da cultura brasileira. Tal problema, como já indicamos, havia sido abordado por Ortega, citado por Corbisier nesse contexto: o autor espanhol havia não apenas sugerido o estudo da "existência colonial" depois da estrita colonização (da "fisiologia e patologia próprias a uma forma específica de existência humana, a colonial"), como havia chegado a determinadas conclusões a respeito dos argentinos, conclusões que Corbisier considera válidas para os brasileiros. Para Ortega os argentinos, por não terem sido formados por uma história e uma cultura próprias, eram ocos; do mesmo modo os brasileiros, produtos do colonialismo, tinham a sua interioridade "ocupada pelo exterior". A essa

---

[62] Ibidem. p. 10. Vê-se aí, claramente, a inspiração fenomenológica do seu trabalho.
[63] Ibidem. p. 70.

análise existencialista do colonialismo prendem-se os conceitos de alienação e autenticidade.

Também Corbisier, como outros isebianos, "reduz" o existencialismo do plano individual ao plano da nação ao analisar a "existência colonial". Já não se trata da criação de cultura pelos indivíduos ao trabalharem sobre a natureza de acordo com projetos de intervenção elaborados por eles. O "projeto" de criação cultural já aparece como projeto coletivo, resultado da "consciência de um destino comum, de uma tarefa a empreender e a realizar na história"[64], como "projeto nacional". Se o projeto nacional não existe, tampouco existe cultura nacional: só o nacionalismo, portanto, pode provocar o surgimento de tal cultura, uma vez que ele é uma arma para a destruição do complexo colonial e, portanto, da alienação dele decorrente. Não sendo sujeitos mas objetos da História, não orientando nossa ação de acordo com um projeto próprio, em função de objetivos próprios, éramos alienados e inautênticos: a alienação seria a essência do complexo colonial. Para explicá-la ele mais uma vez apela para Hegel, utilizando a dialética do senhor e do escravo para explicar a relação metrópole-colônia: a objetivação do espírito nacional na colônia seria frustrada pela mediação do senhor, da metrópole, sendo — por isso — impossível o surgimento de uma cultura autêntica. A explicação da dinâmica de tal surgimento apóia-se sobre a análise hegeliana do surgimento da autoconsciência na *Fenomenologia do espírito,* pensada esta como "autoconsciência nacional". A sociedade colonizada seria "globalmente alienada"[65] porque a sua liberdade está alienada ao colonizador. Mas a dialética de tal processo conduz, em última instância, à libertação: a ruptura com o complexo colonial (resultante das crises, de novas relações econômico-sociais) abriria a possibilidade ao surgimento de uma consciência crítica de nós mesmos, a consciência nacional.

Vemos, assim, que o culturalismo e o existencialismo estiveram presentes na formulação da ideologia isebiana desde os seus primeiros

---

[64] Ibidem. p. 74.

[65] Corbisier, como outros isebianos, remete ao sociólogo francês Georges Balandier. A "alienação global" do contexto social conduzia a cultura à inautenticidade. Aliás, deve-se notar que Corbisier, na reedição do seu livro em 1959, corrige seus exemplos, trocando não somente Goethe por Machado de Assis mas também um poeta conservador como Augusto Frederico Schmidt por Vinicius de Moraes.

momentos e que permaneceram como pilares fundamentais do raciocínio em que se apoiou o nacionalismo-desenvolvimentista. A adesão da maior parte dos "isebianos históricos" a uma interpretação culturalista da história e ao existencialismo é anterior à criação até mesmo do Grupo Itatiaia e não pode ser desvinculada da ligação desses intelectuais ao Instituto Brasileiro de Filosofia e do seu compromisso com idéias políticas conservadoras quando não reacionárias. Estas começam a ser revistas por alguns sob o impacto dos resultados das eleições de 1950 e em tal revisão Jaguaribe terminará por desenvolver as idéias básicas sobre as quais se apoiará a ideologia isebiana na segunda metade dos anos 50. Os textos em que ele as apresenta, publicados já pelo Ibesp nos *Cadernos do Nosso Tempo*, na verdade foram escritos para as discussões realizadas no Parque Nacional de Itatiaia em 1952, das quais participaram os intelectuais paulistas ligados ao IBF. Fascínio e rejeição foram as reações encontradas porque as novas posições de Jaguaribe implicavam um rompimento com posições políticas reacionárias, a aceitação da legitimidade da democracia representativa. A maioria dos membros do IBF não esteve disposta a dar esse passo: somente Roland Corbisier desligou-se do IBF e aderiu às proposições de Jaguaribe, mudando-se na ocasião de São Paulo para o Rio de Janeiro. Outros isebianos históricos como Vieira Pinto e Guerreiro Ramos haviam também nutrido simpatias por idéias como as que dominavam o IBF e mesmo pelo movimento integralista, embora sem ter chegado a formas de militância sistemática como havia sido o caso de Corbisier. No início dos anos 50, esses intelectuais — embora alguns deles nunca tenham-se livrado de certo ranço autoritário — passaram da apologia de um governo autoritário, com voto seletivo e colégios eleitorais formados pelos cidadãos mais instruídos e cultos[66], à defesa da democracia formal, à aceitação do voto universal como fundamento da democracia. Para alguns deles, como Roland Corbisier e Vieira Pinto — em que pesem as contradições que nunca conseguiram resolver —, era o primeiro passo de uma evolução da direita para a esquerda, constituindo-se o ISEB num elo importante da cadeia que vai do integralismo ao nacionalismo

---

[66] Corbisier, Roland. "Reflexões sobre o momento político". In: *A responsabilidade das elites*, op. cit., p. 57. Ele propõe aí uma prova de títulos para os que pretendam integrar os colégios eleitorais.

de esquerda[67]. Isto ocorreu sem rompimento, seja com o culturalismo, seja com o existencialismo, apresentando-se a ideologia isebiana como um produto de um período da vida intelectual brasileira em que predominavam temas e autores ligados àquelas correntes de pensamento. Devemos ainda lembrar que as idéias aqui apresentadas não eram estranhas ao pensamento católico. Ao contrário: não apenas diversos "isebianos históricos" consideravam-se intelectuais católicos, como o IBF, de onde muitos deles provinham, congregava predominantemente filósofos católicos defensores de uma orientação que se iniciara com Jackson de Figueiredo e fora continuada por Alceu Amoroso Lima durante os anos 30[68]. O catolicismo reacionário que pretendia dos católicos uma "atitude de simpatia", quando não a militância no movimento integralista, vestia, ao final dos anos 40, as roupagens adquiridas nos autores europeus existencialistas e culturalistas sem afastar-se muito das posições políticas anteriormente defendidas. Mas a vertente do IBF não era a única no pensamento católico brasileiro: Alceu de Amoroso Lima evoluiu para o maritainismo durante a Segunda Guerra Mundial.

---

[67] Sobre a evolução de antigos integralistas para a esquerda, escreve Antônio Cândido na Introdução à nova edição do livro de Sérgio Buarque de Holanda, *Raízes do Brasil,* em 1967: "o integralismo foi, para vários jovens, mais do que um fanatismo e uma forma de resistência reacionária. Foi um tipo de interesse fecundo pelas coisas brasileiras, uma tentativa de substituir a platibanda liberalóide por algo mais vivo. Isso explica o número de integralistas que foram transitando para posições de esquerda" (p. XIII).

[68] A derrota dos regimes autoritários europeus e a redemocratização interna contribuíram para colocar em questão também a estrutura autoritária vigente na Ação Católica desde os anos 30, quando foi fundada, e para ampliar — apesar de grande oposição de certos círculos católicos — a influência de Jacques Maritain. Amoroso Lima retornara, sob a influência de Maritain e de George Bernanos, que se exilara no Brasil durante a guerra, a suas antigas posições liberais, defendendo então um "apostolado pessoal e livre" (ver Amoroso Lima, A. "Introdução". In: *Pela cristianização da idade nova,* 2. ed., Rio de Janeiro, Agir. 1946). No período que vai da morte de Jackson de Figueiredo ao início dos anos 40, porém, Amoroso Lima esteve convencido de que o catolicismo estava ligado a uma posição política de direita, considerando Jackson de Figueiredo como um precursor do integralismo no Brasil, recomendando aos católicos uma penetração simpática no movimento integralista "através da compreensão e da participação" e festejando a vitória de Franco na Espanha como uma vitória do catolicismo. Ver Amoroso Lima, A. *Indicações políticas,* Rio de Janeiro, Civilização Brasileira, 1936, pp. 187-8 e 193-5.

O quadro de referência teórica, também para aqueles que partilhavam os ideais democráticos, era porém dado igualmente pelo personalismo, ou seja, pelo existencialismo cristão e pelo culturalismo. A evolução posterior ocorre dentro dele.

2. Personalismo e culturalismo: o pensamento católico

Já em meados dos anos 30, em seu livro *Humanismo integral*, Maritain defendia uma "democracia orgânica", "comunitário-personalista", calcada sobre o pluralismo econômico e político e sobre a dignidade da pessoa humana. Seu ideal socioeconômico e político era o da construção de uma nova cristandade num mundo pós-capitalista em que se constrói o homem novo orientado por valores espirituais numa ordem que tem o bem comum como finalidade e que serve à pessoa humana, não havendo nele espaço para modelos autoritários de Estado. Tal sociedade deveria organizar-se em torno da comunidade, com voto universal e participação ativa de todos os membros; nela haveria lugar para o progresso técnico e industrial desde que este fosse orientado por uma "ética da pessoa, do amor e da liberdade". A realidade desse modelo de uma nova cristandade implicava não apenas a cristianização das classes dominantes mas também a conquista das massas que haviam, desde o século XIX, se afastado do cristianismo. Essa reconquista, numa concepção solidarista, de entendimento entre as diferentes classes sociais, implicava a conscientização dos trabalhadores. Mas, adverte ele, para o cristão essa conscientização não se confunde com a aquisição de uma consciência de classe: ela é consciência da dignidade humana e da dignidade de quem trabalha[69].

Do mesmo modo, outros autores católicos franceses muito lidos entre nós à época da hegemonia maritainista na Ação Católica Brasi-

---

[69] Ver Maritain, Jacques. *Humanismo integral*, 5. ed., São Paulo, Nacional, 1965. Publicado em 1935, na França, o livro de Maritain, escrito por solicitação de Pio XI, marcava o rompimento com o integrismo que dominava os meios católicos franceses. A possibilidade de um catolicismo aberto ao mundo moderno e às idéias democráticas ganhou novo alento durante os pontificados de Benedito XV e de Pio XI, refletindo-se aí a conjuntura política européia — especificamente a ascensão de regimes fascistas na Itália, na Alemanha e finalmente na Espanha.

leira (anos 40 e 50)[70], como Gabriel Marcel e Simone Weil, integravam as fileiras personalistas. Os temas de seus trabalhos são comuns, somente abordados com ênfase em aspectos diversos. Marcel, por exemplo, exprime o seu horror às revoluções em geral e admite certa desconfiança em relação à democracia; condena igualmente o progresso técnico que encorajaria a preguiça, favoreceria o ressentimento e a inveja porque estimularia o desejo de possuir e provocaria o desenraizamento, impedindo uma vida comunitária "autêntica". Sua principal preocupação, porém, era a presença das massas no mundo contemporâneo. As massas excluíriam o amor e a inteligência; seriam o humano degradado, vivendo um estado de aviltamento e alienação e estariam expostas, por não serem educáveis (já que, para ele, somente a pessoa humana pode ser educada), à ação fanatizante da propaganda[71]. Marcel tratava, assim, dos temas dominantes nos meios católicos naquele período, defendendo uma posição personalista num livro que exprime o clima da Guerra Fria e que o identifica com correntes conservadoras no catolicismo francês. Simone Weil preocupa-se com temas semelhantes, inclusive com o fanatismo. A proposta última do seu livro é o solidarismo cristão, o entendimento entre empresários e trabalhadores: à medida que o capitalismo e os capitalistas fossem penetrados pelo espírito cristão, eles se transformariam. Ela se preocupou em conhecer as condições concretas de vida do operariado e dedicou-se à reflexão sobre o desenraizamento, tema que se liga de modo evidente ao

---

[70] Entre nós, a polêmica em torno do maritainismo, iniciada nos anos 30, alongou-se por décadas inteiras. O escândalo provocado por *Humanismo integral* ampliou-se quando Maritain condenou o franquismo e prefaciou o livro do republicano espanhol Mendisabál. A multiplicação das denúncias das atrocidades franquistas (entre as quais as de George Bernanos) e a derrota do fascismo empurraram, mais tarde, muitos católicos para posições liberais e progressistas e estes encontraram nos livros de Maritain um ponto de apoio e orientação. No Brasil, Amoroso Lima aderiu às idéias de Maritain ainda nos anos 30, fato de extrema relevância para a orientação maritainista imprimida à Ação Católica Brasileira a partir de então. Aos católicos reacionários brasileiros que tiveram em Maritain o seu principal alvo de ataque, este autor respondeu com o artigo "A quelques contradicteurs" publicado em *Raison et raisons* (Paris, 1947). Dados sobre a introdução do maritainismo no Brasil podem ser encontrados em Amoroso Lima, A. *Memórias improvisadas; diálogos com Medeiros Lima*, Petrópolis, Vozes, 1973.
[71] Marcel, Gabriel. *Les hommes contre l'humain*. Paris, La Colombe, 1951.

da massificação. Para ela, os seres humanos precisavam de raízes criadas "pela sua participação real, ativa e natural na existência de uma coletividade que conserva vivos certos tesouros do passado e certos pressentimentos do futuro"[72]. Essa participação natural era dada automaticamente pelo lugar de nascimento, pela profissão, pelo meio ambiente do qual os indivíduos recebem a quase totalidade da sua vida moral, intelectual e espiritual. Essas raízes que dão segurança ao ser humano seriam tendencialmente destruídas pela civilização moderna, industrial: essa traria a insatisfação e a revolta entre os trabalhadores, criando uma multidão de proletários desenraizados. A defesa da pessoa humana estaria, assim, ligada a medidas que, tomadas como resultado do entendimento entre capitalistas e trabalhadores, impedissem a proletarização em massa.

Nesses autores estava presente a preocupação com a educação da pessoa para a conquista da sua dignidade e da liberdade interior: pessoas livres (pelo conhecimento, pela vontade e pelo amor) reunir-se-iam em torno do bem comum, humanizar-se-iam contribuindo para a humanização e libertação do próximo. Para Maritain, a educação adequada a tais fins seria uma educação liberal[73], enquanto Simone Weil enfatizava uma espécie de educação popular em que intelectuais e massa se integram para traduzir o que seria uma cultura operária a qual deveria constituir a referência fundamental na educação dos trabalhadores. No que concerne à interpretação da realidade, esses autores colocam-se numa perspectiva que, embora sem as preocupações típicas do culturalismo alemão, em última instância é culturalista. Maritain, por exemplo, pensa a educação na sua relação com a cultura (abrangendo esta a vida econômica, social e política), afirmando que aquela deveria não apenas refletir a cultura em que tem lugar, mas também con-

---

[72] Simone Weil exerceu grande influência não apenas em função dos seus livros mas também devido às suas experiências como operária e como participante da Guerra Civil Espanhola. Seu livro *L'enracinement: prelude a une declaration des devoirs envers l'être humain* (Paris, Gallimard, 1947), do qual provêm as idéias aqui expostas, chegara já em 1952 à 27ª edição.

[73] Maritain, Jacques. *Rumos da educação*, Rio de Janeiro, Agir, 1966, p. 143. O título deste livro em espanhol (idioma no qual Freire o cita) é La educación en este momento crucial. Este livro foi dedicado por Maritain a Alceu Amoroso Lima.

tribuir para transformá-la quando ela está "impregnada de erros, de crueldade ou de escravidão"[74].

Personalismo e solidarismo entrelaçam-se também com um pensamento econômico distributivista que encontrou grande eco nos anos 50: foram maritainistas os que difundiram entre nós as idéias do Padre Lebret. Este, inspirado no jesuíta alemão Heinrich Pesch, buscava uma maneira de superar o dilema capitalismo/socialismo pela solidariedade, pela humanização das relações entre os indivíduos e entre as classes sociais, defendendo a associação entre capital, trabalho e governo com vistas a um fim comum, a interesses comuns, como sócios de uma mesma empresa. Amoroso Lima aderiu claramente às idéias solidaristas, considerando que este era o verdadeiro sentido do distributivismo chestertoniano[75]. O "Manifesto por uma sociedade solidária", de Padre Lebret, foi um dos textos mais lidos nos meios católicos maritainistas nos anos 50 no Brasil[76]. Encontramos no solidarismo muitas das preocupações sociais e políticas que dominaram os "isebianos históricos" nos anos 50 (e muitos dos quais vinham de posições católicas integristas) e a principal entre elas era a de como encontrar um meio-termo entre capitalismo e socialismo. A resposta dada por todos (pelos católicos, mediante a cristianização de empresários e trabalhadores, de forma a promover o diálogo entre as classes e portanto a sua conciliação; pelos isebianos, pela demonstração de que a conciliação de classes e o distributivismo correspondiam às necessidades objetivas do desenvolvimento do país e aos interesses das diversas classes) não é anticapitalista: pretendeu ser pós-capitalista (como a democracia cristã de Maritain) ou capitalista distributivista em função do interesse nacional, visando todos à reforma do capitalismo.

O impacto de Padre Lebret — que, aliás, realizou várias pesquisas socioeconômicas no Brasil — na época deveu-se ao fato de que ele buscava uma resposta cristã para um problema que mobilizava toda a

---

[74] Ibidem. p. 157. Maritain tem em mente na época a Alemanha nazista, vendo o fascismo como resultado de características daquela cultura e não do modo de produção capitalista, julgando moralmente os "erros" culturais.

[75] Amoroso Lima, Alceu. *O trabalho no mundo moderno*, Rio de Janeiro, Agir, 1959, pp. 44-7.

[76] A expressão nacional do solidarismo é encontrada no livro do jesuíta Fernando Bastos d'Ávila. *Solidarismo*, Rio de Janeiro, Agir, 1965.

sociedade brasileira na época: o problema do desenvolvimento. A perspectiva de Padre Lebret (incorporando idéias defendidas igualmente por François Perroux e por Gunnar Myrdal, cuja influência sobre os isebianos foi também considerável), sua preocupação diante da desigualdade da distribuição da riqueza entre os povos, sua denúncia do colonialismo e dos erros do capitalismo (propondo novas relações entre os países desenvolvidos e subdesenvolvidos, uma nova civilização, uma terceira via para o mundo onde haveria mais espaço para "a força dos povos de Bandoeng" bem como para a "quarta-força": a força cristã), não se chocava com as idéias anticolonialistas defendidas pelos teóricos do nacionalismo-desenvolvimentista que, afinal, durante a segunda metade dos anos 50, grande influência exerceram sobre os estudantes em geral e, entre eles, também sobre os jovens estudantes católicos[77]. Não fora esta influência não teriam tido os fundadores da Ação Popular no início dos anos 60 necessidade de polemizar com o isebianismo, acertando contas com o passado no momento em que se tornou mais clara a sua opção pelo socialismo.

Também a discussão sobre os valores e o bem comum que dominou a Ação Católica Brasileira naquele período se desenvolveu numa perspectiva personalista: grande parte dela apoiou-se sobre o ensaio "Pessoa e sociedade" publicado no livro *La personne et le bien commun*, de Maritain[78]. Os valores cristãos (como a pessoa humana e seus direi-

---

[77] A influência do Padre Lebret resistiu à crítica sofrida pelo maritainismo e pelo solidarismo no final dos anos 50 e início da década seguinte, uma vez que ele defendeu suas posições numa perspectiva claramente terceiro-mundista. Diversos livros seus foram traduzidos e publicados nesse período, constituindo quase leitura obrigatória entre os jovens católicos. Publicado em 1960 (dois anos antes de *O drama do século XX* e de *Princípios para a ação*), seu livro *Suicídio ou sobrevivência do Ocidente*, (São Paulo, Duas Cidades) tornou-se, naqueles círculos, quase tão conhecido quanto o seu "Manifesto por uma civilização solidária".

[78] Maritain, Jacques. *La personne et le bien commun*. Paris, Desclée de Brouwer, 1947. A penetração do pensamento existencialista nos meios cristãos pode ser avaliada pelo ensaio escrito por Amoroso Lima em 1942, no qual ele ataca o existencialismo ateu como um dos mitos do nosso tempo, considera que o existencialismo cristão de Jaspers e Marcel merece reparos para desembocar na defesa do "existencialismo tomista", essencialista, de Maritain. Este afirmava a primazia da existência salvando, porém, as essências. Ver Amoroso Lima, Alceu. *O existencialismo e outros mitos do nosso tempo*, Rio de Janeiro, Agir, 1956.

tos fundamentais, seu encontro com o outro, o "bem comum da cidade") são aí abordados de maneira normativa, em abstrato, sem vínculo com a realidade concreta, como — aliás — convinha ao intelectualismo tradicionalmente dominante na Ação Católica. Esse intelectualismo foi colocado em questão sem que os jovens católicos se afastassem do personalismo, quando — em razão das condições de luta política no país — passaram a considerar que a defesa da pessoa humana, bem como sua cristianização, exigia algum tipo de ação político-social. Esta implicava o "engajamento no meio": os valores cristãos deveriam ser realizados num meio determinado que precisava ser conhecido. Essa preocupação em conhecer a realidade, tal como a vamos encontrar no movimento leigo católico nos anos 50 e 60, em que pese o clima intelectual e político do período que a estimulava, estava também apoiada sobre o desdobramento interno de posições personalistas e servia à busca de estratégias de ação "personalistas".

Entre os jovens universitários católicos, a preocupação com o "engajamento no meio" e com o conhecimento da realidade brasileira conduziu à realização de um inquérito nas faculdades para determinar as características do meio a ser cristianizado[79]. Os resultados indicaram que o egoísmo e o individualismo eram as características mais marcantes do meio e a ação para modificá-las era a catequese individual pois, acreditava-se, à medida que crescesse o número de cristãos presentes no meio este se transformaria, abrindo caminho para a realização dos valores personalistas. A prática dessa estratégia mostrou rapidamente seus limites. Poucos eram aqueles que, como resultado dessa ação junto aos indivíduos, se deixavam "catolicizar" e aderiam ao movimento leigo

---

[79] Com a reforma da Ação Católica em 1950, passamos do modelo italiano, centralizado, ao modelo belgo-francês da Ação Católica especializada. Tanto os jovens quanto os adultos passaram a agrupar-se de acordo com o seu meio de proveniência, no qual deveriam atuar. Do inquérito aplicado nas faculdades, entre 1956 e 1958, resultaram diagnósticos acompanhados de críticas à universidade, à sua estrutura e funcionamento, críticas essas que não estavam isentas de moralismo. Em poucos deles encontramos críticas ao elitismo e ao caráter de classe da universidade; em compensação, abundaram as críticas às condições materiais, à estrutura pedagógica, à interferência da política partidária na política universitária e especialmente à utilização de meios desonestos para passar nos vestibulares e nas provas. Apesar do caráter limitado das críticas, a aplicação do inquérito ampliou o interesse dos jovens católicos por participar da política estudantil.

universitário. As causas da precária penetração do movimento precisavam ser repensadas e elas não pareciam encontrar-se nos indivíduos, mas na própria sociedade. No final dos anos 50, boa parte dos jovens católicos estava convencida de que a estrutura econômico-social era determinante das possibilidades de comunicação com o próximo, do êxito de um trabalho de cristianização e de humanização. Somente dentro de estruturas socioeconômicas humanas era possível a humanização dos indivíduos; havia, pois, que lutar pela transformação daquelas estruturas ao invés de dedicar-se à ação sobre indivíduos. Esse foi o primeiro passo para a contestação do solidarismo e do maritainismo, pois da constatação de que a conversão dentro daquelas estruturas era difícil eles desembocaram na convicção de que a conversão dos empresários e dos trabalhadores não os arrancava das suas respectivas posições nas estruturas existentes, que colocava a cada um exigências pouco conciliáveis com a solidariedade cristã. Como então agir para transformar as estruturas vigentes, de modo a poder realizar os valores cristãos na vida social? Quais os dilemas e as implicações dessa ação?

Respostas às questões que se colocam neste período, os jovens católicos buscaram num quadro igualmente marcado pelo personalismo. Sem sair dele é que as idéias sociais e políticas de Maritain serão contestadas, passando a pesar, entre outras, a influência de Emmanuel Mounier. Na busca de uma definição de um "ideal histórico concreto"[80] que orientasse sua ação, os jovens católicos terão como preocupação central o combate à injustiça. Combatê-la no nível social implicava a "identificação com a realidade histórica", de modo a agir sobre as estruturas e ajudar a construir a História. As palavras de Herbert José

---

[80] A discussão sobre o "ideal histórico concreto" resultou da consciência de que a reforma das pessoas não era suficiente para que a sociedade se transformasse. Por isso o Encontro Nacional da JUC de 1958 dedicou especial atenção ao tema do engajamento no nível das estruturas socioeconômicas e políticas, ficando o Padre Almery — assistente eclesiástico da JUC pernambucana, a única que havia iniciado uma ação na periferia da cidade — encarregado de preparar um documento a ser apresentado no Encontro do ano seguinte. Este documento, que indicava a necessidade de buscar certos "princípios médios" que resultassem de uma reflexão simultânea sobre a realidade histórica e sobre os princípios cristãos, deixava em aberto a sua definição (Ver Bezerra, Almery. "Da necessidade de um ideal histórico". In: JUC. *Boletim Nacional,* 1960, pp. 37-40). Assim, essa definição ocupará um lugar central no X Encontro Nacional realizado em 1960.

de Souza no X Encontro Nacional da JUC (1960) exprimem bem essas preocupações, a indignação moral dos estudantes católicos diante das injustiças sociais e propõem uma orientação para a ação. "O cristianismo — dizia ele — não é ideologia da ordem, da paz iníqua, da justificação das situações de fato, do conformismo criminoso (...); é antes um ideal projetado no tempo, é revolução do homem novo, é exigência de justiça em todos os planos, é condenação das estruturas iníquas."[81] Era necessário deixar de atuar como "conciliadores de estruturas injustas", como "grandes batalhadores nas pequenas causas": os cristãos eram, na verdade, "por vocação, os portadores da revolução, os radicais por nascimento", aqueles a quem cabe lutar contra as alienações do homem e por isso mesmo precisavam tomar consciência de sua missão no plano social[82].

Pretendendo definir mais concretamente os seus ideais históricos, os estudantes da região Centro-Oeste apresentaram uma proposta de diretrizes. No que concerne ao "ideal histórico econômico", a ênfase era colocada sobre a superação do subdesenvolvimento e, em conexão com esse objetivo, a liquidação do capitalismo como condição para a valorização do trabalho humano. Pretendia-se a substituição da propriedade privada "por efetivo instrumento de personalização de todos os brasileiros, tendo em vista as exigências do bem comum". As medidas compatíveis com tal objetivo seriam a nacionalização dos setores produtivos básicos, a socialização em que se mostrasse necessária e a instituição da co-gestão operária[83]. A economia anárquica seria substituída pela planificação, aplicada de acordo com os princípios do personalismo cristão. Como ideal político deveriam ter os jovens católicos a democracia pluralista em que os partidos estivessem vinculados aos interesses das classes menos favorecidas. No plano governamental, um governo livre de compromissos com grupos de pressão, capaz de alterar a ordem capitalista e de promover o desenvolvimento, fazendo do povo sujeito de

---

[81] Souza, Herbert José de. "A JUC de amanhã". In: JUC. *Boletim Nacional,* 1960, p. 18.

[82] Ibidem. pp. 17-9.

[83] Regional Centro-Oeste. "Algumas diretrizes de um ideal histórico cristão para o povo brasileiro". In: JUC. *Boletim Nacional,* 1960, pp. 28-9. Esse documento resume propostas defendidas por Mounier, deixando perceber mesmo a impregnação do personalismo pelo pensamento proudhoniano.

seu plano e seu principal e único beneficiário. No plano internacional, o ideal seria o de uma política externa independente, desvinculada dos dois principais blocos econômico-militares[84]. Nessas propostas aparecia claramente a tendência a escapar do universo maritainista na direção de uma opção socialista: a expressão "ideal histórico concreto" é de Maritain, mas a sua definição pelos jucistas do Centro-Oeste coincidia com os ideais de Mounier. O dominicano francês frei Cardonnel contribuiu para esse processo ao indicar, tomando os exemplos concretos europeus, que a democracia cristã (defendida por Maritain no pós-guerra) se mostrara incapaz de servir aos propósitos de uma sociedade verdadeiramente cristã[85].

Efetivamente, se devemos citar, entre os autores lidos pelos jovens católicos, a Karl Rahner, Romano Guardini, Yves Congar, Henri de Lubac e outros, a inspiração principal para suas posições deve ser buscada em Mounier. Este abordou mais diretamente que outros autores então lidos os problemas com os quais eles se defrontavam: a confusão entre religião e política (presente na proposta maritainista de construção de uma "nova cristandade" e combatida por Mounier), a questão do engajamento político do cristão, das alianças entre grupos e sua legitimidade, a questão do marxismo como instrumento para a interpretação da realidade econômico-social. Embora Maritain e Mounier estivessem de acordo sobre a necessidade de "separar o espiritual do reacionário", a "ordem cristã da desordem estabelecida", a Igreja e o cristianismo de uma cristandade em agonia (como a da Europa), o primeiro — ao propor a cristianização da democracia burguesa — "salvava" a ordem capitalista, enquanto para o segundo uma política cristã deveria ser necessariamente anticapitalista: o objetivo do cristão deveria ser a construção do reino de Deus na História e isto se faria pela luta

---

[84] Ibidem. pp. 31-2.

[85] A passagem do Frei Cardonnel pelo Brasil — permanecendo aqui durante alguns meses — foi de grande importância na evolução dos jovens católicos. O desencanto com a democracia-cristã européia, identificada com o neocapitalismo, muito deveu às suas palestras naquele período. Seus artigos, publicados em jornal da UME, *O Metropolitano*, exerceram notável influência entre os jovens. Ver os artigos: "Deus não é mentiroso como uma certa paz social", "A verdade não se contempla, mas se faz" e "O Deus de Jesus Cristo" in: Cardonnel, Vaz, H. L. & Souza, H. José. *Cristianismo hoje*, 2. ed., Rio de Janeiro, Ed. Universitária da UNE, 1962, pp. 21-56.

contra a injustiça. Para ele, era o cristianismo incompatível com a hierarquia de classes — o que conduzia à denúncia das pretensões de conciliação de classes e da violência presente na manutenção da ordem existente, violência desencadeada de cima para baixo, permanentemente, pelas classes dominantes (como denunciara, como forma de luta de classes, Frei Cardonnel num dos seus artigos em *O Metropolitano*). Na luta contra a "desordem estabelecida", os cristãos deveriam trabalhar com outros grupos buscando um "socialismo extracomunista", a realização de uma revolução personalista e comunitária dirigida contra o individualismo e as tiranias coletivas, que se apóia sobre o exercício da democracia direta nas pequenas comunidades e repele as burocracias revolucionárias[86].

Não se encontra, porém, em *Esprit* ou na obra de Mounier, a discussão sobre a forma como chegar ao poder e realizar a revolução personalista. É bem verdade que, especialmente no pós-guerra, ele trabalhou com grupos empenhados na conquista do poder e nesse sentido sua obra pôde servir à justificação da ação de facções da esquerda católica brasileira que se empenharam na conquista de posições-chave nos sindicatos e nas instituições em geral em razão de uma luta pela conquista do poder político. Mas em seus escritos do período anterior à Segunda Guerra Mundial encontramos a defesa de uma ação educativa a longo prazo como o melhor meio de realizar a revolução. Preparar a revolução, dizia ele, é agir em profundidade e, pouco a pouco, por um movimento ondulatório, dispor os espíritos à transformação do mundo: "se a revolução é para já, ela não será a nossa"[87]. A tarefa do cristão consistia em trabalhar profundamente na maturação dos problemas e das realizações pós-revolucionárias: a verdade da revolução deveria aparecer na preparação da revolução. Dela surgiria a "terceira via", resulta-

---

[86] Sobre Mounier e sua trajetória pessoal e intelectual, consultar Winock, Michel. *Histoire politique de la revue "Esprit". 1930-1950*, Paris, Seuil, 1975. Sobre a revolução personalista, ver especialmente pp. 94 e ss. Mounier sonhou antes da guerra em transformar Esprit num centro de ligação de movimentos pela revolução personalista, contando com o apoio de Maritain e Berdiaeff. O movimento Communauté chegou a realizar um congresso em Paris em 1935.

[87] Citado por Winock, Michel. *Histoire politique de la revue "Esprit". 1930-1950*, op. cit., p. 93 (a partir dos artigos publicados por Mounier em Esprit no ano de 1934).

do de um trabalho de pessoa a pessoa[88]. Essa posição encontrou também adeptos entre os jovens católicos brasileiros que acusavam os primeiros aqui indicados como "massificadores".

Ora, para realizar a revolução personalista era necessário engajar-se politicamente: também em Mounier foram os jovens buscar o embasamento para a reflexão sobre o engajamento. Ligando profundamente a revolução espiritual à revolução política e econômica, Mounier tornava a discussão sobre o engajamento cristão uma discussão sobre a ação política do cristão. Para ele, o homem não é homem senão pelo engajamento, pelo testemunho de sua presença no mundo, pela ação em favor da realização dos seus valores. Engajar-se não significa acertar sempre, porque as situações são ambíguas e a política, impura: o importante é a vivência do engajamento e a reflexão sobre ele. Nele se manifesta a pessoa humana e por meio dele se chega à verdade. Sua finalidade deve ser a construção de comunidades cada vez mais amplas, nas quais as pessoas possam conviver e manifestar-se, que contribuam para a formação de pessoas autônomas, dotadas de poder de escolha e capazes de uma autêntica comunicação. A "comunicação de consciências e a compreensão universal" constituem, para ele, o "destino central do homem", a ser preparado por um trabalho educativo, como já indicamos no parágrafo anterior[89]. A reflexão dos jovens católicos sobre o engajamento no início dos anos 60 segue de perto as pegadas de Mounier. Eles falam em assumir a condição humana buscando construir o reino de Deus na história com uma perspectiva que é de "otimismo trágico" (Mounier), procurando a verdade pelo testemunho, pelo engajamento, pelo enfrentamento cristão com a realidade. A verdade social e política começou a ser buscada em comum com outros grupos, num pluralismo que supunha o diálogo e colocava em questão a idéia maritainista de uma nova cristandade (do pluralismo

---

[88] Ibidem. p. 93. Este período antiproselitista de Mounier (e de *Esprit*) dura até 1938, quando é decidido o engajamento direto nos combates em curso contra os alemães. Da resistência e da liberação saíram fortalecidos comunistas e católicos, estes divididos em "cristãos progressistas" que aderiram ao PCF (Partido Comunista Francês) e aqueles que, como Mounier, não viam a possibilidade de um acordo com os comunistas do ponto de vista teórico, mas que reconheciam a necessidade do trabalho político conjunto.

[89] Ver Mounier, Emmanuel. *Qu'est-ce que le personnalisme?* Paris, Seuil, 1946, p. 74.

admitido desde que as forças plurais existissem sob hegemonia católica). Nessa busca, os jovens nortearam-se bem mais por Mounier, que procurava o caminho de uma nova civilização na qual cristãos e nãocristãos, sem mutilações recíprocas, pudessem encontrar seu lugar e criar juntos uma sociedade de homens livres[90], princípio que, aliás, norteou a filiação dos militantes da Ação Popular. Condenando os que esperam ocasião para o engajamento "quando houver a certeza de poder trabalhar num movimento 'puro', incontaminado, isolado"[91], eles afirmavam que não era possível transformar o mundo sem comprometer-se com o real, em sua impureza, errando eventualmente como é próprio da condição humana:

> Entrar na História — diziam — é tocar-lhe a ambigüidade, viverlhe, num esforço de superação, os riscos diários (...) O dever de quem quer assumir a condição humana (...) é de optar claramente por um movimento histórico e aí, no interior, fazer um esforço de lucidez, ter a coragem de se opor[92].

Construir o reino de Deus na História supunha a superação do capitalismo e uma opção clara pelo socialismo. E nessa luta, reconheciam que o marxismo havia oferecido instrumentos preciosos para a compreensão do modo de produção capitalista, embora Marx não fosse o seu mestre: "Não temos Marx como mestre pois já tínhamos um outro, antes. Mas também sabemos ler Marx"[93].

Vencer o capitalismo era condição não apenas para superar o subdesenvolvimento, mas também para salvar a esperança de uma humanidade melhor, já que as populações dos países desenvolvidos estavam desumanizadas pela técnica e pela posse. Essa foi uma das idéias que, di-

---

[90] Winock, Michel. *Histoire politique de la revue "Esprit" 1930-1950*, op. cit., p. 38.

[91] Souza, L. A. Gomes de. "Apresentação" In: Cardonnel et al. *Cristianismo hoje*, op. cit., p. 13.

[92] Ibidem. p. 14.

[93] Souza, Herbert. José de. "Juventude cristã hoje". Ibidem. p. 114. No que concerne às idéias de Marx, foi muito lido entre os jovens cristãos da época o livro de Henri Bartoli: *La doctrine économique et sociale de Karl Marx* (Paris, Seuil, 1950). No pós-guerra, a revista *Esprit* abrigou um intenso diálogo entre marxistas e cristãos.

fundidas entre os jovens católicos por Frei Cardonnel, maior entusiasmo suscitou. Do Terceiro Mundo, acreditavam, sairia a "terceira via", o caminho de um socialismo democrático, personalista. Mas a discussão relativa aos efeitos da técnica está conectada com uma discussão mais antiga e mais ampla nos meios católicos e que é a relativa à valoração da chamada "ruptura da cristandade" no final da Idade Média. Como valorar o Renascimento, a Reforma e a Revolução Francesa, movimentos condenados por todos os integristas? A resposta a essa questão na verdade tinha muito a ver com o presente, porque abrigava outra pergunta: como valorar os tempos modernos, o progresso, a técnica, o desenvolvimento, a democracia, a razão humana? No fundo da discussão sobre a massificação que dominou os meios católicos está exatamente a desconfiança dos tempos modernos, da técnica, da democracia de massas e seus efeitos. O dominicano Frei Josaphat contribuiu para uma valoração positiva daqueles três momentos históricos: o Renascimento teria sido animado pelo anseio em pensar autonomamente; a Reforma fora o resultado de uma positiva inquietação que queria fazer a Igreja voltar às suas fontes; o anticlericalismo ligado à Revolução Francesa, o resultado da indevida identificação da Igreja com o *status quo*[94]. Com isso não apenas as características dos tempos modernos eram vistas como positivas como a ação dos cristãos contestadores da identificação da Igreja-Instituição com o *status quo* fazia-se necessária e legítima. O progresso, a técnica, a indústria, defendidos também por Mounier num ensaio muito lido pelos jovens católicos no período[95], eram valorados positivamente, desde

---

[94] Ver Josaphat, Carlos. *A vida da igreja e sua história a partir da reforma.* (I Seminário Nacional de Estudos da JUC. Santos, fev. 1961, mimeo.) e também Evangelho e revolução social. São Paulo, Duas Cidades, 1962. No início dos anos 60, o Frei Josaphat dirigiu o jornal *Brasil Urgente*.

[95] Mounier, Emmanuel. "O cristianismo e a noção de progresso". In: *Sombras de medo sobre o século XX*. Rio de janeiro, Agir, 1958, pp. 101-57. Antes da guerra Mounier havia defendido uma posição antiindustrialista com base na crítica moral do "frenesi do possuir". Aliás, embora no pós-guerra a crítica não seja à indústria mas à industrialização capitalista, ela utiliza as mesmas palavras e se apóia igualmente sobre um julgamento moral, o qual predispunha o intelectual católico à defesa de uma ordem social livre da tirania do dinheiro. A condenação da "sede de ter mais", ao invés do esforço por "ser mais", fez parte da argumentação dos jovens católicos contra o capitalismo e para isso muito contribuíram os livros do Padre Lebret.

que se atentasse para as novas possibilidades de manipulação e de dominação por eles abertas.

Já aqui domina a influência das idéias do Padre Henrique Lima Vaz, cujos temas centrais são a consciência, a participação, a alienação. Sua discussão se realiza em função do que seria a consciência cristã e a responsabilidade histórica e cultural dos cristãos num marco teórico que se vincula ao historicismo, ao culturalismo e ao existencialismo cristão. Também ele reinterpreta positivamente os efeitos do Renascimento, com o qual se teria iniciado uma "nova idade da cultura" (no qual se pode observar a presença do culturalismo no seu tratamento da História) e defende o ideal racionalista que se manifesta na elaboração de filosofias da história a partir do Iluminismo. Com o Renascimento, diz ele, a

> (...) "história passa a evoluir sob o signo da criatividade humana, a subjetividade torna-se a matriz dos projetos que dão a direção e o ritmo do processo histórico. A visão de mundo (antropológica), que se eleva na aurora dos tempos modernos, tem assim o seu centro na concepção do homem como criador de um mundo humano pela humanização da natureza através da ciência e da técnica"[96].

Por sua vez, o Iluminismo está na raiz de uma consciência histórica que é fruto do fato de que a cultura no qual ela se forma está animada pela mensagem cristã. Com isso, Padre Vaz não apenas afirma, contra os conservadores católicos, a importância da racionalidade iluminista da qual nasce o mundo moderno, mas considera mesmo que ela mostra íntimas conexões com o cristianismo — nada tendo de casual o seu surgimento numa cultura marcada por ele. O mundo moderno, a técnica, a democracia seriam potencialidades atualizadas do mundo cristão. Não havia, pois, que condená-las mas que trabalhar para que os produtos culturais fossem utilizados ou estivessem presentes na vida dos homens em consonância com a mensagem evangélica, com a antropologia cristã[97]. Ao desenvolver tais idéias, Padre Vaz está

---

[96] Vaz, Henrique C. de Lima. "Consciência cristã e responsabilidade histórica". In: Cardonnel *et al. Cristianismo hoje,* op. cit., pp. 79-80.

[97] A recusa do Padre Vaz em condenar a racionalidade ocidental revela uma posição tão lúcida como aquela defendida por M. D. Chenu, (*Pour une théologie*

também respondendo às questões primordiais subjacentes: como entender a História, como encontrar o sentido dos eventos históricos, como atuar nela como cristão. Suas respostas estão marcadas pelo existencialismo cristão, deixando ver uma orientação fenomenológica. Ele louva o surgimento de filosofias da história (a busca da coerência perfeita da significação global e final que permite a compreensão histórica) que se construíram como tentativa de apreender o sentido impresso à História pela ação de muitas subjetividades em sua existência. Os homens fazem, portanto, a História à medida que existem e buscam realizar os projetos que a encaminham.

Esta reflexão lança mão do conceito de consciência histórica, o que traz imediatamente à lembrança, entre outros autores, o nome de Jaspers, e supõe uma reflexão anterior em torno da consciência em geral[98]. Para Padre Vaz, a consciência não apenas define o homem como fundamenta a História. É como ser consciente, capaz de apreender o mundo e exprimir-se como sujeito, que o homem se insere na História: "a consciência ou a reflexão exprimem o estatuto do homem como ser histórico, em contraposição ao simples ser da natureza"[99]. A historicidade do homem apóia-se sobre o fato de que a consciência é consciência do mundo, mas repousa na interioridade do sujeito que unifica num sentido os objetos e suas relações de modo a compreender o que apreende. A consciência é o fundamento não apenas da compreensão do eu e do mundo mas também do reconhecimento do outro. Esse reconhecimento implica a "comunicação de consciências" e se realiza pela palavra, pelo diálogo entre sujeitos: é como ser dialógico que o homem projeta-se numa dimensão histórica e cria aí o espaço original do seu existir como homem, o espaço da cultura[100]. Pela mediação da cultura é que poderia ocorrer a forma específica de comunicação entre seres conscientes numa realidade histórica. Assim, a própria essência da

---

du travail. Paris, Seuil, 1955), autor indicado pelo Padre Vaz como um dos inspiradores das reflexões dos jucistas brasileiros no período.

[98] Esta reflexão geral evoca certamente obras mais antigas de Jaspers, como é o caso dos dois tomos de *Filosofia* (Madri, Universidade de Porto Rico/*Revista do Ocidente*, 1958, editada pela primeira vez em alemão em 1932).

[99] Vaz, Henrique C. de Lima. *Cristianismo e consciência histórica*, III Seminário Nacional de Estudos da JUC, Aracaju, 1963, pp. 2-8, mimeo.

[100] Ibidem. p. 8.

realidade histórica seria dialógica ou comunicante. Vemos facilmente mais uma vez que, compatível com o culturalismo e o existencialismo, a fenomenologia informa a análise de padre Vaz. Assumir a "comunicação de consciências", de que fala também Mounier, como fundamento da História, é o mesmo que aceitar a idéia básica para os fenomenólogos de que a História resulta das significações projetadas por subjetividades históricas que coexistem e que, pela comunicação, se apropriam da significação coletiva e põem fim à alienação. Mas o homem está presente no mundo pela relação de trabalho. Não iria a conceituação da História por meio da "comunicação das consciências" desconhecer ou anular o fator trabalho? Não, responde Padre Vaz, porque o produto do trabalho humano é uma obra de cultura, o trabalho é um ato cultural. Assim ele adquire estrutura de sinal, configurando-se como palavra, como comunicação com o outro: ele funciona como mediador da comunicação das consciências. Dessa forma, afirmava o Padre Vaz, não estaríamos diante de uma "interpretação idealista da consciência ao apresentar a dialética da comunicação das consciências como dialética fundamental da História"[101]. O encontro das consciências seria perturbado apenas pela alienação de sentido[102] ou pela alienação do trabalho[103], as possibilidades de alienação ou de comunicação entre as pessoas eram dadas pela situação objetiva, le-

---

[101] Ibidem, p. 9. Polemizando com Marx, afirma o Padre Vaz: "o homem não se define essencialmente pelo trabalho mas pela comunicação de consciências, isto é, não pela sua relação coma natureza mas pela sua relação com o outro". (p. 34). Do mesmo modo, no que concerne à interpretação da história, Padre Vaz opõe ao marxismo uma interpretação antropológica. A dimensão antropológica seria, para ele, "a matriz última e radical da interpretação da história" (Vaz, Henrique Lima. "Consciência cristã e responsabilidade histórica". In: Cardonnel *et. al. Cristianismo hoje*, op. cit., p. 88.

[102] A alienação de sentido resulta dos problemas colocados pela necessária mediação do sinal, da palavra, da comunicação. Sempre que o sinal é opaco ou ambíguo, temos uma alienação do sentido do que se quer comunicar. Esta possibilidade estaria ligada a várias formas de cultura inautêntica: o esoterismo, o privilégio, a ausência (ibidem. Vaz, Henrique Lima. *Cristianismo*, p. 10).

[103] A alienação do trabalho resulta do fato de que o encontro com o outro pode perder-se no plano das coisas mesmas, quando o sentido da ação humana permanece bloqueada pela significação imanente das coisas. Ocorre quando o produto do trabalho, ao invés de atender as necessidades humanas, acumula-se como riqueza e poder e serve à dominação do homem pelo homem (ibidem. pp. 11-2).

vando à conclusão da necessidade de estruturar o mundo de modo a favorecer a "comunicação de consciências". O trabalho encontrou o seu lugar nessa reflexão, mas como trabalho abstrato, fora das determinações concretas dadas pelas relações de produção, sem referência ao modo de produção no qual se insere[104].

A discussão sobre a consciência histórica se realiza igualmente num marco nitidamente culturalista. Ela surgiria e se afirmaria sempre que uma crítica radical pusesse em questão todo um mundo de cultura e uma nova "imagem do mundo começasse a ser buscada[105]: a consciência histórica referia-se, pois, a uma cultura e, tal como esta, seria também histórica. Deveria ser consciência da historicidade do presente e de sua própria historicidade. Seu conteúdo seria o sentido global comunicado entre si pelos homens de um determinado grupo que lhe permite compreender a sua situação no mundo e se comunicar. Refere-se pois a um universo cultural e a um mundo de significações (estes constituiriam, nas palavras de Padre Vaz, "o seu próprio espaço vital como homens", lembrando certamente a Ortega) que adquiriria dinamismo por meio dos ideais e dos valores. A consciência histórica de uma época nada mais seria do que a cultura dessa época (o que é criado pelos homens e por eles apreendido e vivido), a apreensão do seu sentido naquele período. Ela é, assim, um instrumento de compreensão da história, tal como propõe a hermenêutica[106].

O conceito de consciência histórica não permitiria apenas a análise da forma de existir do homem numa determinada época e numa determinada cultura; seria também um conceito normativo, possibili-

---

[104] Padre Vaz defende posição análoga à dos pensadores católicos que buscaram elaborar uma teologia do trabalho, recusando-se a aceitar o trabalho como a "essência do homem". O trabalho deve ser objeto relevante da reflexão cristã visto como "obra humana pela conjunção do progresso da técnica e da consciência da liberdade"; numa "espiritualidade cósmica" o trabalho deveria constituir um dos eixos centrais. Ver Chenu, M. D. *Pour une théologie du travail*, op. cit., pp. 29 e ss.

[105] Vaz, Henrique Lima. "Consciência cristã e responsabilidade histórica". In: Cardonnel et al. *Cristianismo hoje*, op. cit., p. 78. Este trecho lembra a ruptura de idéias e crenças numa época de transição, tal como encontramos em Ortega.

[106] A compreensão histórica teria, por outro lado, como tarefa constante "a elaboração de projetos autênticos e proporcionais ao objeto da compreensão" (Gadamer, Hans-Georg. *Le problème de la conscience historique*, op. cit., p. 72. Ver especialmente itens I e V).

tando "descobrir as exigências autênticas de realização humana dos homens de uma determinada época ou cultura e situar-se as opções concretas desses homens na linha de tais exigências[107]. Conhecer a consciência histórica de sua época seria, assim, tarefa importante para todos os que pretendessem agir em consonância com as exigências humanas da sua época: eis, pois, a tarefa do cristão conseqüente. Como, porém, relacionar consciência histórica e cristianismo? Sendo este a revelação de uma mensagem, da palavra sobre o mundo que se realiza na História, o cristianismo seria a salvação da consciência histórica de todas as épocas. A palavra de Deus é um chamamento ao homem "não para que ele (...) saia da história, mas para que nela se insira e realize"[108], ou seja, para que nela se engaje. Ela provoca na consciência histórica do homem de cada época exigências de humanização e de responsabilidade histórica: exige a luta responsável por um mundo mais humano. Deus não criara um mundo perfeito, acabado, mas um "mundo em processo permanente de desenvolvimento histórico, impelido (...) pela ação do homem para uma plenitude final"[109], não criara, pois, o mundo para ser contemplado mas para ser transformado, aberto às iniciativas históricas do homem: "A essência do homem é a sua liberdade concretamente empenhada num plano de responsabilidade histórica"[110]. Como, porém, combinar essa liberdade para a iniciativa histórica com as exigências eternas do cristianismo? Ela existiria porque o Absoluto está presente na trama histórica, sendo tarefa do cristão — mediante seus gestos transformadores do mundo — descobri-lo e afirmá-lo na História[111].

A forma concreta da consciência histórica de cada época é, como vimos, dada pela cultura já que o mundo propriamente humano é o mundo da cultura.

---

[107] Vaz, Henrique Lima. *Cristianismo e consciência histórica*, op. cit., p. 13. Os isebianos traduziriam esta "apreensão do sentido" do período na compreensão das características e possibilidades da "fase" histórica ou da "transição de fase".

[108] Ibidem. p. 17.

[109] Vaz, Henrique Lima. "Consciência cristã e responsabilidade histórica". In: Cardonell *et al. Cristianismo hoje*, op. cit., pp. 85-6.

[110] Ibidem. p. 86.

[111] Ver, neste caso, também a Chifflot, Th. G. *Approches d'une théologie de l'historie*. O sentido último da história deve ser buscado na fé.

O primeiro gesto — diz ele — do homem diante da natureza é transformar o mundo para si, fazendo dos seus elementos obras de cultura. Mesmo o homem mais primitivo, que constrói a sua habitação (...) está fazendo obra cultural, transformando o mundo da natureza em mundo humano, dando-lhe um significado[112].

Criar cultura e apreender o sentido das obras culturais do mundo em que vive seria a condição mesma da vida para o homem já que a cultura seria "o processo histórico pelo qual o homem se relaciona com o mundo em relação de transformação e com os outros homens em relação de reconhecimento, transformando a natureza e transformando-se a si mesmo"[113]. Quando faltam elementos nesse processo, estamos diante da alienação. Ela aparece quando o homem vive uma determinada situação histórica na qual ele não tem condições de compreender o sentido das obras culturais. Sua humanização depende exatamente da participação no processo cultural: "O problema do humanismo não é mais do que o problema de poder ser compreendido por todos os integrantes do grupo o sentido das obras culturais criadas pelo grupo"[114]. Em conseqüência Padre Vaz se coloca o problema da cultura nacional e da necessidade da educação e da alfabetização.

Mas o que teria o cristianismo com o mundo da cultura, se se trata de uma religião revelada? Afirma então Padre Vaz: a palavra de Deus é também palavra humana, assumindo o homem como ser histórico. Ela transcende o momento histórico mas está presente na História e seu chamamento constante é no sentido de que o homem seja tão radicalmente homem que ao fim encontre o próprio Deus que se faz homem.

No plano da cultura a interpretação radical que o cristianismo nos traz é esta: o homem, ser histórico, realiza-se criando cultura, criando o mundo humano. Este mundo é ambíguo, a história é dramática. O desenlace feliz para essa ambigüidade e dramaticidade é encontrar Deus dentro da história[115].

---

[112] Vaz, Henrique Lima. *Cristianismo e consciência histórica*, op. cit., p. 21.
[113] Ibidem. pp. 21 e 24.
[114] Ibidem. p. 23.
[115] Ibidem. p. 27.

Dessa forma, a responsabilidade do militante cristão o encaminha para o esforço a fim de possibilitar a todos os homens o acesso à obra cultural (a compreensão do seu sentido), numa atitude otimista em relação à História — apesar dos seus riscos — porque ele sabe que ela tem, no Cristo, uma reconciliação pela raiz.

Sabemos, no entanto, que a obra cultural não é apenas auto-realização mas também autojustificação: o homem se justifica perante os outros homens criando obras de cultura. Como justificação do modo de existência histórica, a consciência humana e a cultura assumem uma dimensão ideológica; nesse sentido, toda obra de cultura é implicitamente ideológica. Essa justificação pode ser explicitada mostrando-se a obra cultural como racionalização dos interesses de um grupo ou classe social, no sentido indicado por Mannheim. Mas, se toda cultura é ideológica, ela encerra um elemento de superação das ideologias. Há também uma cultura de reconciliação que não nega o passado, na qual a história humana é vista como integração, como recuperação permanente de valores. Esse elemento de reconciliação é dado pelo cristianismo, como fator indispensável ao desenvolvimento do caráter antropológico da civilização ocidental. Assim o cristão vive no mundo das ideologias, mas ele deve visar à superação constante dos compromissos ideológicos em nome do universalismo da redenção prometida pelo cristianismo[116].

Assim, a reflexão de Padre Vaz, desenvolvida num quadro de referência católica, toca naqueles pontos que também eram objeto de discussão pelos filósofos do IBF e, mais tarde, pelos "isebianos históricos". Sua discussão se faz num quadro de influências e leituras comuns: o existencialismo (cristão), o historicismo, a sociologia do conhecimento de Mannheim, o hegelianismo, a história e a filosofia da cultura alemães, a fenomenologia. A utilização do conceito de "consciência histórica" evoca Jaspers, tanto quanto a preocupação com o diálogo, com a comunicação com o outro — sendo a sua dialética apontada como a dialética fundamental da História. A História é, por sua vez, pensada como história da cultura criada pelo homem ao transformar a natureza e não como história da produção material ligada a relações de produção precisas. Sua reflexão, ao desembocar na defesa da democratiza-

---

[116] Ibidem. pp. 31-5.

ção da cultura, uma vez que o acesso de todos à obra cultural é apresentado como a condição básica da humanização, aponta numa direção que coincide com aquela defendida pelos "isebianos históricos": a proposição de que à cultura tivesse acesso toda a nação correspondia, no plano político, à questão da constituição da sociedade civil brasileira. Essa idéia se conecta com uma outra, igualmente defendida por Padre Vaz, e que é a de "projeto de existência histórica" da nação. A comunidade-nação deveria ser construída sobre uma base cultural comum de seus integrantes. Por outro lado, a preocupação com as conseqüências da técnica que se observa no pensamento de Padre Vaz não o conduz a rejeitá-la; ao contrário, ele aceita o progresso e apóia uma perspectiva favorável ao desenvolvimento. Sua reflexão não está, no entanto, comprometida com a defesa do capitalismo como modo de produção adequado à "fase" atravessada pelo país (como ocorria com os isebianos), nem apresenta os laivos de autoritarismo que se podem descobrir na obra de diversos isebianos e que foram denunciados pelo próprio Padre Vaz[117].

Não pretendemos fazer aqui um paralelo entre os escritos de Padre Vaz e os dos isebianos, embora devamos notar que todos pagam tributo à sua época e às suas origens intelectuais, enfocando os temas do momento com instrumental tomado às correntes mais influentes na vida intelectual brasileira do período. Quanto à presença de elementos nacionalistas, tanto no pensamento de Padre Vaz quanto no dos jovens católicos, é preciso lembrar que aquele período foi marcado profundamente pelo nacionalismo e que idéias nacionalistas tanto quanto a preocupação com o progresso e o desenvolvimento penetraram igualmente os pronunciamentos da hierarquia católica[118]. Os jovens católicos estavam certamente preocupados com a "conversão profunda à rea-

---

[117] Ver a resenha do livro de Álvaro Vieira Pinto, escrita por Padre Vaz, "Consciência e realidade nacional" (*Síntese*, Rio de Janeiro, vol. IV, n. 14, abr.-jun. 1962, pp. 92-109).

[118] A própria hierarquia manifestou, no período, a sua preocupação com os problemas sociais, apoiando a política desenvolvimentista do governo Kubitschek e algumas das reivindicações nacionalistas. No encontro realizado em Natal, em maio de 1958, os bispos manifestaram sua "simpatia, aplausos e incentivo" à "febre de desenvolvimento econômico que sacode o País" (Ver II Encontro dos Bispos do Nordeste. Natal, mai. 1958. Rio de Janeiro, Serviço de Documentação da Presidência da República, 1959).

lidade" e à "vivência" do Brasil e seus problemas. Seu ideal histórico, afirmavam, estava relacionado com o "ideal histórico da nação"[119].

Mais claramente nacionalista era a argumentação utilizada no Manifesto do DCE da PUC (Pontíficia Universidade Católica), no qual a "propriedade humana", colocada como objetivo social sob inspiração de Mounier, era apresentada como um "imperativo que se impõe para a livre sobrevivência da nação"[120]. Nesse documento, os estudantes afirmavam sua "opção nacionalista" pois a nação, na sua realidade subdesenvolvida e no seu processo de desenvolvimento, é para nós a mediadora necessária que conduz ao universalismo implicado na "nossa visão cristã"[121]. Tratava-se de um nacionalismo "de defesa" das nações subde-

---

Afirmavam também, que a eles interessava "tudo o que convém à Pátria (...) estamos do lado de tudo o que, no movimento nacionalista, exprime valorização de nossas indústrias de base, recuperação de áreas subdesenvolvidas, independência econômica, aumento de capital e soerguimento político. Somos por um nacionalismo são e equilibrado enquanto atende às necessidades da soberania nacional (...) reprovamos o nacionalismo exacerbado (...) Condenamos o imperialismo econômico que representa um tipo de ditadura internacional e uma abdicação da autonomia nacional. Tratava-se, portanto, de apoio a um nacionalismo que não servisse à revolução social, à contestação radical das estruturas vigentes, mas que contribuísse para o desenvolvimento em meio a um clima de paz social, de colaboração entre as classes. Ver a "Declaração dos Cardeais, Arcebispos e Bispos do Brasil, reunidos em Goiânia de 3 a 11 de julho de 1958". *Revista Eclesiástica Brasileira*, vol. XVIII, set. 1958, pp. 815-23.

[119] Ver Souza, Herbert José de. "A JUC de amanhã." JUC. *Boletim Nacional.* op. cit., pp. 18-19. Sobre as relações entre catolicismo e desenvolvimentismo no Brasil, ver Sanders, Thomas. "Catholicism and development: the catholic left in Brazil". In: Silvert, K. H. (ed.) *Churches and States: the religious institution and modernisation.* Nova York, 1967, pp. 81-99. Devemos mencionar aqui a obra do Padre Joseph Comblin: *Nação e nacionalismo*, São Paulo, Duas Cidades, 1965. Este livro, escrito no início dos anos 60, deixa ver muito claro a necessidade sentida nos meios católicos de definir a sua posição diante do nacionalismo — tal como ocorrera anos antes na França. Comblin trata do assunto utilizando-se, tal como os isebianos (entre os quais ele cita a Vieira Pinto e indica a influência sobre eles de autores como Sartre e Balandier, aos quais ele mesmo recorre em sua argumentação), de uma terminologia que muito deve ao existencialismo. Seu livro está dividido em duas partes principais que tratam respectivamente do "nacionalismo autêntico" e do "nacionalismo inautêntico".

[120] Manifesto do DCE da PUC. In: Cardonnel *et al. Cristianismo hoje*, op. cit., p. 100.

[121] Ibidem. p. 100.

senvolvidas contra a espoliação das grandes potências: o diálogo dos povos só poderia existir à medida que as nações subdesenvolvidas passassem a ser sujeitos da sua própria história. Esse nacionalismo era também tratado com categorias tomadas à filosofia da existência cristã, a qual era o ponto de partida para a denúncia da democracia burguesa comprometida com um esquema individualista e classista e para a defesa de uma radical transformação das estruturas econômicas conectada com a derrubada da propriedade capitalista: essas eram condições para a realização da pessoa humana sendo a tarefa do cristão lutar por ela, colocando-se a favor da História. Suas posições eram radicais porém não-marxistas: ao contrário, como afirmava Padre Vaz no texto que escreveu em defesa dos jovens católicos, eles tratavam de "pensar a História na perspectiva do mais radical personalismo"[122].

A opção socialista entre os jovens cristãos foi-se tornando, porém, sempre mais nítida, fazendo com que atacassem a perspectiva defendida pelos teóricos do ISEB, ou seja, o nacionalismo que pretendia servir à sedimentação do capitalismo nacional na esfera da produção das mercadorias. Tal opção formula-se de maneira clara quando da fundação da Ação Popular. A análise da realidade e a discussão da estratégia de ação indicam certa tendência a ultrapassar o quadro de interpretação culturalista. Os jovens cristãos buscam realizar uma análise histórico-estrutural da sociedade brasileira, denunciando a apropriação privada dos meios de produção e indicando o socialismo como a solução para as contradições e tensões específicas geradas pelo modo de produção capitalista. O capitalismo é denunciado em todas as suas formas, nacional ou não, porque se funda sobre o lucro e não sobre o homem e suas necessidades. Reconhecem a importância do marxismo tanto na teoria quanto na prática revolucionária, como a "expressão mais profunda e rigorosa da crítica ao capitalismo e como interpretação teórica

---

[122] O manifesto foi atacado como defensor de um "nacionalismo isolacionista, isebiano, jacobino", levantando grandes polêmicas. Em defesa dos estudantes, Padre Vaz escreveu o texto "Jovens cristãos em luta por uma história sem servidões" (In: Cardonnel et al. *Cristianismo hoje*, op. cit., pp. 59-73), no qual ele indica os autores nos quais se inspiraram, citando especialmente os livros de Mounier, o "Manifesto por uma civilização solidária", do Padre Lebret, o livro *Optimisme devant le monde* (Paris, 1956), de D. Dubarle além das obras de Henri de Lubac, Friedrich Herr, G. Chifflot, M. D. Chenu e outros.

da passagem ao socialismo"[123], e diversas passagens do documento deixam ver a influência do materialismo histórico, especialmente no Capítulo II: a discussão está centrada sobre a possibilidade de superar uma estrutura que é apresentada ao mesmo tempo como feudal e capitalista; a luta política é pensada em conexão com a estrutura de classes. Na primeira parte do documento, porém, é possível constatar que estamos diante de uma superposição de orientações e não de uma substituição do culturalismo pelo marxismo. Ortega e os culturalistas nos vêm imediatamente à lembrança quando lemos no Capítulo I que a História obedece a leis dialéticas que "traduzem as possibilidades concretas, oferecidas às liberdades humanas em cada época histórica, de se realizarem — ou de se perderem — nos complexos sociais que são os necessários espaços vitais do homem"[124]. A dialética do senhor e do escravo, tão lembrada no ISEB para explicar as relações entre a metrópole e a periferia, também aí aparece para explicar o processo de libertação[125]. A discussão sobre a libertação e sobre o papel da consciência em tal processo desenrola-se num quadro teórico marcado pelo culturalismo e pelo personalismo, sob inspiração direta da reflexão do Padre Vaz, de tal modo que é possível dizer que toda a parte denominada "perspectiva filosófica" resume em poucas páginas as idéias defendidas por ele em artigos e conferências da época, e que já apresentamos neste item de forma sumária. A consciência não é um reflexo da realidade mas o núcleo dinâmico do processo de humanização do mundo e do homem; por meio dela entro em contato com a natureza — objeto do trabalho visando à sua transformação — e com os outros homens — sujeitos de uma relação que visa ao reconhecimento. À luz da significação e do sentido dado pelos homens à sua ação e suas obras é que deve ser julgada cada época, cada movimento histórico, e tal significação e sentido se prendem diretamente à relação de reconhecimento. Eles podem ser uma "mediação autêntica para o reconhecimento" do outro ou de

---

[123] Ação Popular. "Documento-base". Verbum. tomo XXI, fasc.1-2, mar.-jun. 1964, pp. 67-95. Esse documento foi transcrito em Floridi, Ulisse Alessio. *O radicalismo católico brasileiro; para onde vai o catolicismo progressista no Brasil.* São Paulo, Hora Presente, 1973. p. 191.

[124] Ibidem. p. 185.

[125] Ibidem. p. 184. "Só na consciência do humilde e do escravo — dizem eles — nascerá a flama da libertação".

uma mediação inautêntica para a sua dominação. Assim, a medida da História é dada pela antropologia filosófica. Sua exigência fundamental é a "comunicação de consciências", é o encontro entre os homens, sua humanização. Tal processo constituiria a própria dialética da História, na qual a principal batalha é aquela pela personalização[126]. A transformação do homem, de objeto em sujeito da História, a realização da comunicação de consciências na História, demandava um trabalho de conscientização que envolvia tanto o reconhecimento e a afirmação do valor, da dignidade e da liberdade da pessoa humana quanto a tomada de consciência das características da estrutura socioeconômica que impedem a realização de todas as pessoas: a luta pelo reconhecimento torna-se uma luta por uma estrutura socioeconômica na qual ele seja possível para todos.

Vejamos, agora, em que medida essas idéias se traduzem pedagogicamente na obra de Paulo Freire no período compreendido entre 1959 e 1965.

3. A pedagogia "existencial-culturalista"

Tal como ocorria com os "isebianos históricos" e com os intelectuais católicos do período, o existencialismo aparece nos escritos de Freire em íntima conexão com o historicismo e o culturalismo, surgindo igualmente ao lado de uma influência mais ou menos difusa do hegelianismo. Não se pode excluir a hipótese de que Freire tenha sido atingido pela mobilização intelectual do final dos anos 40 (período de sua formação universitária) e início dos anos 50 em torno do IBF: observa-se que entre os autores estrangeiros por ele indicados encontram-se diversos cujas obras também tinham livre trânsito entre os intelectuais do Instituto Brasileiro de Filosofia. No entanto, uma parte dos seus "livros-fonte" foi lida e estudada em conseqüência de influências recebidas durante os anos 50, ou seja, em conexão com a recepção de idéias difundidas nas obras dos "isebianos históricos".

A concordância com idéias básicas defendidas pelos teóricos do nacionalismo-desenvolvimentista parece tê-lo levado — como, aliás, ocorre com freqüência no trabalho intelectual — às obras de alguns

---

[126] Ibidem. pp. 195-200.

dos autores sobre os quais se apoiavam aqueles intelectuais. O contato com a obra de Jaspers, por exemplo, ocorreu não apenas pela tradução de Álvaro Vieira Pinto publicada pelo próprio ISEB *(Razão e antirazão do nosso tempo)* na segunda metade dos anos 50, mas também por meio da tradução espanhola do livro resenhado por Jaguaribe em 1950 *(Origen y meta de la historia)*, lido por Freire já no início dos anos 60. Assim, Freire recuperou, no final dos anos 50 e início dos anos 60, uma literatura e idéias correspondentes que empolgaram os "isebianos históricos" antes mesmo da criação do ISEB e que se fizeram presentes nos seus escritos ao longo da década. Seu entusiasmo pelo hegelianismo de Corbisier e de Vieira Pinto (referido diretamente ao seu problema específico: o da consciência) e pela versão dada por Jaspers ao existencialismo cristão fez que o desdobramento de suas idéias tomasse um rumo que as aproximava daquelas expostas por Vicente Ferreira da Silva no seu livro de 1949 *(Dialética das consciências)*, embora não se tenha notícia de que Freire o tivesse conhecido. Certamente as posições políticas de Freire e de Ferreira da Silva estão longe de coincidir, mas a trajetória da corrente que procurou conciliar o hegelianismo, o culturalismo e o existencialismo cristão e, nos anos 40, encontrou em Ferreira da Silva o seu representante mais destacado, passa certamente por Freire — representando este uma tentativa de tradução pedagógica do "existencialismo-culturalista". Essa é a tese deste artigo: a síntese "existencial-culturalista" está presente não apenas na justificação teórica do método e na interpretação da realidade esboçada por Freire, mas desempenha um papel central no próprio método, determinando em grande medida suas características, seus objetivos e a forma da sua aplicação.

Como já dissemos, é possível que Freire tenha entrado em contato com idéias existencialistas antes de sua adesão ao isebianismo. No entanto, é no quadro do nacionalismo-desenvolvimentista e do desenvolvimento do pensamento católico que aquela influência deve ser pensada, porque é dentro dele que ela aparece em seus escritos. Como pedagogo, Freire não podia abandonar a reflexão no nível do indivíduo — o nível em que ocorre a aprendizagem, mesmo dentro de um processo social —, e esse dado pode explicar em parte porque, em diversos aspectos, suas idéias situam-se tão próximas das de Ferreira da Silva, do mesmo modo que pode explicar a sua fidelidade a autores como Gabriel Marcel ou Simone Weil num momento em que o grupo católico do qual ele cada vez mais se aproximou já os havia deixado de lado. No entanto, a preocupação que dominou os anos 50 prendia-se à sociedade como um todo, à superação do seu subdesenvolvimento, à afirmação das nações do Terceiro Mundo e Freire segue a trilha aberta pelos isebianos, "reduzindo", tal como eles, o existencialismo ao plano da nação.

Não é, pois, casual que a influência de Jaspers tenha sido tão marcante, pois este foi um dos autores que, buscando integrar existencialismo e cristianismo e interpretando a História em termos culturalistas, procurou pensar tanto a relação homem-homem como a política em termos mais amplos, discutindo as possibilidades da democracia formal (o nível coletivo) a partir das atitudes dos indivíduos na relação com o próximo.

Vejamos, porém, com mais detalhes, onde as correntes de pensamento aqui enfocadas aparecem nos escritos de Freire e em que medida, ao conformarem o universo teórico no qual ele se move, estabelecem as características e os limites de suas interpretações e do seu trabalho pedagógico.

3.1. A "situação fundamental do homem"

Freire abre seus trabalhos de 1959 e de 1965 com uma tentativa de análise da "situação fundamental do homem", tal como fora sugerida por Marcel. Ele segue, desse modo, uma certa tradição nos meios pedagógicos, aquela que — conectando indissoluvelmente pedagogia e filosofia — exige um esclarecimento filosófico prévio a respeito da "essência humana" para, a partir dele, poder desenvolver alguma reflexão sobre o processo educativo. Freire procura, por isso, indicar o que seria "essencial" ao homem em seu existir. Em 1959, ele nos apresenta o homem como um ser relacional que, estando no mundo, é capaz de ir além, de projetar-se, discernir, conhecer. Capaz também de perceber a dimensão temporal da existência, o homem é um ser histórico e criador de cultura que só vive autenticamente quando se acha comprometido com a sua "circunstância". Diz ele: "A posição que ocupa na sua circunstância é uma posição dinâmica. Trava relações com ambas as faces do seu mundo — a natural (...) e a cultural, cujos objetos são criação sua"[127]. Ao fazê-lo, o homem molda o mundo e é moldado por

---

[127] Freire, Paulo. *Educação e atualidade...*, op. cit., p. 8.

ele[128]. Nesse contexto, Freire se apóia de maneira bastante direta sobre o trabalho de Roland Corbisier[129]. As mesmas idéias aparecem de forma mais desdobrada em *Educação como prática da liberdade*, já então sem a referência a Corbisier. O homem é igualmente definido como um ser de relações que não está apenas "no mundo mas com o mundo" e que ao responder aos desafios colocados pelo mundo altera este e a si mesmo. Tais respostas implicam a capacidade de julgar, de criticar, de interferir, de transformar a dimensão natural do mundo, criando cultura. Por outro lado, é o homem capaz de perceber a dimensão do tempo e, portanto, de participar conscientemente da História, exercendo aí a sua liberdade e humanizando-se pela participação, tornando-se sujeito da História[130].

Nesta sumária indicação das "características essenciais ao homem", encontramos fortes traços da influência culturalista e do existencialismo cristão. O homem existe no tempo e para existir autenticamente precisa ser consciente não apenas da sua historicidade mas também da própria historicidade da sua consciência; precisa ser igualmente consciente da sua liberdade, da sua capacidade de optar. A consciência define, pois, o homem (como encontramos nos escritos de Padre Vaz) e permite a sua inserção na História como sujeito, como ser capaz de liberdade que realiza a sua "vocação natural": a de ser "sujeito" que interfere e decide e não de ser "objeto" das decisões de outrem. A consciência é, pois, consciência da dignidade e da liberdade humana refletida no mundo da cultura e da História, exigindo a integração do homem ao seu contexto. Seu enraizamento, sua integração significava a vivência cabal da sua "cir-

---

[128] A linguagem de Freire, nessa época, em nada se aproxima daquela dos grupos de esquerda para exprimir conteúdos semelhantes. Nesse caso específico, ele escreve: "A posição do homem, realmente, diante destes dois aspectos (natural e cultural) da sua 'moldura', não é simplesmente passiva. No jogo de suas relações com esses mundos, ele se deixa marcar enquanto marca igualmente" (ibidem. p. 8).

[129] O trabalho citado por Freire, "Situação e alternativas da cultura brasileira", integra o volume *Introdução aos problemas do Brasil* (Rio de Janeiro, MEC/ISEB, 1956), no qual foram publicadas as conferências realizadas durante o primeiro curso do ISEB em 1955 e foi reproduzido mais tarde como o primeiro ensaio de Formação e problema da cultura brasileira (ibidem).

[130] Freire, Paulo. *Educação como prática da liberdade*, op. cit., pp. 39-46. Ver também que a rejeição do assistencialismo se faz em nome de uma "vocação natural da pessoa — a de ser sujeito e não objeto" (p. 57).

cunstância", era a condição para a percepção das tarefas colocadas ao sujeito pela "época" histórica e cultural vivida. O culturalismo conecta-se, assim, com a análise da "situação fundamental do homem"; este pratica sua liberdade pela história da sua cultura e a história da cultura é o resultado da sua interferência. Diz Freire: "E, na medida em que cria, recria e decide, vão se conformando as épocas históricas. É também criando, recriando e decidindo que o homem deve participar destas épocas"[131]. Ao realizar a sua "vocação natural de integrar-se" é que o homem poderia apreender "os temas e tarefas da sua época" (em outras palavras, apropriar-se da "consciência histórica" da época) e atuar de maneira a responder às exigências da época.

Essa sintética análise da essência do existir humano — remetida explícita ou por vezes implicitamente à obra de Jaspers — é colocada a serviço do "pensar a mudança", o "trânsito", a crise da sociedade brasileira. Por mais sumária que se apresente, nela estão presentes elementos essenciais para a elaboração de um método personalista e culturalista da educação — como veremos nos itens subseqüentes. Este pretendia formar homens críticos, capazes de serem reconhecidos na descrição fenomenológica da sua essência realizada naquelas páginas, supunha e difundia igualmente princípios de um "pensar fenomenológico" (como se pode inferir, por exemplo, das citações de Guerreiro Ramos), a capacidade de "pôr o mundo entre parênteses" para poder pensar sobre ele, definir-se e finalmente optar[132].

---

[131] Freire, Paulo. *Educação como prática da liberdade*, op. cit., p. 43. Diz ele: "Uma época histórica representa, assim, uma série de aspirações, de anseios, de valores, em busca de plenificação. Formas de ser, de comportar-se, atitudes mais ou menos generalizadas, a que apenas os antecipados, os gênios, opõem dúvidas ou sugerem reformulações" (p. 44). Nos vemos, nesta frase, diante não apenas de uma interpretação profundamente idealista da história mas também da aceitação, em alguma medida, do mito dos "grandes homens".

[132] Ibidem. p. 45. Um grande número dos autores citados por Freire e sobre os quais ele efetivamente se apóia se declara devedor da fenomenologia. Barbu, por exemplo, explica logo no início do seu livro que "apliquei o método da 'redução fenomenológica', isto é, a partir da massa dos dados empíricos, tanto sociológicos como psicológicos, passei à gradual determinação de uns poucos traços centrais das formas democráticas e totalitárias de vida", admitindo a possibilidade de tais "traços centrais" terem algo de arbitrário. Ver Barbu, Zevedei. *Psicologia de la democracia y de la dictadura*. Buenos Aires, Paidós, 1962, p. 15.

Dito isso, passemos à análise dos diferentes aspectos que consideramos relevantes tratar na obra de Freire em conexão com a temática central deste ensaio.

3.2. A interpretação da realidade

Ao escolher, em 1959, o tema da sua tese de concurso, Freire já deixava perceber sua simpatia pelo nacionalismo-desenvolvimentista. Escrever sobre "educação e atualidade brasileira" era reconhecer a necessidade de pensar a educação dentro da realidade do país naquele momento, buscando diretrizes e métodos que respondessem à problemática nacional. Para entender tal realidade, não bastava descrevê-la; era preciso explicar historicamente como surgiram as características tradicionais daquela sociedade bem como a mudança que obrigava à reflexão sobre o presente: ao fazê-lo, Freire não adere apenas às teses e posições isebianas, mas segue as pegadas dos "isebianos históricos" — até mesmo no que concerne à organização do seu trabalho. Tal como Corbisier, que se dedicara a analisar o "complexo colonial" para explicar as deficiências culturais nacionais pela "formação da cultura brasileira", também Freire buscou explicar a ausência de participação política do brasileiro pela formação da tradição política brasileira ao longo da sua história, ou seja, da história colonial e neocolonial: o autoritarismo, o paternalismo correspondentes à estrutura social e política vigente desde a Colônia haviam conduzido o brasileiro ao mutismo, à incapacidade e ao desinteresse pela participação política.

Para abordar a "atualidade brasileira", Freire lançava mão de uma terminologia de extração existencialista: tratava-se da "atualidade do ser nacional", na qual se observava um "crescente ímpeto de auto-apropriação", ou seja, a tendência a vencer a alienação pela afirmação nacional. Tal como os teóricos do nacionalismo-desenvolvimentista, ele considerava, em conseqüência da industrialização e da democratização, que o Brasil estava se tornando um "ser para si": o "ser nacional", nos anos 50, amadurecia e se tornava "autêntico", ou seja, consciente. "O nacionalismo verdadeiro — afirmava Freire em sua tese de 1959 — é exatamente a corporificação (...) da autenticidade nacional" e está intimamente ligado à consciência que se assume da realidade do País[133]. O "despertar" da consciência, que tanto relevo recebeu na filosofia da existência, era por Freire referido em grande medida (embora não exclusivamente) ao plano da Nação como "despertar" da consciência para a realidade nacional. Análise semelhante ele realiza no artigo publicado no ano seguinte[134], no qual a sociedade brasileira é apresentada como uma sociedade em transformação (em razão do desenvolvimento, da industrialização que se tornara "um imperativo existencial"), que vencia a alienação tornando-se "sujeito dos seus próprios pensamentos" e se autodeterminando. E mesmo em 1965, quando Freire — embora sem modificar sua análise da realidade — já não pretende identificar-se tão explícita e fortemente com a ideologia isebiana, ao fazer o elogio do ISEB como "um momento do despertar da consciência nacional", ele continuava utilizando-se daquela mesma terminologia corrente entre os isebianos, como se pode bem observar no seu texto:

> Até o ISEB — escrevia ele — a consciência dos intelectuais brasileiros (...) tinha como ponto de referencia (...) o pensar europeu e depois o norte-americano (...) (o intelectual) negava o Brasil e buscava refúgio e segurança na erudição sem o Brasil verdadeiro e quanto mais queria ser um homem de cultura, menos queria ser brasileiro. O ISEB, que refletia o clima de desalienação política característico da fase de transição, era a negação desta negação, exercida em nome da necessidade de pensar o Brasil como realidade própria, como problema principal, como projeto (...). Era identificar-se com o Brasil como Brasil. A força do pensamento do ISEB tem origem nesta identificação com a realidade nacional"[135].

Essa crítica da alienação erudita, tal como a fizera Corbisier referindo-a à sua história pessoal, estava não apenas profundamente penetrada por convicções nacionalistas, mas por uma maneira de pensar a

---

[133] Freire, Paulo. *Educação e atualidade brasileira*. Recife, 1959, mimeo. pp. 49 e 23.

[134] Freire, Paulo. "Escola primária para o Brasil". *Revista Brasileira de Estudos Pedagógicos*, Rio de Janeiro, INEP/MEC, n. 82, vol. XXXV, abr.-jun., 1961, pp. 15-33.

[135] Freire, Paulo. *Educação como prática da liberdade*, op. cit., p. 98.

"realidade nacional" e seus problemas inspirada no existencialismo. Evidentemente, não é apenas nesse plano que essa corrente de pensamento se faz presente na obra de Freire. Ela aparece, em conexão com o pensamento católico, no tratamento da relação pedagógica e na reflexão sobre democracia e sociedade de massas. Mas é preciso considerar (especialmente neste item) a sua presença na abordagem do tema fundamental dos isebianos: a construção da nação, como formação, fortalecimento e mobilização da sociedade civil e como fortalecimento do Estado, em conexão com a luta anticolonialista e antiimperialista, é abordada a partir da crítica da "existência colonial" e da necessidade de um "projeto de existência nacional". No trabalho de Roland Corbisier — no qual Freire foi buscar inspiração para essa parte do seu trabalho —, a análise da realidade é, fundamentalmente, como já vimos, análise do "complexo colonial" que se define como caráter "filosófico-sociológico" e que tem como ponto de partida a reflexão sobre o "homem em situação", sobre o "existir humano" na sua "circunstância", ou seja, como ser "situado e datado" (Marcel). O caminho escolhido por Freire coincide exatamente com aquele eleito por Corbisier. A "análise da situação fundamental do homem" era para ambos o ponto inicial de uma reflexão que desemboca sobre o "pensar a história e a cultura". Nessa trajetória, a análise da sociedade é subsumida à análise da cultura, numa posição tipicamente culturalista que se entrelaça com uma abordagem dos problemas identificados igualmente marcada pelo existencialismo. Nesse contexto, o vitalismo orteguiano encontra também o seu lugar.

Defendemos no início deste ensaio a idéia de que o vitalismo de Ortega y Gasset havia contribuído de forma decisiva para que intelectuais ligados ao IBF, sob o impacto dos acontecimentos políticos e econômico-sociais do começo da década de 1950, se voltassem para a reflexão sobre a realidade brasileira, sobre a "circunstância" nacional. Embora Ortega possa ser contado entre os autores mais lidos pela intelectualidade brasileira naquele período, sua influência sobre Freire parece ser mediatizada por Corbisier e por outros autores em voga na época, o que não a torna menos relevante. O modo de pensar que encontramos nos trabalhos de Freire do período tratado apresenta nítidos pontos de contato com aquele que se manifesta nos escritos de Corbisier e de Jaguaribe, no início dos anos 50, e que muito deve a *Ideas y creencias,* de Ortega y Gasset. A cultura (definida como "cultura ambiente", formada por usos e costumes, idéias e crenças, língua, valores que proporcionam aos membros de uma sociedade uma "visão de mundo") brasileira estava em crise, tal como ocorria com toda a cultura ocidental na era da técnica, de acordo com o pessimismo culturalista dos teóricos da "decadência do Ocidente", em conseqüência do desenvolvimento. Por isso, ela não mais correspondia à "circunstância", sendo urgente transformá-la, desenvolvendo idéias que permitissem recompor as brechas abertas nas nossas crenças pela realidade em transformação. Tratava-se de forjar idéias (no caso formular e difundir uma ideologia: o nacionalismo-desenvolvimentista) que acelerassem a transformação e permitissem a inserção adequada do homem nessa nova fase da cultura brasileira. As idéias poderiam intervir na realidade, provocando elas mesmas o questionamento das crenças e acelerando desse modo a transformação, porque a sociedade brasileira se "rachara" em conseqüência do desenvolvimento, independentemente de tal processo não ter desembocado ainda na "rachadura" das crenças de todos os segmentos da sociedade. Afetando as crenças e difundindo a confiança no poder da razão, tais idéias levariam à crise o pensamento mágico das populações do campo ou daquelas que migraram para a periferia das cidades, contribuindo para a passagem da "sociedade arcaica" para a "sociedade moderna". Nesse sentido, Jaguaribe não era o único "pensador de crises" do período[136]: o pensar a "crise brasileira" na "crise da cultura ocidental" tomou conta de muitas mentes no período e se, por um lado, é devedor do pessimismo spengleriano, por outro conduziu à busca otimista de uma saída (como o fizeram Mannheim e Jaspers na Europa, retomados pelos intelectuais nativos), e tal preocupação não foi privilégio de Jaguaribe. O núcleo das preocupações de Corbisier, e dos demais "isebianos históricos", era exatamente a "crise de transição" da sociedade brasileira. Tal crise era interpretada por ele como crise da cultura, que se apresenta como crise de confiança nos valores, nas crenças, em todas as "manifestações vitais" dos indivíduos e da coletividade, exigindo uma reconstrução a partir de um trabalho a ser realizado no nível cognitivo, ou seja, da compreensão da realidade em transformação[137]. Essa abordagem que exige a recomposição das idéias como

---

[136] Toledo, Caio Navarro de. *ISEB: fábrica de ideologias*, op. cit., p. 97.

[137] É também no contexto do culturalismo que Freire cita a Maritain, endossando uma interpretação da realidade que começara a ser revista pelos jovens ca-

via para a recomposição das crenças faz que a esfera ideológica precise ser reabilitada: é a ideologia correspondente à nova "fase" da cultura brasileira, o nacionalismo-desenvolvimentista, representativa das forças de vanguarda no processo de desenvolvimento e por isso mesmo "autêntica", que — uma vez difundida —permitirá reajustar "faseologicamente" as crenças sobre as quais se apóia a vida social[138]. De acordo com o raciocínio dos isebianos, o controle do processo e em conseqüência a própria difusão das novas idéias dependem do controle do aparelho do Estado pelas forças representativas da nova fase: para controlá-lo, é preciso formar e mobilizar a sociedade civil porque tal conquista depende do voto. Mas o próprio Estado — em razão da crise de hegemonia que põe a nu suas contradições — promove a mudança e deixa espaço à propagação da nova ideologia. O método e a pedagogia de Freire são instrumentos desse processo: ajudam a formar e a mobilizar a sociedade civil para a conquista do aparelho do Estado e/ou para apoiar as reformas propostas pelo próprio Estado. O método serve ao reajuste de idéias e crenças de modo a torná-las compatíveis com a vida urbana, industrial, moderna, racional, promovendo o combate à "consciência mágica", característica da sociedade arcaica, propiciando a dis-

---

tólicos do início dos anos 60. Igualmente o culturalismo está por detrás da interpretação psicológica da história oferecida pelo tão louvado autor romeno Zevedei Barbu, para o qual a democracia não se caracteriza por idéias ou teorias mas por um clima cultural específico. Ver Freire, Paulo. *Educação como prática da liberdade*. (op. cit., pp. 61-3), e ainda *Educação e atualidade brasileira*. (op. cit., p. 64). Por outro lado, a transição — para Freire — é caracterizada pelo "choque entre valores emergentes em busca de afirmação (...) e valores do ontem, em busca de preservação". Ver Freire, Paulo. "Conscientização e alfabetização, uma nova visão do processo". Estudos universitários, Recife, n. 4, abr.-jun. 1963, p. 7.

[138] A ideologia que contribui para a recomposição das crenças deve ser uma forma de autocompreensão, como afirma Michel Debrun: ela simultaneamente explica a realidade e se desdobra num "projeto" de transformação histórico-social. Ela é, assim, "intelecção engajada" que, considerada autêntica pelos seus formuladores, dá sentido ao mundo presente e aponta o caminho do futuro. Ver Debrun, Michel. "A compreensão ideológica da história". *Revista Brasiliense*, n. 46, mar.-abr., 1963, pp. 82-4. A própria compreensão histórica, como quer a fenomenologia (e sobre o que estão de acordo não somente os isebianos mas também os teóricos do movimento católico), é um "ato de existência" e — como tal — faz-se "projeto" de transformação da realidade. Ver Gadamer, Hans-Georg. *Le problème de la conscience historique*, op. cit., pp. 66 e 71.

cussão de temas que possibilitam o surgimento de outras formas de consciência, mais adequadas à nova "fase".

Freire proclama seus ideais desenvolvimentistas e nacionalistas numa interpretação da realidade que coincide em aspectos fundamentais com aquela desenvolvida pelos isebianos (de forma mais clara e explícita em 1959 que em 1965), como já indicamos anteriormente. Tais ideais não se chocam com aqueles defendidos nos meios católicos maritainistas e mesmo pós-maritainistas sobre a necessidade do desenvolvimento como condição para a humanização: costumava-se repetir na época, nesses meios, que para humanizar o homem era preciso que lhe fossem oferecidas condições de viver como homem, incluindo-se aí um mínimo de condições materiais a serem logradas pelo desenvolvimento. Constatamos, porém, rapidamente, que grande parte do que nos apresenta Freire em seus trabalhos de 1959 e de 1965 não é uma mera análise da "atualidade brasileira", mas uma interpretação da história brasileira. Essa opção nos parece resultar, em primeiro lugar, de uma aceitação prévia das linhas do debate isebiano e dos resultados das análises dos "isebianos históricos" em relação à "atualidade brasileira": essa foi a base sobre a qual ele começou a pensar a problemática educacional no final dos anos 50. Mas exatamente porque o seu problema concentrava-se sobre o binômio "educação e política", em razão da busca da educação necessária àquela sociedade "em trânsito" que se democratizava, ele centrou sua análise sobre a formação política do país. O eixo de seu trabalho é a busca de explicações para a contradição que ele acreditava encontrar na sociedade brasileira, entre a "emersão do povo na vida política" e a sua "inexperiência democrática". Essa era a sua maneira de perceber uma questão implícita central em toda problemática isebiana: em face das eleições presidenciais de 1950, dever-se-ia considerar a "sociedade civil brasileira" constituída? Que problemas trazia tal constituição — no nível político e educacional? Como pensar a educação política da população, preparando-a para a participação no jogo da democracia parlamentar? Por outro lado, transparece em seu trabalho uma divisão da história caracteristicamente isebiana na forma como se fez presente no trabalho de Corbisier: a atualidade como transição para a fase nacional e o "complexo colonial", ainda não inteiramente destruído, atuando como freio na transição. Como entender a atualidade e interferir na realidade senão partindo do entendimento do "complexo colonial" que abrange toda a nossa história até os anos 20/30 deste século"[139]? A busca da compreensão dos problemas colocados pela possibilidade da participação política da população na democracia parlamentar remete Freire, tal como ocorrera com Corbisier, às raízes dos problemas do século XX nos "primórdios da colonização".

A análise de Freire do "complexo colonial" apóia-se em autores como Berlinck, Oliveira Vianna e Gilberto Freyre, além de outros, como Padre Vieira, Antonil, Nóbrega, Feijó — estes últimos em geral citados a partir do trabalho de Berlinck[140]. Ora, estes são autores que ou escreveram durante o período colonial ou trataram, na primeira metade do século, dos problemas relativos à formação da sociedade brasileira naquele período, com incursões no Império e na Primeira República. A nosso ver, o autor mais importante para o trabalho de Freire, aquele no qual ele se apóia mais solidamente no que concerne ao passado político brasileiro, é Oliveira Vianna, e por esse motivo trataremos dele por último. Tratemos primeiro dos outros dois. Antes disso, porém, queremos assinalar que é o culturalismo presente na interpretação desses autores que permite a Freire remeter-se a eles e que o próprio Freire explicita o caráter culturalista de sua interpretação em diver-

---

[139] A utilização dos conceitos de "fase" e "época" por Freire é imprecisa. Especialmente quando remete a Jaguaribe, Freire utiliza o conceito de "fase" cultural, mostra-se preocupado com o conhecimento de nossas "condições faseológicas". No entanto, a estrutura de seus livros é mais próxima daquela que aparece nos trabalhos de Corbisier, sendo toda a história anterior à revolução de 1930 e à Segunda Guerra Mundial abordada como "história do complexo colonial", correspondente não a uma "fase", mas a uma "época" na história da nossa cultura. Por isso, Freire distingue entre a "mudança" e o "trânsito", aparecendo este último como um período de grandes e estruturais mudanças, como a passagem de uma a outra "época". Ver Freire, Paulo. *Educação como prática da liberdade*, op. cit., p. 46.

[140] Consultar Berlinck, E. L. *Fatores adversos na formação brasileira*. São Paulo, 1948, edição do autor. Citações esporádicas de Caio Prado Júnior e de Nelson Werneck Sodré podem ser também encontradas nos trabalhos de Freire de 1959. Interessante é, porém, observar que a citação do segundo, que aparecia em *Educação e atualidade brasileira*, foi suprimida na reelaboração do trabalho de que resultou *Educação como prática da liberdade*, possivelmente por definir-se mais claramente aquele autor como historiador de inspiração marxista do que como isebiano. Freire mantém porém as mesmas citações de Caio Prado; trata-se de trechos extraídos do livro *Evolução política do Brasil* e que ele integra no seu esquema interpretativo.

sas passagens do seu trabalho. Tomemos algumas delas como exemplo. Diz ele, ao justificar porque busca em passado tão remoto a explicação do presente:

> Aí se encontram (nos grandes domínios), realmente, as primeiras condições culturológicas em que nasceu e se desenvolveu no homem brasileiro o gosto, a um tempo do mandonismo e de dependência, de "protecionismo" que nos caracteriza ainda hoje e que ainda hoje constitui (...) um dos pontos de estrangulamento de nossa democratização[141].

Diz ainda, mais adiante, que "faltavam ao povo suportes culturológicos capazes de pôr essa solidariedade no plano legítimo da política"[142]. Sua análise política está centrada sobre o cultural, sobre os usos e costumes em sua manifestação no plano da política; a formação cultural do povo gerara indivíduos mudos e quietos, despreparados para a democracia. O seu problema era — dando por suposto que estávamos entrando numa nova fase cultural, caracterizada pela industrialização, pela urbanização e pela democratização — o de como "gerar disposições mentais democráticas com as quais (o homem) se identifique com o clima cultural novo"[143], aderindo ao desenvolvimento que era o núcleo deste novo clima cultural.

Já indicamos, de algum modo, que a semelhança entre o trabalho de Berlinck e o de Freire no que concerne aos primórdios da colonização é notável. Os propósitos que orientaram a elaboração do livro daquele autor, publicado em 1948, anunciam, de certo modo, aqueles que dominarão os isebianos nos anos seguintes. Em seu estudo, Ber-

---

[141] Freire, Paulo. *Educação e atualidade brasileira*, op. cit., p. 67. Em *Educação como prática da liberdade*, aparece praticamente a mesma frase — que evoca muito imediatamente o conteúdo do discurso de Oliveira Vianna —, com uma pequena modificação que acentua o fato de que o "protecionismo" "floresce entre nós em plena fase de transição" (p. 69).

[142] Ibidem. p. 69.

[143] Ibidem. p. 18. Em *Educação como prática da liberdade*, o autor diz que a educação necessária à transição, condição mesma da humanização do homem brasileiro, deveria propor ao povo "a reflexão sobre si mesmo, sobre seu tempo, sobre suas responsabilidades, sobre seu papel no novo clima cultural da época de transição" (p.59).

linck pretende identificar os fatores que, presentes na formação econômico-social e política brasileira, haviam gerado o Brasil com que deparávamos no pós-guerra: um país de população dispersa e analfabeta (resultado da "tragédia da instrução pública"), um país em que a sociedade civil não lograra constituir-se. Na verdade, seu raciocínio é muito semelhante ao de Corbisier, e o de Freire e não está muito distante do Oliveira Vianna (em que pese a veemência dos seus ataques ao racismo deste autor) de *Instituições políticas brasileiras*. Todos estão buscando a explicação do presente nas características da história colonial, preocupando-se com os "restos" coloniais capazes de impedir a mudança[144]. A imagem de um passado terrível e ameaçador aparece tão claro em Berlinck quanto em Corbisier ou em Freire. Quando este teme as forças que trazem as "marcas de ontem", e colocam em risco a democracia representativa, quando pretende uma revolução pacífica pelo voto, que entregue às forças modernizadoras o controle do aparelho do Estado, ele em nada diverge de Berlinck, quando este atribui a sobrevivência das "tradições coloniais" ao fato de não termos tido uma revolução nacional à época da independência e quando teme um retrocesso político. Afirma ele:

(...) a crosta colonial, tão bem conservada no Império, ainda não desapareceu. A convalescença está ainda sendo por demais longa; as recaídas são freqüentes"[145]. Segue-se a essa manifestação de temor uma "exposição condenatória do decurso da nossa história colonial" (que é exatamente o que Freire faz, por exemplo, no Capítulo 2 de *Educação como prática da liberdade),* para desembocar na tese de que a mentalidade colonial prolongara-se até os nossos dias tanto entre o povo dócil, educado na longa tradição de servilismo ante a autoridade, sem educação política e quase incapaz de se governar, como entre os governantes[146]. Berlinck vê, em 1948, a educação do povo como solução. E a única crítica que lhe faz

---

[144] Ao escrever o seu livro (que tem por subtítulo: "explicação dos males atuais"), Berlinck parte do mesmo conjunto de motivos que provocou a elaboração de *Instituições políticas brasileiras* (Rio de Janeiro, Record, 1974), de Oliveira Vianna: a necessidade de avaliar as possibilidades de sobrevivência da democracia parlamentar recém-instalada, a questão do desenvolvimento e da afirmação da nação.

[145] Berlinck, E. L. *Fatores adversos na formação brasileira,* op. cit., pp. 9 e 13.

[146] Ibidem, p. 17.

Freire atinge um certo pessimismo presente em sua obra, incompatível com o desenvolvimentismo de Freire dez anos depois: faltaria a Berlinck uma "visão mais crítica de nossas condições faseológicas atuais"[147].

Também em Gilberto Freyre[148] busca o pedagogo pernambucano explicações para o presente brasileiro, a partir da história da Colônia e do Império, endossando as análises de *Casa-grande e senzala* e de *Sobrados e mucambos*. O grande domínio e a escravidão eram os fatores que explicavam que no Brasil sempre tivéssemos tido condições negativas às experiências democráticas; tais condições ter-se-iam modificado muito com a passagem do patriciado rural à burguesia citadina. Por outro lado, a vinda da família real para o Brasil, no início do século XIX, havia provocado um processo de "europeização e re-europeização" do país que contribuíra ainda mais para que a população da terra tivesse menos voz, para que a cultura local fosse ainda menos valorizada, para que a prática da transplantação cultural se fortalecesse. Mas não é apenas esse tipo de explicação que aproxima Paulo Freire de Gilberto Freyre. Este, tal como o fez também Oliveira Vianna, dedica-se em suas obras, fundamentalmente, a uma análise das "relações humanas" existentes no Brasil antigo (colonial e imperial) entre os diversos estratos sociais e entre as diversas raças em presença na sociedade brasileira. Paulo Freire, ao colocar no centro de suas preocupações as condições que deram origem

---

[147] Freire, Paulo. *Educação e atualidade brasileira*, op. cit., p. 73.

[148] Se consultamos os autores indicados por Guerreiro Ramos como componentes da tradição isebiana, não vamos encontrar o nome de Gilberto Freyre, embora este — apesar de colocar-se numa posição muito distante do nacionalismo dos anos 50 — tivesse escrito em sua juventude uma obra que o colocava dentro de uma tradição próxima do nacionalismo enquanto movimento que incentiva o estudo da formação e das características nacionais. Freire apóia-se nestes livros e não apenas pelo respeito forjado por Gilberto Freyre entre seus conterrâneos. Por um lado, o culturalismo da sua interpretação estava bem de acordo com a opção interpretativa de Freire. Além disso, Gilberto Freyre concentra sua obra sobre o Nordeste. Este apresentava nos anos 50 as características muito visíveis de uma sociedade oligárquica que, em alguns aspectos, se assemelhava a algumas descrições dos períodos colonial e imperial realizadas por Gilberto Freyre. Para um nordestino, suas obras possuíam uma atualidade maior que aquela que lhe atribuiria um intelectual do sul do país. Por isso é que, a nosso ver, Freire tanta ênfase colocou sobre a análise da "sociedade arcaica".

à "inexperiência democrática" dos brasileiros, sem buscá-la na maneira pela qual a sociedade se organizou para produzir, terminava por não ver problemas numa abordagem ligada à antropologia cultural tradicional e por enfatizar a necessidade de uma análise das "relações inter-humanas" na "sociedade arcaica". O próprio Gilberto Freyre declara ser o método por ele utilizado para a análise da história brasileira o da "biografia dos grupos sociais" (como, aliás, também tentou Oliveira Vianna em diversos livros, especialmente em *Populações meridionais do Brasil)*, descrevendo as relações humanas características de tais grupos e que se apóiam sobre suas idéias e crenças[149]. Freire não pretende fazer tal biografia, mas se utiliza daquelas realizadas por Gilberto Freyre e Oliveira Vianna. A interpretação da História para tais autores não parte do jogo das forças sociais mas das características psicológicas coletivas que se forjaram a partir da maneira como os homens, nos grupos sociais tratados (os senhores de terras, o povo etc.), se relacionaram através de séculos de vida em comum[150].

Em Oliveira Vianna, porém, parece-nos Freire ter buscado alguns elementos essenciais à sua análise. Diga-se de passagem que os "isebianos históricos" não apenas reconhecem Oliveira Vianna como um dos intelectuais brasileiros que fazem parte da tradição a que se filiam (como tornou claro Guerreiro Ramos), como Jaguaribe o cita diretamente e Corbisier reconhece a sua influência[151]. Freire cita diversos li-

---

[149] Ver "Gilberto Freyre: um pouco de memórias e um livro novo". Entrevista à revista *Visão* (27 out. 1975, p. 86). Ele mesmo qualifica seus livros *Casa-grande e senzala e Sobrados e mucambos* como uma "autobiografia em extensão" e afirma que "o estudo da antropologia, da história e da própria sociologia é o resultado de muitas biografias".

[150] O que remete evidentemente à obra de Gustave Le Bon. *Lois psychologiques de l'evolution des peuples.* 15. ed., Paris, 1919.

[151] Em entrevista que nos concedeu em 1977, Roland Corbisier afirmou que o seu exemplar de *Instituições políticas brasileiras,* lido na época com grande cuidado, está cheio de anotações, admitindo a influência exercida sobre ele por esta obra. Este mesmo livro é citado por Jaguaribe em *A filosofia no Brasil* (op. cit., p. 20), referindo-se à prática dos transplantes culturais. Já Guerreiro Ramos refere-se basicamente a *Populações meridionais do Brasil,* considerando que "a obra de Oliveira Vianna, na parte que diz respeito à crítica das nossas elites (que, aliás, é a parte que Freire mais utiliza), é certamente o máximo de objetividade que, até agora, os estudos sociológicos atingiram entre nós" (Guerreiro Ramos, A. *Introdução crítica a sociologia brasileira,* op. cit., p. 52).

vros do autor fluminense; no entanto, podemos restringir-nos à obra que efetivamente repercutiu no início dos anos 50, ou seja, *Instituições políticas brasileiras*. Algumas teses centrais deste livro foram retomadas pelos isebianos e por Freire: entre elas, a crítica da transplantação cultural em nome da autenticidade da cultura forjada pela vida em comum do povo e a oposição a tal prática do princípio da "indução" para determinar as características das instituições e da vida política brasileira. É certo que tais idéias, no contexto da obra de Oliveira Vianna, servem a propósitos reacionários[152], que bem se adaptavam à perspectiva política do grupo ligado ao IBF. Elas parecem, no entanto, ter sobrevivido entre os que evoluíram para as posições nacionalista-desenvolvimentistas porque eles começaram a ver no presente aquilo que Oliveira Vianna projetava num futuro distante, e este mesmo processo parece-nos visível nos estudos de Freire. Tomando as análises de Oliveira Vianna sobre o isolamento do interior, a dispersão da população, o domínio oligárquico, todos concluem de maneira natural que o brasileiro não podia estar acostumado a participar da vida pública nem a atuar criativamente e buscar soluções próprias para os seus problemas. A dominação das grandes famílias, paternalizando, "assistencializando" o povo, não permitia a formação de cidadãos. Por outro lado, as elites encarregadas de decidir acerca das instituições o haviam feito de maneira autoritária, haviam superposto ao "país real" um "país legal". Os brasileiros haviam importado as estruturas de um Estado democrático sem considerar as características do seu país e do seu povo; elas não funcionavam bem (e à época em que Oliveira Vianna escreveu tal livro, no final dos anos 40, duvidava-se muito da possibilidade de sobrevivência da democracia representativa) por não corresponderem à realidade social, por não terem sido induzidas das características do povo brasileiro. Ora, Freire — tanto quanto os isebianos — tira de tal análise a conseqüência oposta à de Oliveira Vianna: se o novo "país legal" não correspondia inteiramente ao "país real", era necessário buscar resolver essa contradição não fortalecendo instituições autoritárias mas contribuindo para que o povo aprendesse pela prática a participar da vida política. As condições objetivas (a industrialização substitutiva de impor-

---

[152] Ver Paiva, Vanilda. "Oliveira Vianna: nacionalismo ou racismo?" *Síntese*, Rio de Janeiro, n. 6, 1976, pp. 57-84 (republicado no n. 3 dos *Encontros com a Civilização Brasileira*, pp. 127-56).

tações, a conjuntura política) estavam dadas para que a sociedade civil se constituísse, para que se formasse entre o povo o "sentimento do Estado nacional" como resultado da consciência das finalidades nacionais. Estavam dadas as condições para que se resolvesse a "antinomia fundamental" identificada por Freire na sociedade brasileira: aquela existente entre a "emersão do povo na vida política" e sua "inexperiência democrática"[153]. Ela somente se resolveria pela prática democrática, pelo exercício do voto, pela conscientização dos problemas nacionais.

Mas, tal como a análise da realidade nacional está presa ao culturalismo e ao existencialismo, permeando tais correntes a teorização de posições desenvolvimentistas e nacionalistas, também a análise da realidade educacional brasileira muito deverá a tais influências.

3.3. A análise da realidade educativa

A educação e a escola, "envolvidas na antinomia fundamental" que caracterizava o "trânsito brasileiro", eram criticadas em função da análise da realidade brasileira: eram anacrônicas, não serviam à sociedade moderna, ao desenvolvimento. O tipo de crítica que aí encontramos não é muito distinta daquela que fizera Jaguaribe[154] e diversos outros

---

[153] Freire cita também, em 1959, o livro *Problemas de organização e problemas de direção* de Oliveira Vianna. Referindo-se claramente a este autor, ele escreve, em 1965, que "os analistas, sobretudo os de nossas instituições políticas, insistem na demonstração desta inexperiência. Inexperiência democrática enraizada em verdadeiros complexos culturais". Ver Freire, Paulo. *Educação como prática da liberdade*. op. cit., p. 66.

[154] A crítica isebiana à transplantação cultural e suas conseqüências desembocava na crítica do sistema educacional e dos métodos de ensino. Ainda no começo dos anos 50, Helio Jaguaribe já denunciava o "verbalismo ornamental" e o "tecnicismo destituído da consciência de seus fundamentos" que caracterizavam o sistema educacional brasileiro: este atuava como um instrumento de seleção que dificultava a "circulação das elites", transmitindo uma cultura desligada da realidade nacional, oferecendo um ensino de caráter marcadamente beletrista e não formando os técnicos e administradores que o país necessitava para o seu desenvolvimento. Ver Jaguaribe, Helio. "A crise brasileira". *Cadernos do Nosso Tempo*, op. cit., pp. 140-1. Esta crítica não difere em nada daquela que há muito vinham fazendo educadores ligados ao movimento renovador, especialmente aqueles mais citados por Freire (Anísio Teixeira e Fernando de Azevedo) ao endossá-la. Freire, co-

autores ligados ao ISEB e que Freire cita com razoável freqüência[155]. E mesmo que chamemos atenção para o fato de que no seu livro de 1965 a ênfase se desloca da necessidade de tornar a educação funcional ao desenvolvimento para a exortação maciça à educação política (em relação à tese de 1959), não podemos deixar de notar que o tipo de análise da realidade educativa permanece quase intocado.

A crítica à educação verbalista, ao ensino ornamental e literário calcado sobre a memorização e a serviço do bacharelismo, com caráter acadêmico e propedêutico, aparece de maneira idêntica em Freire, Jaguaribe, Corbisier, Ernesto Luiz de Oliveira Júnior, ou nos renovadores, sendo citados por Freire, entre eles, especialmente Fernando de Azevedo e Anísio Teixeira. Por detrás dessa crítica, não estava apenas o desenvolvimentismo isebiano. Estava também uma visão "renovadora" do processo educacional tanto quanto o rastro do vitalismo orteguiano (tenha Freire lido ou não Ortega na época), os quais eram absolutamente compatíveis. Se o homem precisa estar integrado na sua realidade para viver uma "vida autêntica", não-alienada, a sua educação deve responder às exigências da "circunstância", deve responder à

---

locando-se na tradição liberal dos renovadores, apoiando-se amplamente sobre a obra de Anísio Teixeira, defende uma educação em sintonia com a realidade e a revisão de todo o nosso sistema educativo, de modo a torná-lo adequado à democracia e ao desenvolvimento. Mesmo em 1965, diz ele: "assim como não podemos perder a batalha do desenvolvimento, a exigir rapidamente a ampliação dos nossos quadros técnicos a todos os níveis (...) não podemos perder a batalha da humanização do homem brasileiro". Propõe para isso a superação do "falso dilema humanismo-tecnologia" (Freire, Paulo. *Educação como prática da liberdade*, op.cit., p. 97).

[155] Em 1959, Freire cita com freqüência a Ernesto Luiz de Oliveira Júnior, cujo livro *Doze ensaios sobre educação e tecnologia* (Rio de Janeiro, Capes, 1956) espelha uma visão tecnocrata do problema educacional, bem como a Geraldo da Silva Bastos. Este publicou em 1957, na coleção do ISEB, o livro *Educação e desenvolvimento nacional*, enquanto o primeiro publicou também *Ensino técnico e desenvolvimento*. Não é preciso ir muito longe e mostrar que os escolanovistas antecipam a tecnocracia educacional (ver Gandini, Raquel Pereira Chainho. *Tecnocracia, capitalismo e educação em Anísio Teixeira*. Dissertação de mestrado, 1979) para indicar a presença deste tipo de orientação também em Freire. Ele mesmo explicita sua concordância com os emergentes tecnocratas da educação nos anos 50 e 60 ao elogiar as incursões "lúcidas e interessantes que vêm sendo feitas por economistas brasileiros" no campo da educação. Ver Freire, Paulo. *Educação como prática da liberdade*, op. cit., p. 95, nota 62.

vida. No nosso caso concreto, deveria responder a nossas "condições faseológicas", à "transição de fase": ao desenvolvimento, à formação da nacionalidade pela formação da sociedade civil, à participação democrática. Ora, a Escola Nova propunha não apenas um sistema de ensino que respondesse às necessidades sociais (então traduzidas como necessidade de força de trabalho qualificada para o desenvolvimento), mas também uma prática pedagógica ligada à vida, que Freire tenta realizar não apenas no nível da escola mas também da pequena comunidade.

Antes de indicar os pontos nos quais se manifesta muito claramente a proximidade de perspectiva pedagógica entre Freire e os renovadores, merece referência a aparente contradição entre o escolanovismo do educador pernambucano e sua formação católica. A disputa entre renovadores e católicos, iniciada ainda nos anos 20, desenvolveu-se até os anos 50, assumindo nova dimensão com a Campanha da Escola Pública e o manifesto "Mais uma vez convocados"[156]. Mas, no final dos anos 50, esse era um conflito que envolvia não todos os católicos, mas os católicos conservadores, ligados ao ensino privado; os que se formaram dentro das coordenadas do maritainismo, como foi o caso de Freire, estavam igualmente penetrados pelas idéias da escola nova. O movimento de aproximação e mesmo de integração do escolanovismo no pensamento pedagógico católico vai se processando ao longo da década, manifesta-se nas concepções pedagógicas do Movimento de Educação de Base e encontra finalmente, na obra de Freire, uma espécie de amálgama, que sela a dissolução do conflito ao se apresentar (em 1965) e se difundir, exatamente no período em que — por diversos motivos — a defesa do ensino privado perde relevância, seja entre a hierarquia, seja entre os leigos católicos conservadores.

Sem dúvida Anísio Teixeira foi a figura que, entre os renovadores, marcou mais profundamente a formação pedagógica de Freire. Deve-se também lembrar aqui que aquele educador participou do ISEB como membro do seu Conselho Curador e apoiou financeiramente suas primeiras atividades quando era diretor da Capes, além de

---

[156] Sobre a disputa entre católicos e renovadores, consulte-se o livro, de Carlos Roberto Jamil Cury *Ideologia e educação brasileira; católicos e liberais* (São Paulo, Cortez & Moraes, 1978).

ter escrito textos em que manifesta adesão a teses isebianas[157]. Seus escritos inspiram a maior parte das críticas que Freire formula ao sistema educacional brasileiro, bem como a defesa da formação, para o trabalho e para a democracia, da municipalização dos sistemas educacionais, da regionalização do ensino (ressaltando Freire a necessidade de adaptação do ensino às "condições faseológicas" pernambucanas, nordestinas e nacionais), de centros regionais de pesquisas educacionais e sociais de modo a propiciar a adaptação da educação à cultura local, o seu "enraizamento" no meio. Também em 1965, encontramos as mesmas críticas e propostas que, se se inserem num contexto que enfatiza a necessidade de aprofundar a participação democrática, devem servir também à reorientação da educação de modo a servir ao desenvolvimento. Freire cita nesse contexto não apenas os "renovadores históricos", mas elogia igualmente os recém-surgidos economistas da educação e faz referência a educadores desenvolvimentistas conservadores, como Roberto Moreira[158].

As teses de Anísio Teixeira e dos renovadores em geral, principalmente aquelas relativas à regionalização do ensino, à adaptação da educação à cultura local, bem como à descentralização do sistema edu-

---

[157] Ver, por exemplo, Teixeira, Anísio. "A educação como problema central da sociedade" (especialmente o item: Educação e nacionalismo). In: Teixeira, Anísio. *Educação no Brasil.* São Paulo, Editora Nacional, 1969. pp. 316-24.

[158] Em *Educação como prática da liberdade.* (op. cit., p. 95, nota 62). Freire elogia os escolanovistas afirmando que a "educação nova" estaria cada vez mais voltada para o desenvolvimento. Inclui em seu elogio a Arthur Rios — por ele, aliás, citado já em 1959 no contexto de defesa da educação para a democracia e para o "bem comum" (*Educação e atualidade brasileira,* op. cit., p. 100). Também Roberto Moreira teve vários trabalhos indicados em *Educação como prática da liberdade* (p. 88, nota 51). Em relação ao último autor, cujas posições tecnocráticas e conservadoras tornaram-se mais claras por sua participação no Instituto de Pesquisas e Estudos Sociais (IPES) a partir de 1962, Freire cita seus escritos de 1959 e 1960 como subsídio para pensar uma educação adequada ao "processo brasileiro", à "passagem da sociedade brasileira de uma para outra forma". Em contrapartida, Roberto Moreira via com clareza, depois de 1964, que o método Paulo Freire de alfabetização podia ser aproveitado nos planos educacionais do governo militar desde que o seu conteúdo estivesse "dentro dos objetivos da democracia brasileira". Sobre o assunto, consultar Souza, Maria Inês S. de. *Estudos sobre o pensamento educacional das elites no Brasil.* Rio de Janeiro, dissertação, IESAE/FGV, 1978, p. 51.

cacional até o nível municipal, na verdade estavam muito de acordo com as idéias defendidas nos meios católicos influídos pelo existencialismo e pelo culturalismo. A escola, a educação — dizia Freire citando Maritain — não apenas perpetua a sociedade existente; contribui para transformá-la uma vez que responde às suas necessidades. Ora, cada região, cada comunidade apresentava sua especificidade cultural, resultado da vida comum dos membros da comunidade. A descentralização do ensino permitiria à comunidade tomar em suas mãos o controle do sistema escolar e participar das decisões educativas. A adaptação da educação à cultura local significava a sua integração na vida comunitária, o atendimento às suas necessidades, estimulando-a e sendo enriquecida por ela, transformando-se num mecanismo que facilita a "comunicação de consciências". Esse raciocínio, em 1959, tem a escola como centro, colocando-se como preocupação fundamental a integração entre alunos, pais e professores como forma de integração comunidade-escola. Já nos anos 60, ele tem a comunidade como ponto de referência, uma vez que enfatiza a educação política e dedica-se mais intensivamente ao trabalho com adultos. A educação é vista como instrumento a serviço da democratização que começa na comunidade, pela discussão dos problemas da vida dos indivíduos e do grupo social, pela discussão da existência numa "comunicação de consciências" que contribui para formar pessoas participantes num clima democrático-personalista e comunitário: para tal educação era preciso buscar, como diz o próprio Freire, um método ativo, transpondo para o plano comunitário e para a educação dos adultos alguns dos princípios fundamentais do escolanovismo. Dessa maneira buscou Freire — do mesmo modo que Guerreiro Ramos anunciou uma "sociologia nacional" e que Roland Corbisier defendia uma "filosofia nacional" — forjar uma pedagogia nacional, ligada à vida da comunidade local e nacional, refletindo as peculiaridades da "circunstância" brasileira de então.

Vejamos, porém, nos próximos itens, como a influência do culturalismo, do existencialismo, da fenomenologia, presentes na análise da realidade nacional e da realidade educacional, marca a maneira de pensar a relação pedagógica e a reflexão sobre democracia e sociedade de massas, à qual se prende de maneira profunda seu método de alfabetização.

3.4. Personalismo contra massificação

O tema da massificação, como já vimos, constituiu entre os anos 30 e os anos 50 um dos temas prediletos de muitos autores existencialistas e cristãos preocupados com a "ascensão das massas" e com os efeitos sociais e políticos do desenvolvimento da técnica no século XX, bem como com os regimes totalitários que, a partir dos anos 20, dominaram países como Itália e Alemanha e com a dominação stalinista na União Soviética. O tema foi abordado, por exemplo, por Gabriel Marcel e Simone Weil, mas o livro que maior ressonância encontrou ao tratar do assunto foi, sem dúvida, *La rebelión de las masas*, de Ortega y Gasset, publicado no início dos anos 30 e que se tornou um ponto de referência de primeira importância para toda a literatura posterior sobre o assunto, alimentando não apenas a reflexão dos autores citados na fase anterior, mas também a de Mannheim e de Karl Jaspers. Seguindo a tradição iniciada com Gustave Le Bon no final do século passado (a de uma "fenomenologia descritiva da massa"), Ortega marca, com seu livro, a identificação da "rebelião das massas" com os movimentos totalitários[159].

O ponto de partida da sociologia subjacente ao trabalho de Ortega é a distinção entre massa e elite. Essa divisão da sociedade não corresponderia às classes sociais porque, para Ortega, haveria — dentro de cada classe social — "massa e minoria autêntica". O que seria então a massa? "Massa, diz Ortega, é todo aquele que não valoriza a si mesmo (...) se sente como todo o mundo"[160]. Traduzindo-se na linguagem do existencialismo cristão, massa seria todo aquele que não se personaliza, sendo a massificação como fenômeno coletivo um impedimento à personalização dos indivíduos que compõem uma coletividade. A massa, porém, sempre existira. O fenômeno novo no mundo era o fato de que, em conseqüência da democracia (da hiperdemocracia, para Ortega), que permitiu à massa manifestar juízo político sobre assuntos públicos, e em conseqüência da técnica, que possibilitou à massa usar dos utensílios e gozar dos prazeres antes reservados às minorias qualificadas, ela passou

---

[159] Horkheimer, Max & Adorno, Theodor, (org.). *Temas básicos da sociologia.* São Paulo, Cultrix, 1973, cap. V.

[160] Ortega y Gasset. "La rebelión de las masas". In: *Obras completas.* 2. ed., Madri, *Revista do Ocidente,* 1961. vol. 4, p. 146.

a predominar e a dominar a sociedade. O predomínio desse "homem-massa", "instruído no especialismo sem conseguir ser um homem culto, incapaz de dar razões e mesmo de querer ter razão, incapaz de dialogar porque só conhece o poder da ação direta, presa fácil do fascismo e do bolchevismo, dirigido por homens medíocres e sem uma 'consciência histórica'", constituía uma séria ameaça no nosso tempo porque conduzia a uma "desmoralização radical da humanidade"[161]. O elitismo de Ortega, sua posição antidemocrática, sua visão de classe e seus preconceitos contra as classes dominadas da sociedade são evidentes. Essas idéias serviram, porém, tanto para apoiar posições igualmente elitistas, como a de Marcel, quanto para estimular a busca de instrumentos que permitissem combater a "massificação" numa "sociedade de massas", de maneira a tornar possível o funcionamento do regime democrático parlamentar. Tanto uma quanto outra posição foram defendidas a partir de preocupações personalistas comuns. Combater a massificação significava conduzir os indivíduos pelos caminhos da personalização, da humanização, fazendo com que cada um pudesse reconhecer o seu próprio valor como pessoa, num processo eminentemente educativo.

Esse processo de personalização é pensado por Marcel como algo somente possível no nível individual. Não vendo saída para o mundo criado pelo desenvolvimento da técnica e refugiando-se na sua condenação, refletindo ainda, como aliás também o próprio Ortega, sob o impacto do pessimismo culturalista, Marcel não ia além da preconização do trabalho junto à pessoa e do menosprezo à massa como "o humano degradado". O temor da época são "os totalitarismos", cuja origem não é buscada nos movimentos do capital, nas lutas entre suas facções e menos ainda na hegemonia do capital financeiro. Eles teriam-se tornado possível — e aí a interpretação de Ortega é de importância central — graças à "civilização técnica" e à democracia, que abriram espaço para a dominação política das massas. Ora, conforme já indicamos, como valorar o mundo moderno (e portanto a técnica) era um tema dominante desde há muito nos meios católicos, levantado em conexão com a valoração positiva ou negativa dos efeitos do Renascimento, da Reforma, da Revolução Francesa. Da valoração positiva desses três momentos da História nascia a aceitação do mundo moderno, da democracia, da so-

---

[161] Ibidem. pp. 219 e ss.

ciedade transformada pelo desenvolvimento científico e tecnológico. Jaspers, ao contrário de Marcel, vai partir dessa aceitação: o mundo moderno traria consigo riscos e perigos mas abriria também novas possibilidades ao progresso da humanidade. Se a técnica podia fazer que o homem se desarraigasse, que perdesse a tradição (tal como temia Simone Weil), que se tornasse uma peça da maquinaria, em suma, que se massificasse, ela era também um instrumento capaz de criar um novo "contorno" para o homem. A técnica como instrumento de dominação da natureza podia ser um fator de "domesticação" do homem, mas poderia também representar um passo para sua humanização. Era necessário lhe dar um sentido humano (o que, traduzido no Brasil da época, significava dar um sentido humano ao desenvolvimento, como enfatizara Padre Lebret), colocá-la não a serviço da "domesticação" do homem, mas de "uma ilimitada comunicação" entre os homens, sendo esta a própria essência da humanização[162]. Raciocínio semelhante aparece entre os brasileiros que pensaram sobre o assunto (Padre Vaz, Frei Josaphat) e certamente Freire foi atingido por essas idéias, difundidas entre a juventude católica (embora não seja possível identificar se ele, na época, teve acesso aos textos dos autores brasileiros ou não, pois ele cita os autores estrangeiros que foram igualmente lidos pelos brasileiros que trataram do tema), aí encontrando ele uma justificativa cristã para a sua adesão a posições desenvolvimentistas — já notórias desde a sua participação como relator do grupo pernambucano no II Congresso Nacional de Educação de Adultos em 1958.

A questão da massificação, levantada no contexto da discussão sobre a técnica e a democracia, deve ser considerada também em conexão com o personalismo: enfatiza-se o valor da pessoa em contraposição à massa. O personalismo desdobra-se, em certa medida, como antídoto contra a massificação — nada havendo de mais conseqüente, para os que se inserem nessa discussão, que a busca de uma pedagogia capaz de contribuir para a formação de pessoas e impedir a massificação dos indivíduos. A pedagogia de Freire deve ser vista como um resultado dessa busca. Neste autor, aquela questão é tratada junto com outras conexas: a do assistencialismo, a do desenraizamento, a da "fa-

---

[162] Jaspers, Karl. *Vom Ursprung und Ziel der Geschichte*. Munique, Piper Verlag, 1949. p. 41. Os termos entre aspas, alguns dos quais se popularizaram entre nós através da obra de Freire (como a "domesticação"), são empregados por Jaspers.

natização". Sua fonte principal deve ser buscada na obra de Karl Jaspers, mas as questões conexas deixam ver claramente a influência marcante de Simone Weil e de Gabriel Marcel.

Em nenhum momento Freire nos oferece uma definição clara e concisa do que ele entende por "massificação", mas ao longo dos seus escritos vão surgindo as suas características. Uma delas, fundamental, seria a alienação, identificada como a carência de uma consciência crítica. Indivíduos massificados desconheceriam a liberdade, predominando neles a emoção sobre a razão. Vemos, assim, que Freire segue diretamente a tradição que "postula uma essência primitiva da massa e da aversão desta pelos princípios da razão"[163], como encontramos de Le Bon a Jaspers. Esse homem primitivo, emocional, não é um sujeito ativo e responsável (uma pessoa), mas um objeto manipulado, ou porque nunca chegou à crítica e, portanto, à liberdade, ou porque alienou a liberdade conquistada ao aceitar idéias antidemocráticas. Educar para a liberdade é dar combate à alienação dos homens, é lutar contra a "mentalidade de massas" de que também fala Mannheim, resultado da industrialização. A reflexão sobre tal sociedade e sobre as possibilidades da vida democrática dentro dela está conectada diretamente à temática isebiana e à dos radicais católicos ao privilegiar a questão da consciência, suas formas e sua educação. Essa problemática domina a obra de Jaspers num contexto de aceitação do mundo moderno, da ciência, da tecnologia, da industrialização (ao contrário do que ocorria com Marcel), como também da aceitação da "ascensão das massas" como algo positivo (ao contrário do que ocorria com Ortega), desde que estas fossem preparadas para a participação na democracia representativa por uma educação (da consciência) para a liberdade, considerada como a meta final da História. Essa educação das massas para a cidadania confunde-se, pois, com a formação da sociedade civil: seu instrumento são os pequenos grupos por meio dos quais aprende-se uma "maneira democrática de viver", perceptível nas relações interpessoais e que se coloca como fundamento dos regimes políticos democráticos[164]: A educação contra a massificação é uma educação para a democracia.

---

[163] Horkheimer, Max & Adorno, Theodor (org.). *Temas básicos* da sociologia, op. cit., p. 82.
[164] Jaspers, Karl. *Vom Ursprung und Ziel der Geschichte*, op. cit., pp. 116, 211 e 222.

Em Freire o tema se coloca de forma análoga. A defesa do progresso, da industrialização, da urbanização, levantava a preocupação com o desenraizamento do homem que migra do campo para a cidade, com a perda das suas tradições, com a sua exposição à demagogia e à manipulação ampliada pelos meios de comunicação de massa — em suma, com a "massificação". Essa possibilidade estaria presente não apenas em razão da urbanização (um problema que chamava a atenção especial dos recifenses por causa do enorme crescimento da periferia do Recife nos anos 50), mas da própria industrialização. Diz Freire, inspirado nos europeus que assistiram à intensificação da industrialização na primeira metade do século: "A produção em série, como organização do trabalho humano é (...) um dos mais instrumentais fatores de massificação do homem no mundo altamente técnico atual"[165]. Era necessário pensar neste risco em função não apenas da industrialização do Sul do país, mas também da expectativa da industrialização do Nordeste criada pelo Grupo de Trabalho para o Desenvolvimento do Nordeste – GTDN e posteriormente pela Sudene. A industrialização se, por um lado, gerava a possibilidade de uma participação mais ampla, trazia em si também o risco do especialismo que limita a criticidade. Ela continha, como afirmava Jaspers em relação à técnica, possibilidades de humanização mas também de domesticação do homem. Como evitar esta última? Diz Freire: "A solução não poderia estar em deter-se a industrialização, mas em se tentarem caminhos da humanização do homem"[166], o que estaria ligado à formação de personalidades democráticas, de homens livres, preparados para a "maneira democrática de viver". A humanização se conectava, no pensamento de Freire, como no de Jaspers, com uma perspectiva política definida (a democracia parlamentar, a participação pelo voto), que coincidia com aquela defendida pelos isebianos.

A "massificação" é apresentada por Freire não apenas como resultado da industrialização mas, também, como conseqüência de um processo de dominação que impede o indivíduo de ser ele mesmo, de desenvolver as suas potencialidades. É massa, está massificado todo aquele que não se humanizou no exercício da responsabilidade. A massificação não seria, portanto, um fenômeno restrito às sociedades industriais: ela estaria presente em todas as situações que impedem a humanização.

---

[165] Freire, Paulo. *Educação e atualidade brasileiro*, op. cit., p. 37.
[166] Ibidem. p. 37.

Desse modo, Freire estende o conceito a qualquer sociedade, a qualquer situação, o que estava em completa consonância com a reflexão de caráter geral encontrada em Jaspers. A "massa" existiria também na sociedade arcaica, onde deveria ser igualmente combatida por uma educação para a "personalização". A dominação de que resulta a "massificação", porém, não é percebida fundamentalmente como dominação de classe: Freire fala de dominação em geral, que atinge todas as classes e determina, dentro de cada classe, quem é e quem não é massa — bem de acordo com a definição de Ortega. É massa aquele que não conquistou a "liberdade existencial" necessária a escolher por si mesmo, comprometendo-se com sua escolha e assumindo as responsabilidades a ela ligadas[167].

Apesar disso, ao oferecer exemplos concretos, Freire deixa ver que a dominação não está inteiramente desvinculada, em sua concepção, da estrutura social. Para ele, seria, por exemplo, o assistencialismo um instrumento privilegiado de dominação porque "rouba ao homem condições à consecução de uma das necessidades fundamentais da alma humana — a responsabilidade"[168], uma vez que implica passividade de quem o recebe e que impede a crítica. O assistencialismo — ligado ao paternalismo e ao autoritarismo —, ao manter a população como "massa", ingênua e manipulada, tornava-se um empecilho à mudança, à constituição da sociedade civil brasileira e, portanto, à democratização e ao desenvolvimento. Essa crítica do assistencialismo não estava apenas dirigida aos programas assistenciais (que, freqüentemente patrocinados pela Igreja, já haviam sofrido severas críticas da Ação Católica nos anos 50, a partir de uma perspectiva igualmente personalista), mas também às características da "sociedade arcaica" brasileira. A história brasileira seria a história do paternalismo, do autoritarismo, do assistencialismo praticado pelas oligarquias agrárias, que desse modo impediram que se formassem no Brasil os hábitos de servir ao bem comum, ao interesse público. Seguindo de perto as análises de Oliveira Vianna, ele considera que a polarização da vida econômica, social e política em torno de um pequeno número de famílias impedira a formação de

---

[167] Consultar Jasper, Karl. *Filosofia*. op. cit. tomo II. Muitas das idéias desenvolvidas neste livro de Jaspers, publicado em alemão em 1932, reaparecem em obras posteriores que foram mais divulgadas entre nós.

[168] Freire, Paulo. *Educação e atualidade brasileira,* op. cit., p.14.

mentalidades voltadas para o bem comunitário e para a solução dos problemas a partir da iniciativa da própria população. A solução vista por Freire é aquela dada por Oliveira Vianna em 1949:

> Estes hábitos de servir ao bem comum, diz ele, se incutidos metodicamente, acabarão penetrando o subconsciente do brasileiro transformando-se em sentimento: em sentimento do dever cívico, em sentimento do bem comum, em consciência coletiva, em preocupação dominante do interesse público — e a revolução estará feita[169].

Subjacente a tal solução está a psicologia das massas de Le Bon, da qual partem também os autores europeus aqui citados. Era preciso forjar a "alma" do nosso povo, formando simultaneamente a pessoa e o cidadão: o resultado de tal processo seria a revolução nacional, pacífica e ordeiramente realizada. Dela emergiria uma "sociedade moderna" que não só prescinde do assistencialismo, do paternalismo e — segundo o raciocínio de Freire — também do autoritarismo como instrumentos de dominação, mas que supõe mesmo a sua superação para poder funcionar adequadamente.

Freire nos oferece exemplo de um trabalho educativo para a participação antiassistencialista (e, portanto, igualmente, antiautoritária e não-paternalista), realizado por ele mesmo quando diretor do serviço educacional do SESI (Serviço Social da Indústria) em Pernambuco. Ele não coloca em questão a instituição e sua estrutura: o que está em questão é a forma de relacionamento humano e a participação nos grupos. Freire pretendia combater o caráter assistencialista do Serviço Social promovido pelos empresários para assistir aos operários industriais, fazendo que o operário dela participasse como coisa sua. As medidas tomadas foram desde a cobrança de taxas de manutenção dos serviços até o estímulo à co-gestão dos "clubes operários" do SESI durante os anos 50, organizados com o objetivo de chamar o operário ao debate sobre os problemas do seu bairro e da sua cidade, de modo a infundir-lhe "um sentido socialmente responsável"[170]. Essa ação em micronível contribuiria para a formação de "disposições mentais democráticas", for-

---

[169] Ibidem, p. 93.
[170] Ibidem. p. 15.

maria o cidadão: tratava-se de um trabalho educativo que visava fazer que os participantes, em última instância, fossem capazes de "tomar a coisa pública em suas mãos" (conforme Barbu). No entanto, a argumentação de Freire permanece atada, em grande medida, a esse micronível, como se pode observar na sua avaliação dos resultados do trabalho. Diz ele: "muitas das diretorias de clubes operários do SESI trabalharam incansavelmente. Consertaram dependências dos centros sociais. Conservaram aquele material. Deram lição de desprendimento. Mas, sobretudo, comprovaram a receptividade à liderança democrática a que responderam positivamente"[171]. O resultado era positivo porque traduzia uma "mudança de atitude" dos trabalhadores em relação aos centros sociais; a nova atitude é cooperativa e, na instituição em que tal processo ocorre, nada mais natural que vê-la numa perspectiva solidarista. Com efeito, em diversos momentos, Freire ressalta a importância da formação de "hábitos solidaristas" — embora nem sempre referidos diretamente à colaboração entre empregados e empregadores[172]. A participação nos centros sociais era simultaneamente instrumento e resultado da formação do cidadão, o qual apóia a liderança democrática. Esta poderia ter origem social diversa da dos trabalhadores — depreende-se do trabalho de Freire, pois, para ele, a experiência no SESI mostrava a necessidade da liderança conviver com o povo e seus problemas, de buscar a "comunicação existencial", a "intimidade com o povo", aprendendo a sua linguagem de modo a poder buscar com o povo a solução para os seus problemas e exprimir suas dores. Nesse processo é que o povo iria se promovendo, humanizando-se, deixando de ser massa.

Em 1963 Freire já não fala no assistencialismo apenas como fenômeno que está presente de maneira mais ou menos espontânea na sociedade em geral e nas instituições em particular, mas como parte de uma estratégia política de dominação. Serviria a tentativas de "amaciamento" do povo, sendo utilizado pelas "forças interessadas na não-transformação da sociedade brasileira em sujeito dela mesma"[173]: já então ele de-

---

[171] Ibidem. p. 20.

[172] Ibidem. p. 93 e Freire, Paulo. *Educação como prática da liberdade,* op. cit. pp. 92 e 94.

[173] Freire, Paulo. "Conscientização e alfabetização, uma nova versão do processo". *Estudos Universitários,* op. cit., p. 10.

nuncia a Aliança para o Progresso como um organismo que recorria ao assistencialismo como instrumento da luta antiimperialista. Vemos aqui que, ao contrário do que ocorria em 1959, quando criticava o "nacionalismo agressivo" (coincidindo, portanto, com a posição da hierarquia), Freire transita para posições claramente antiimperialistas sem chegar, no entanto, a ver o assistencialismo em função da luta ideológica numa sociedade de classes. Sua rejeição ao assistencialismo se faz mais em nome da "análise da situação fundamental do homem" com a qual ele abre seus trabalhos, do personalismo e da democracia que deve resultar do aprendizado para a liberdade, implícito no processo de personalização:

> Opomo-nos a (...) soluções assistencialistas — diz ele — (...) porque (...) contradizem a vocação natural da pessoa — a de ser sujeito e não objeto — e o assistencialismo faz de quem recebe assistência um objeto passivo sem possibilidade de participar no processo de sua própria recuperação (...) contradizem o processo de democratização fundamental em que estamos situados"[174].

Mas o homem estaria exposto a outras formas de massificação, entre as quais se coloca a "fanatização". Freire toma a Marcel o conceito de "consciência fanatizada" para caracterizar a consciência presa a mitos aceitos em conseqüência da predominância da emoção sobre a razão. Este tipo de alienação seria, para Freire, ainda mais ampla e profunda que aquela decorrente do assistencialismo, do paternalismo. Ela refletiria o temor à liberdade (tema, aliás, tocado por Jaspers, por Mounier e por Mannheim, este último inspirado — tal como Freire — também nos escritos de Erich Fromm), possibilitada pela crítica. Esse medo à liberdade é que faria que o homem preferisse a acomodação e não colocasse em questão os mitos, terminando por desembocar no sectarismo[175]. Ora, sabemos que o livro de Marcel *Les hommes contre l'humain,* do qual foi extraído o conceito de "fanatização", é um livro

---

[174] Ibidem. p. 10.
[175] Trataremos, no próximo item, da questão da "liberdade existencial", à qual muitos fugiriam. Vale, porém, notar aqui que esta reflexão está conectada com uma espécie de "análise fenomenológica da democracia e do totalitarismo", como a que encontramos nos livros de Zevedei Barbu (marcada por uma determinação culturalista do conteúdo de um e outro regime), citado por Freire no contexto.

que exprime o clima da Guerra Fria. A consciência fanatizada seria encontrada — segundo Marcel — tanto entre os fascistas quanto entre os comunistas, mas na verdade no pós-guerra tal conceito está voltado contra os segundos, em face da derrota dos primeiros; por isso mesmo, aquele é então interpretado como um "fascismo agravado". Ora, diante do processo de urbanização e de industrialização, numa sociedade em que as massas "são determinantes do acontecer", a "fanatização" colocava em risco o futuro democrático. Freire, como Marcel, atribui em 1959 tal consciência aos "sectários de direita e de esquerda", enfatizando, porém, a presença da fanatização entre as forças de direita, ao escrever depois da queda do governo Goulart. Ao pessimismo de Marcel, no que concerne à possibilidade de educar as massas, opunha-se a perspectiva esperançosa de Jaspers e de Mannheim bem como a de Mounier, cuja expressão "otimismo trágico" — também utilizada por Freire — tornou-se de uso corrente entre os radicais católicos na época: a educação era o instrumento que poderia fazer da História o resultado da ação comum de pessoas, da projeção de significações por subjetividades históricas que co-existem e se comunicam. À fanatização era necessário opor um trabalho em prol da personalização dos indivíduos.

Antes de passar a tratar dos aspectos mais diretamente pedagógicos das idéias de Freire, é preciso tentar situá-lo em relação aos jovens católicos aos quais ele se ligou no início dos anos 60. Para estes, era a questão da massificação igualmente central e eles encontram no método Paulo Freire exatamente um instrumento do personalismo contra a massificação. Em seus escritos, porém, Freire — mesmo já em 1965 — coloca lado a lado Marcel e Mounier, Weil e Padre Lebret, quando os primeiros destes pares, especialmente Marcel, haviam sido abandonados por muitos jovens quando da crítica ao maritainismo. Pertencendo a uma geração diferente daquela que, na Juventude Estudantil Católica – JEC e na Juventude Universitária Católica – JUC especialmente, percorreu o caminho que vai do maritainismo ao personalismo radical e socialista do último Mounier, Freire recebeu o impacto dessa evolução sem ter dela participado. Por isso ele é considerado pelos jovens como "um dos nossos", mas se mantém fiel a arraigados sentimentos anticomunistas (que haviam perdido força entre os jovens em conseqüência do contato direto com a Juventude Comunista em razão das alianças realizadas no movimento estudantil), facilmente perceptíveis nos livros de Marcel; ele se engaja politicamente pretendendo "participar e fazer história" como os jovens católicos de então, mas seus autores-fonte continuam sendo aqueles dos anos 50 e não se observa em seus livros até 1965 a presença de uma opção socialista, em função da qual ele pudesse realizar a crítica do isebianismo e do maritainismo. A compatibilização de Mounier com Marcel, com Weil, com ideais solidaristas, não era, no entanto, tão difícil. Freire parece ter-se ligado aos jovens que se apoiaram mais no jovem Mounier, aquele que se recusou a pensar em estratégias para a conquista do poder político, que via com grande desconfiança os grupos empenhados em tal tarefa (os "massificadores"), enfatizando a importância do trabalho educativo a longo prazo. Esse tipo de perspectiva não se chocava, para Freire, com as idéias defendidas por outros autores que o inspiraram: por exemplo, combinava bem com a proposta de Barbu de uma longa preparação pedagógica antes da "realização histórica"[176]. Não havia "acelerar a história", mas andar no seu ritmo; não havia possuir previamente um modelo de sociedade futura, mas trabalhar para a personalização dos indivíduos.

3.5. Síntese "existencial-culturalista" e "comunicação de consciências"

Ligada profundamente ao existencialismo cristão, a pedagogia de Freire não pode ser desvinculada, em suas origens, da sua interpretação

---

[176] Ao oferecer uma interpretação histórica calcada na psicologia social, Barbu coloca-se muito próximo a Ortega e aos culturalistas em geral. Para ele, "qualquer instituição democrática (...) está elaborada por uma série de inclinações, sentimentos, convicções e hábitos de pensamento na mente dos indivíduos, muito antes da sua realização histórica". Essas disposições, crenças, hábitos, idéias, que "constituem o esquema mental democrático", são elas mesmas um produto histórico-cultural ligado à "economia expansiva e racional" que caracteriza as "sociedades modernas": mas tal esquema mental assegura, por sua vez, o funcionamento e a sobrevivência da sociedade democrática. O consenso resultante de experiências, crenças, disposições compartidas pela maioria, é o fundamento legitimador dos regimes democráticos, idéia que muito bem se encaixava com aquelas que circulavam no ISEB. Ver Barbu, Zevedei. *Psicologia de la democracia y de la dictadura*, op. cit., pp. 30-1. O "esquema mental democrático" não se impunha do dia para a noite, mas era resultado de um longo processo formativo de indivíduos democráticos e da sociedade democrática.

da realidade e de seus ideais sociopolíticos. Ela tem como meta a libertação dos indivíduos e essa é pensada em dois níveis profundamente interligados. Num deles, sob forte inspiração de Jaspers, é pensada como "liberdade existencial", pela qual me descubro e me afirmo como pessoa[177], como possibilidades abertas de forma ilimitada, como sensibilidade às "polaridades e contraposições", como liberdade interior da qual resultam posições pessoais. É pensada como liberdade do espírito que se orienta pela razão e busca a verdade não-acabada na comunicação existencial com o outro[178]. Nela se formariam os homens radicais. Com efeito, Freire apresenta a formação do homem realmente livre, aquele que vai ao fundo das coisas, que não se deixa manipular porque submete sua ação à reflexão, que não se deixa massificar pela propaganda. O radical seria o oposto do sectário; infeliz possuidor de uma consciência fanatizada. Seria o homem capaz de pensar por si mesmo e fazer história sem pretender detê-la nem antecipá-la (na verdade, capaz de realizar uma "análise fenomenológica da realidade", de compreender o que aquela "fase" histórico-social demandava de sua ação, agindo em consonância com ela sem se deixar influenciar pelos que estão perdidos no ativismo). A "liberdade existencial" se conecta, pois, com uma liberdade pensada concretamente, em conexão com a análise da realidade e com ideais sociais e políticos, mesmo porque, até na reflexão de Jaspers, mais abstrata, a "liberdade existencial", enquanto liberdade de optar, de decidir, de interferir, se realiza através da "existência empírica", implicando, pois, o "esclarecimento da existência empírica" e a sua transformação mediante os atos que transformam a realidade e interferem na História[179].

---

[177] A liberdade seria, para Jaspers, a escolha de "mim mesmo", conquistada no momento em que tomo a resolução de ser "eu mesmo" na existência empírica, em que reconheço meu valor como ser humano, e tomo em minhas mãos meu destino: tal liberdade exprime-se em atos pelos quais sou responsável, sofro as conseqüências e que transformam a realidade. Ver Jaspers, Karl. *Filosofia*, op. cit., tomo II, pp. 37 e ss.

[178] Conquistar a liberdade é condição para aceitar a liberdade do outro e poder comunicar-me incondicionalmente com ele (ibidem. tomo II, pp. 42-3).

[179] Só aclaro a minha "existência" para mim (suas raízes e seus fins) na medida em que esclareço, pela análise, a existência empírica. Através dela descubro a "existência possível" e me disponho a transformar a realidade (ibidem. tomo I, pp. 36-7 e 39 e ss).

Em Freire a liberdade é também pensada como "liberdade existencial", como descoberta de "mim mesmo" como pessoa livre, capaz de optar e decidir sobre mim e sobre as coisas que me dizem respeito. A educação para a liberdade, nesse sentido, é uma educação contra a dominação (para a recusa de os outros decidirem por mim), mas esta é pensada como dominação de indivíduo sobre indivíduo e não de classe sobre classe. E uma educação que visa fazer que o indivíduo recuse a tutela, reaja ao autoritarismo e ao paternalismo; mas estes não são pensados como partes de uma ideologia de classe que tem uma função determinada na manutenção da estrutura socioeconômica. Aparecem como deformação da pessoa humana, como comportamentos moralmente condenáveis de indivíduos que — por meio deles — impedem a humanização daqueles com os quais interagem, impedindo, portanto, a realização do ideal cristão de construção de uma comunidade de pessoas. Essa liberdade se conquista no plano social pela participação que se exercita no micronível e se constrói no dia-a-dia. A sociedade então se transformaria a partir de um movimento de baixo para cima como "obra de um povo vivo" (conforme Mounier) e não como resultado da ação de minorias, de vanguardas. As condições políticas concretas poderiam, porém, facilitar ou dificultar esse processo de libertação. A democracia representativa, por exemplo, uma vez que cria oportunidade concreta para a participação político-eleitoral, atuaria como importante instrumento educativo. Nos anos 50, ele considerava que também a "reforma das empresas, com que se criem nelas 'avenidas' amplas para a participação do trabalhador"[180], seria igualmente um instrumento da educação para a liberdade.

Vemos assim que Freire não só leva muito pouco em conta os interesses de classe em suas análises, como considera de modo insuficiente a estrutura e seu papel na evolução das sociedades. A educação da população para a democracia, pensada sob inspiração de Mannheim, de Jaspers, abstrai reais mecanismos que impulsionam a História para concentrar-se na liberdade da pessoa que deveria resultar de um longo processo educativo. Este teria no diálogo, no entendimento entre as pessoas, o seu instrumento fundamental.

---

[180] Freire, Paulo. *Educação e atualidade brasileira*, op. cit., p. 37.

Em *Educação como prática da liberdade,* Freire refere-se à sua pedagogia como uma "pedagogia da comunicação", instrumento para combater o "desamor acrítico do antidiálogo"[181]. Mas desde *Educação e atualidade brasileira* o diálogo constitui a base da sua pedagogia. Sem dúvida influi sobre Freire o que Mounier diz ser a afirmação comum dos filósofos existencialistas cristãos, personalistas, e que foi enfatizada no Brasil por Padre Vaz: o "procedimento essencial de um mundo de pessoas é (...) a comunicação das consciências... a comunicação das existências"[182]. A comunicação existencial entre educando e educador que trocam suas experiências mediante um diálogo amoroso no qual entram em contato consciências livres aparece como a essência de uma pedagogia personalista que abre caminho para uma participação responsável das pessoas em todos os níveis. Esta é a posição fundamental dos personalistas, como se pode observar através ainda de Mounier: "a pessoa — diz ele — (...) se afirma no mundo da responsabilidade, da presença, do esforço (...) A consciência, função de *sursis* e garantia de lucidez, desempenha nesta atividade um papel incontestável"[183]. Como comunicação de consciências, o diálogo implica o reconhecimento do outro, o respeito pela sua dignidade, sendo possível somente entre pessoas. No nível social, ele é o fundamento da democracia[184], pois torna possível a comunicação interclasses. Implicando o reconhecimento do outro como sujeito, ele supõe que todos os envolvidos na comunicação podem ser razoáveis, podem usar a razão e não a emoção para decidir sobre os destinos da sociedade. Ele é também o fundamento de uma visão solidarista do problema político-social, abstraindo o fato de que os homens estão inseridos numa determinada estrutura e defendem seus interesses de classes considerando-os perfeitamente razoáveis e legítimos. Implica que, sendo razoáveis, os elementos das classes dominantes aceitarão mudanças progressivas, reformas que modificarão o *status quo;* implica também que as classes dominadas, sendo razoáveis, não aspirarão ao poder, não farão reivindicações irrealistas. Todos teriam uma atitude construti-

---

[181] Freire, Paulo. *Educação como prática da liberdade,* op. cit., p. 108.
[182] Mounier, Emmanuel. *Qu'est ce que le personnalisme?* op. cit., p. 52.
[183] Ibidem. p. 53.
[184] Nas palavras de Freire: "A nossa experiência (...) tinha que se fundamentar no diálogo, uma das matrizes em que nasce a própria democracia" (*Educação e atualidade brasileira,* op. cit., p. 14.

va em relação às instituições e à sociedade, o que implica aceitar — no fundamental — as estruturas existentes como legítimas. Ora, Freire efetivamente não as coloca radicalmente em questão. Falando em 1959 de sua experiência no SESI, ele deixa ver que acreditava no poder da aprendizagem do diálogo como fator de reeducação do homem comum para que corrigisse o seu desinteresse pelo bem comum que ele, Freire, acreditava caracterizá-lo. Por isso ele fala na

> (...) dialogação da instituição com o operário (...) dialogação que representava cada vez maior participação do operário na vida da instituição a que se ligava e com que, sobretudo, aprenderia a ver a coisa pública através de outras perspectivas[185].

O diálogo ajudaria igualmente a reforma social também porque por meio dele o trabalhador aprenderia a ser razoável, a ter paciência, a aceitar sacrifícios em nome dos futuros frutos do desenvolvimento (como, aliás, propunham os isebianos). O próprio diálogo mostraria ao trabalhador os limites "faseológicos" de suas reivindicações:

> Será a apropriação dessa perspectiva histórica, que ele incorporará à sua sabedoria, com o desenvolvimento da sua consciência crítica, na verdade, que o porá em condições capazes de compreender restrições de que às vezes resultam sacrifícios pessoais e coletivos e que, porém, são necessários ao interesse geral. Os resultados positivos desses sacrifícios, contudo, se situam, às vezes, até próximo[186].

Impedindo a fanatização, ou seja, a mobilização das massas em torno de uma liderança voltada para a luta no nível das instituições, para a conquista do poder, o diálogo criaria um clima de entendimento propício ao desenvolvimento e às reformas. Por isso mesmo, em 1959, Freire admite que o seu conceito de "dialogação" coincide com o de "parlamentarização" de Guerreiro Ramos, o qual pensava exatamente em termos de entendimento entre patrões e empregados que "parlamentam" e encontram soluções pacíficas para seus antagonismos,

---

[185] Ibidem. p. 18.
[186] Ibidem. p. 53.

como convinha a ideais social-democráticos, no quadro do desenvolvimento de um capitalismo nacional.

Mas Freire não pensava primordialmente no operário reivindicante. Ele pretende que o diálogo seja instrumento de transformação do homem servil e medroso, resultado do paternalismo e do autoritarismo, num homem capaz de intervir e participar usando para isso a razão e a crítica. Ele tem aí, em mente, o homem do campo que migrou para a cidade e — em conseqüência do "trânsito", da "transição" de fase — tem a possibilidade objetiva de adquirir uma nova forma de consciência. Ele tem também em mente as elites acostumadas a não se comunicar com o povo, a não dialogar. Também elas precisam ser razoáveis, tornando-se críticas em relação ao seu autoritarismo e ao seu paternalismo, aceitando de bom grado a interferência e a participação do povo na vida política. Freire traz para o nível da escola os mesmos princípios: também a relação professor-aluno estava calcada, como toda nossa vida social, sobre o autoritarismo, sobre o antidiálogo, sendo por isso também a escola assistencializadora, a escola adequada à sociedade arcaica. Era uma escola arcaica, anacrônica em relação aos novos tempos, ao "trânsito" brasileiro. Na aprendizagem da democracia era necessário introduzir na escola a "dialogação" entre alunos, pais e professores, fazendo que a vida escolar fosse assunto de todos os atores envolvidos, do mesmo modo que a vida política era assunto de toda a população.

Já nos anos 60, especialmente em seu artigo de 1963 e em *Educação como prática da liberdade,* pode-se perceber que Freire aproxima mais o seu conceito de diálogo dos existencialistas cristãos[187]. Na nota 5 do artigo de 1963, Freire fala pela primeira vez no diálogo como ato de amor. Diz ele: "(...) a comunicação dialogal nos parece, no mais puro sentido da expressão, um ato de amor. De amor viril, daí fecundante. O comunicado antidialogal é falso amor"[188]. Ele desdobra um pouco essa indicação de 1963 no livro publicado dois anos depois, afir-

---

[187] Antes disso o diálogo está referido à discussão sobre a democracia, remetido à obra de Barbu. Nos anos 60, é em Jaspers que ele irá apoiar-se para tratar da questão, sem deixar de identificá-la com uma prática ligada à sociedade moderna e democrática: a sociedade arcaica" caracterizava-se pelo antidiálogo.

[188] Freire, Paulo. "Conscientização e alfabetização, uma nova visão do processo". *Estudos Universitários,* op. cit., p. 108.

mando aí que o diálogo só é possível quando há amor pelo próximo e humildade diante dele, de modo a se fazer possível aceitar a opção do próximo[189]. O diálogo é o instrumento de combate da dominação e da massificação. Ora, nesse momento Freire já havia ampliado o seu contato com a obra de Jaspers apoiando-se explicitamente sobre ela. Que diz então Jaspers sobre a questão? Preocupado em combater Marx e Freud, e exaltando a razão como instrumento de tal empreendimento, ele afirma, no livro publicado pelo ISEB, que era preciso construir "uma comunidade de seres pensantes, sempre orientados para a liberdade". A razão, como instrumento capaz de "afrouxar os laços dogmáticos, os do arbitrário, da presunção, do fanatismo", seria o próprio "princípio da libertação (...) identifica-se com uma ilimitada vontade de comunicação", fazendo com o homem possa chegar mais perto da verdade: "não trago comigo a verdade — diz ele —, procuro-a em comum com o meu interlocutor, escuto, interrogo, ensaio". A razão é, assim, o "lugar dessa comunicação ilimitada (...) (mas) só mediante o amor ganhará força a comunicação"[190]. Mas não foi somente e talvez nem principalmente no livro traduzido por Vieira Pinto que Freire encontrou o tratamento dos problemas da comunicação humana. Em *Origen y meta de la história* Jaspers repete e desenvolve as mesmas idéias do livro anteriormente citado, apresentando o diálogo como forma de superar as próprias limitações: o aventurar-se na comunicação com o outro é apresentado como o mistério da humanização do homem, como um caminho de liberdade capaz de conduzir à verdade que não existe pronta e acabada mas que se constrói numa luta amorosa[191].

A tais idéias se reporta Freire na sua concepção do diálogo. O diálogo, define ele em 1965,

---

[189] Freire, Paulo. *Educação como prática da liberdade*, op. cit., p. 108.

[190] Jaspers, Karl. *Razão e anti-razão ao nosso tempo*. Rio de Janeiro. p. 52.

[191] Jaspers, Karl. *Vom Ursprung und Ziel der Geschichte*, op. cit., pp. 150, 198-99. Em *Razão e anti-razão no nosso tempo*, dizia Jaspers: "para a razão, na existência concreta temporal, a verdade está ligada à comunicação. Uma verdade sem comunicação é para ela idêntica à não-verdade. A verdade que não está concluída escuta a sua ressonância na comunicação e se examina a si mesma e ao outro. Diferencia-se de todo pensamento unilateral. Não sou eu quem traz a verdade, mas procuro a verdade em comum com quem me encontro, ouvindo, perguntando, investigando" (p. 52).

(...) é uma relação horizontal de A e B. Nasce de uma matriz crítica e gera criticidade. Nutre-se de amor (...). Quando os dois pólos do diálogo se ligam (...) com amor, com esperança, com fé um no outro, se fazem críticos na busca de algo. Instala-se, então, uma relação de simpatia entre ambos. Só aí há comunicação"[192].

Manifesta-se, assim, na pedagogia de Freire, a idéia — essencial em Jaspers — de que a captação racional e crítica de realidade, a busca da verdade só é possível pela comunicação de consciências, de existências, estimulada pela fé e transposta do plano das relações interpessoais ao plano da vida política, como se pode observar na citação feita por Freire do filósofo alemão:

> O diálogo, é, portanto, o indispensável caminho não somente nas questões vitais para a nossa ordenação política, mas em todos os sentidos do nosso ser. Somente pela virtude da crença, contudo, tem o diálogo estímulo e significado: pela crença no homem e nas suas possibilidades, pela crença de que somente chego a ser eu mesmo quando os demais também cheguem a ser eles mesmos[193].

A matriz existencialista-cristã da pedagogia de Freire, no nosso entender, só se esclarece definitivamente na leitura da obra de Jaspers. Ela se manifesta diretamente no método calcado sobre discussões, sobre o diálogo construído a partir de "palavras geradoras carregadas de sentido existencial" e que são o ponto de partida para a alfabetização: trata-se de colocar em discussão a "existência empírica", a "vida", por um método ativo, conectando facilmente concepções que têm sua origem não só no existencialismo mas também no vitalismo e no escolanovismo. Manifesta-se igualmente nas "fichas de cultura", pelas quais Freire — por meio do conceito antropológico de cultura — pretende promover a persona-

---

[192] Freire, Paulo. *Educação como prática da liberdade*, op. cit., p. 107.

[193] Jasper, Karl. *Vom Ursprung und Ziel der Geschichte*, op. cit., p. 276. A citação de Freire é tirada da tradução espanhola, da qual não dispomos, e está incompleta faltando a indicação da página. Fácil é ver que esta concepção do diálogo, inspirada em Jaspers, exige uma revisão da relação tradicional professor-aluno, nada sendo mais natural que a substituição do professor pelo coordenador de debates num círculo formado por adultos.

lização dos participantes, o reconhecimento por eles mesmos e pelos demais do seu valor como pessoa.

3.6. Culturalismo e "fichas de cultura"

As "fichas de cultura" não resultam apenas do existencialismo: elas têm a sua matriz igualmente no culturalismo. O chamado "conceito antropológico de cultura", a ser transmitido mediante a discussão das "fichas", prende-se simultaneamente à antropologia filosófica e à antropologia social. A cultura se define como "cultura ambiente", como conjunto de valores, idéias, crenças, hábitos, que assimilamos naturalmente porque, desde que somos gerados, somos nós mesmos e "nossa circunstância": percebemos, assim, o mundo a partir das referências dadas pela "circunstância", pela cultura. Esta se desenvolve pela ação do homem no mundo: tudo aquilo que ele cria se integra à cultura. Por isso, todo homem é culto, no sentido de que faz parte de uma cultura e ajuda a criá-la. Transposto para um raciocínio personalista, todos os homens têm igual valor como pessoa: é necessário ajudá-los na descoberta dessa verdade. Ora, a "circunstância" muda, o mundo da cultura é um "mundo em trânsito", e isso era especialmente perceptível naquele período da cultura brasileira: a mudança introduziria brechas nos valores e nas crenças, provocaria o anacronismo de algumas, a incongruência entre elas e a nova "fase" cultural. As características da cultura correspondente à sociedade arcaica haviam gerado homens que não eram livres, que não se reconheciam como pessoas. A mudança, o "trânsito", havia criado condições para colocar em questão as crenças sobre as quais se apoiava essa formação da consciência dos homens formados por aquela cultura: era necessário refazê-las de maneira compatível com a nova "fase" cultural, com as novas características da circunstância. As idéias de Ortega atravessam, assim, o método Paulo Freire, suas fichas de cultura, pela mediação isebiana que, neste caso, se dá a partir dos escritos de Roland Corbisier.

A "circunstância" tem uma dimensão natural e uma dimensão cultural, sendo a segunda o resultado do trabalho humano sobre a primeira. A distinção entre elas é o objetivo da primeira situação enfocada pelas "fichas de cultura". Diz Freire: "através do debate desta situação (...) se chega à distinção entre dois mundos — o da natureza e o da cultura (...). Percebe-se (o homem) (...) como um ser criador e recriador que (...) vai alterando a realidade" à medida que transforma o mundo, uma vez que trabalha movido pela necessidade[194]. Já na segunda situação o personalismo manifesta-se de maneira clara: seu objeto é a comunicação entre os homens, o "encontro entre consciências", o reconhecimento do homem como sujeito que pensa por si mesmo e rejeita a dominação. O diálogo "amoroso", humilde, esperançoso, crítico e criador", é o instrumento desse encontro, no qual se dá a análise do mundo que mediatiza a comunicação[195]. As "fichas" subseqüentes servem ao reforço e desdobramento das posições apresentadas pelas duas primeiras. Na terceira delas, em que se reforça a distinção entre natureza e cultura e em que se distingue a cultura letrada da cultura iletrada, apresentando toda educação como transmissão de cultura (deduzindo-se daí que todo homem é culto e educador), um exemplo utilizado é o de um índio caçador: exatamente o exemplo citado diversas vezes por Roland Corbisier. O problema da técnica é colocado na ficha que apresenta o caçador letrado, da qual se deduz que na "civilização da técnica" o homem precisa ser alfabetizado. A questão da técnica é abordada da maneira clássica entre os autores cristãos preocupados com o problema: ela só tem sentido à medida que contribui para a humanização do homem, para a sua libertação. Se isso ocorre, então é necessário apoiar o desenvolvimento, promovendo uma educação que o favoreça. O culturalismo aparece de maneira absolutamente clara na quinta situação em conexão com a distinção entre o homem e o animal: a diferença ontológica entre eles estaria no tato de que o homem faz cultura, usa a razão para transformar a natureza, enquanto o animal não a transforma porque age apenas em função do instinto. Além disso, a mesma ficha tinha como objetivo "estabelecer uma diferença faseológica" entre os dois caçadores — o letrado e o iletrado. Cada um deles, embora ambos cultos e educados, seriam produtos de "fases" culturais distintas. Pensada a questão em conexão com a sociedade brasileira, conclui-se que a nova "fase" para a qual se transitava, caracterizada pela indústria, pela técnica, exigia a presença de homens letrados. A sexta e a sétima ficha reforçam a idéia de que o homem cria cultura pelo seu

---

[194] Freire, Paulo. *Educação como prática da liberdade*, op. cit., p. 124.
[195] Ibidem. p. 126.

trabalho sobre a natureza, contribuindo para que aquele que participa do Círculo de Cultura reconheça o seu valor como pessoa. A oitava ficha permite reconhecer que o homem do povo também cria produtos culturais que não são resultado da ação direta sobre matérias naturais; ele faz poesia popular, discutindo-se então sobre a diferença entre cultura popular e cultura erudita — um tema que preocupou os radicais católicos nos anos 60. A penúltima ficha tem como objetivo colocar em discussão os costumes, os padrões de comportamento como manifestação cultural: tal discussão deveria pôr a nu a resistência à mudança como conseqüência de padrões de comportamento arraigados e a necessidade da sua crítica e da sua transformação em função da "transição de fase". Finalmente, a última ficha conecta todas as demais com o "quadro geral da 'democratização fundamental' que caracterizava o processo brasileiro"[196]. O Círculo de Cultura enfocado pela situação é em si mesmo visto como um produto desse quadro, que deveria permitir a participação de todos na vida política e a libertação da população das "falsas elites". Promovendo o reconhecimento do valor de cada pessoa, a discussão anterior retiraria — ao mostrar a relatividade da ignorância e da sabedoria — um dos fundamentos da manipulação dessas falsas elites, com o que se verifica, mais uma vez, que esta não é pensada em conexão com as relações de produção, mas como o resultado de uma determinada evolução cultural. Recoloca-se, então, a questão da alfabetização e de seu sentido como instrumento a ser adquirido para facilitar a comunicação e a participação, para a transformação do mundo, para a criação de novas formas de cultura.

O método de alfabetização de Paulo Freire nasce da discussão sobre a cultura realizada nos termos expostos pelas "fichas de cultura", visando à personalização dos participantes e à discussão dos problemas brasileiros nos Círculos de Cultura do Movimento de Cultura Popular (MCP) de Pernambuco. Os resultados das discussões — que enfocavam temas como nacionalismo, remessa de lucros, desenvolvimento etc., em grupos que contavam com um coordenador que as esquematizava e apresentava em forma dialogal com apoios visuais — foram o ponto de partida para a elaboração do método:

---

[196] Ibidem. p. 142.

Com seis meses de experiência — diz Freire — perguntávamos a nós mesmos se não seria possível fazer algo, com um método também ativo, que nos desse iguais resultados na alfabetização de adultos, aos que vínhamos obtendo na análise de aspectos da realidade brasileira[197].

A diferença entre as discussões no MCP e as propiciadas pelo método parece se dever ao próprio desdobramento das primeiras pelo método: enquanto as primeiras eram discussões sobre a realidade brasileira, passando os princípios personalistas e culturalistas por meio delas, o método de alfabetização permitiu deslocar as discussões sobre a realidade nacional para as "palavras geradoras", ou seja, para o processo de alfabetização propriamente, deixando toda a parte inicial para a transmissão de uma interpretação culturalista da história e de uma visão personalista do homem. As duas partes estão, evidentemente, relacionadas. Mas se vemos o método como um instrumento de formação de uma consciência crítica que é, simultaneamente, consciência do valor do homem como homem e consciência crítica da realidade nacional, a formação da primeira concentrou-se nas "fichas de cultura", enquanto para a formação da segunda foi reservado o processo propriamente alfabetizador.

---

[197] Freire, Paulo. *Educação como prática da liberdade*, op. cit., p. 103.

II. SOCIOLOGIA PRAGMÁTICA E PEDAGOGIA DA LIBERTAÇÃO

Citações de Mannheim por Paulo Freire em *Educação como prática da liberdade* fizeram que alguns se perguntassem em que medida haveria uma efetiva influência das idéias do pensador húngaro sobre Freire[1]. Lembro-me bem que mestrandas em Educação da PUC/RJ assumiram, no início da década, a tarefa de pesquisar se tal influência existia ou não e realizaram um seminário sobre o assunto na cadeira de Filosofia da Educação Brasileira: a conclusão a que chegaram foi a de que não havia uma proximidade especial entre as idéias dos dois escritores. Queremos aqui demonstrar exatamente a tese contrária[2], ou seja, a de que a sociologia da educação de Mannheim é um dos esteios das idéias pedagógicas de Freire à época da elaboração do seu método para a alfabetização e educação dos adultos.

---

[1] Não analisamos aqui o conjunto da obra de Freire mas somente aquilo que ele escreveu até 1964, quando na prisão ele reelaborou a sua tese de 1959 (*Educação e atualidade brasileira)*, publicando-a no ano seguinte sob o título de *Educação como prática da liberdade.*

[2] Dificultou a identificação de tal influência o fato de que o vínculo era buscado onde ele não se encontrava, ou seja, na sua sociologia do conhecimento (especialmente porque *Ideologia e utopia* havia sido publicado pela Zahar em 1968). Os ensaios de Mannheim que influíram sobre as idéias de Freire fazem parte de livros que só foram traduzidos mais tarde para o português. Ver Mannheim, Karl. *Diagnóstico do nosso tempo.* Rio de Janeiro, Zahar, 1973. Do mesmo autor: *Liberdade, poder e planificação democrática.* São Paulo, Mestre Jou. 1972. Ver, ainda, de Mannheim: *Ensayos de sociología de la cultura.* Madri, Aguilar, 1957.

143

1. Uma educação para a mudança

Não é possível entender a influência de Mannheim sem fazer referência à interpretação dada por Freire à realidade da época. Preso ao dualismo isebiano[3], Freire interpretava a "atualidade brasileira" de então como caracterizada pela transformação de uma "sociedade arcaica" numa "sociedade moderna": o "trânsito" brasileiro era exatamente a passagem de uma a outra sociedade, "de uma a outra época", nas suas palavras[4]. Transitávamos não apenas para uma sociedade industrial e urbana, mas para uma sociedade política em que efetivamente funcionava a democracia representativa e que, portanto, supunha a participação político-eleitoral de parcelas crescentes da população. A preocupação de Freire é a de desenvolver uma pedagogia adequada a essa mudança e ele explicita não apenas este seu propósito mas também a conexão entre esta motivação básica do seu trabalho e a sua interpretação da realidade: "diante das análises feitas (...) — diz ele — preocupava-nos encontrar uma resposta no campo da pedagogia às condições da fase de transição brasileira" que levasse em consideração o desenvolvimento econômico e a participação popular nesse desenvolvimento[5].

O desenvolvimento era interpretado por Freire, basicamente, como processo de mudança que possibilitava a democratização; esta, por sua vez, funcionava como motor de novas transformações uma vez que propiciava a formação de um tipo de homem que conscientemente contribuía para o processo de desenvolvimento[6]. A formação desse homem democrático exigia que se encontrasse um método de ensino

---

[3] Ver Freire, Paulo. *Educação e atualidade brasileira.* Recife, mimeo. pp. 9, 39, 104. Ver também o primeiro capítulo de *Educação como prática da liberdade* (Rio de Janeiro, Paz e Terra, 1965), e que se intitula "A sociedade brasileira em transição".

[4] Freire, Paulo. *Educação como prática da liberdade,* op. cit. p. 85.

[5] A democratização, afirmava Freire, envolvia "uma nota fundamental que lhe é marcante — a mudança. Os regimes democráticos se nutrem de termos em mudança constante. São flexíveis, inquietos; devido a isso deve corresponder, ao homem desses regimes, maior flexibilidade psicológica e mental, maior permeabilidade de consciência, que uma educação rotineira e acadêmica não pode oferecer". (ibidem, p. 90). Ver também Freire, Paulo. *Educação e atualidade brasileira.* op. cit. p. 34.

[6] Freire, Paulo. *Educação e atualidade brasileira.* op. cit. p. 34.

capaz de permitir ao indivíduo por ele atingido "apropriar-se do sentido altamente cambiante da sociedade e do tempo que ele está vivendo (...), a convicção de que participa das mudanças da sua sociedade"[7].

Uma pedagogia que respondesse às condições da "fase" de transição brasileira deveria permitir ao homem brasileiro "desenvolver sua capacidade de apreender o mistério das mudanças, sem o que será delas um simples joguete"; deveria propor ao povo "a reflexão sobre si mesmo, sobre o seu tempo, sobre suas responsabilidades, sobre seu papel no novo clima cultural da época de transição"[8], possibilitando a cada um modificar suas "atitudes básicas" diante da realidade.

Escrevendo durante o governo Kubitschek e nos anos subseqüentes, Freire podia facilmente estabelecer uma ligação entre riqueza, democracia e mudança, apoiando-se para isso em Lipset[9]. Em Mannheim, porém, ele foi encontrar essa temática desenvolvida de forma mais ampla, conectada com ideais sociopolíticos bem definidos e com uma psicologia social pensada, em grande medida, em função da educação das massas. Mas aquela ligação para Mannheim, como sociólogo que viveu a experiência alemã da primeira metade do século, não era mecânica: para ele, era necessário, a partir da constatação de que a nossa época se caracteriza por transformações econômico-sociais profundas e rápidas, criar condições para o estabelecimento e preservação da democracia. Claro está que ele aceita a idéia de que fatores exteriores ao indivíduo (como a divisão do trabalho ou o desenvolvimento econômico) provocam o aumento da riqueza e a aceleração da mudança, mas ele enfatiza a necessidade da formação de homens que rejeitam o autoritarismo porque foram educados para a participação democrática. Freire, por sua vez, não encontra dificuldades em seguir o raciocínio de Mannheim, sua argumentação contra o totalitarismo (tratando em conjunto fascismo e comunismo), não somente em razão da influência da literatura européia característica da época de combate ao stalinismo e ao nacional-socialismo e que nos chegava por meio dos mais variados

---

[7] Freire, Paulo. *Educação como prática da liberdade.* op. cit. p. 59.

[8] Ibidem, p. 86.

[9] Numa sociedade moderna "em transformação como a nossa, só uma educação para a mudança pode nos auxiliar. Mannheim, Karl. *Diagnóstico* do nosso tempo. op. cit. p. 79. Mannheim, Karl. *Liberdade, poder e planificação democrática.* op. cit. p. 319.

autores (de Gabriel Marcel a Hannah Arendt), mas especialmente porque ele identificava aqui (apoiado nas análises de Oliveira Vianna) os traços autoritários da "sociedade arcaica" brasileira a serem combatidos. A personalidade democrática precisava ser aqui construída tanto quanto na Europa, porque a democracia era ameaçada não apenas pelo totalitarismo moderno mas também pelas forças que traziam "as marcas de ontem".

Tanto para Mannheim quanto para Freire a reforma da educação e a reforma da sociedade andavam de braços dados, como parte de um mesmo processo em que se deviam refazer as instituições sociais e o comportamento dos indivíduos, num ajustamento contínuo a novas situações[10]. Coloca-se, então, para nós, uma questão: se esses dois autores concordam em linhas gerais nos seus objetivos pedagógicos, haveria também certa proximidade entre seus ideais sociais e políticos? Além disso, em que outros pontos se mostraria a proximidade entre os dois autores, indicando certa influência de Mannheim sobre Freire?

Comecemos aqui por expor a posição de Mannheim. Não sem razão afirma Kurt Lenk que Mannheim desenvolve uma sociologia pragmática a serviço da ordem capitalista[11]. Com efeito, toda a mudança pensada por Mannheim não ultrapassa os limites daquele modo de produção: ao contrário, ele identifica a possibilidade de sobrevivência da democracia com um regime de livre concorrência e pensa na mudança fundamentalmente como a aceleração da transformação tecnológica e suas conseqüências. Para ele, a livre concorrência compeliria o indivíduo a ajustar-se à sua situação particular e a tomar iniciativas sem esperar ordens, contribuindo, portanto, para a formação de homens livres que precisariam agir de forma racional e com uma "consciência contínua da mudança social[12].

Ao regime de livre concorrência corresponderia uma sociedade política pluralista, na qual os indivíduos são instados a cada momento

---

[10] Lenk, Kurt. *Marx in der Wissenssociologie.* Neuwied Luchterhand, 1972. p. 39.

[11] Ver Manheim, Karl. "O impacto dos processos sociais na formação da personalidade". In: Cardoso, Fernando Henrique. *Homem e sociedade.* São Paulo, Ed. Nacional, 1968. pp. 283-5. Ver do mesmo autor: *Ensayos de sociología de la cultura.* op. cit. p. 147.

[12] Ibidem. p. 174.

a rever as suas premissas, elevando-se sobre o fatalismo e o fanatismo[13].

Mas essa sociedade não comportaria — pela sua extensão — a democracia direta: "o sistema de governo dos modernos Estados territoriais de caráter democrático é a democracia *representativa* (grifo de Mannheim)", em que a direção política está nas mãos de uma minoria; nelas a democracia é assegurada pelo fato de que todos os indivíduos têm "ao menos a possibilidade de fazer sentir suas aspirações de tempos em tempos"[14].

Mas exatamente porque se apóia sobre a participação político-eleitoral das massas, a democracia representativa corre o risco de degenerar-se, caindo na manipulação propagandística. O meio de evitá-lo seria formar um número sempre crescente de individualidades autônomas e promover a sua manifestação política, democratizando a educação e a cultura. Indivíduos livres resistiriam à massificação. Além disso, ampliar-se-ia a base de seleção da minoria dirigente, da vanguarda encarregada de dirigir a sociedade.

As posições expostas até aqui foram defendidas por Mannheim nos seus escritos dos anos 30. Interessa-nos saber, porém, em que medidas elas permeiam também os livros mais freqüentemente citados por Freire[15] (escritos na década seguinte) e nos quais Mannheim trata de forma mais desdobrada dos problemas educacionais, na tentativa de desenvolver uma "teoria da personalidade democrática". Uma diferença em relação aos anos 30 não pode ser descurada: Mannheim já não defende como antes a "livre concorrência", não somente porque ele reconhece agora que "o indivíduo não se ajusta por si só" e que a competição conduz ao egocentrismo e não à cooperação[16], mas especialmente porque — afirma ele — na "Grande Sociedade", na sociedade moderna de grande extensão e dominada por monopólios, os controles se desintegram, o processo eleitoral se vicia, os métodos criadores de

---

[13] Ibidem. p. 254.

[14] Ibidem. pp. 173 e 243.

[15] Os *Ensayos de sociologia de la cultura* foram escritos nos anos 30, enquanto os dois outros livros são dos anos 40, e *Liberdade, poder e planejamento democrático* foi organizado, a partir dos escritos de Mannheim, por Adolph Lowe depois da morte do escritor húngaro em 1947 e publicado pela primeira vez em 1951.

[16] Mannheim, Karl. *Liberdade, poder e planificação democrática.* op. cit. pp. 232 e 245.

consenso dificilmente podem ser preservados. Em suma, as grandes organizações características do nosso tempo impediriam a auto-regulação da sociedade, algo que era possível à época do *laissez-faire*, que ele agora considera produto de uma situação transitória, na passagem do "mundo paroquial" à"Grande Sociedade".

Não sendo mais livre a concorrência, fazia-se necessário encontrar meios para preservar a liberdade que antes a ela se vinculava; mas tampouco o socialismo era para ele uma solução. Sua proposta é a de uma "terceira posição", a do planejamento democrático — que se apóia sobre a forma de organização político-social inglesa e sobre princípios muito próximos aos da social-democracia alemã de hoje[17]. O planejamento democrático permitiria realizar reformas sociais baseadas no consenso criado conscientemente entre grupos sociais antagônicos, de modo a evitar a luta de classes, a desintegração, a revolução, promovendo a justiça social sem necessidade de uma ditadura[18]. Para tanto, seria necessária uma "democracia militante"[19], a ser mantida por número crescente de personalidades democráticas, preparadas para aceitar as mudanças progressivas através de uma educação social adequada.

O planejamento democrático contribuiria também para evitar os efeitos negativos de um fenômeno típico do nosso tempo: o desenraizamento das massas, em conseqüência dos fenômenos da urbanização e da mecanização. Nas metrópoles, arrancadas de suas comunidades de origem, as massas perdem a sua parcela de participação na ordem social, tornando-se disponíveis à manipulação, presas fáceis da propaganda por terem "medo à liberdade", por não saberem o que fazer com as novas possibilidades que lhe são oferecidas pela nova situação[20]. Uma das grandes tarefas educacionais do século seria a de combater o "com-

---

[17] Para Mannheim a Inglaterra e os Estados Unidos, por sua tradição democrática e moral religiosa, deveriam oferecer as bases para a nova ordem social do planejamento democrático. Diz ele: "Os povos anglo-saxões, com sua longa e profunda herança democrática, têm a boa sorte de poder oferecer o esquema de reorganização e lançar os alicerces de um Mundo Novo". Mannheim, Karl. *Liberdade, poder e planificação democrática.* op. cit., p. 18.

[18] Ibidem. especialmente os Capítulos II e V.

[19] Mannheim, Karl. *Diagnóstico, do nosso tempo.* op. cit. pp. 16 ss.

[20] Ver a "Nota sobre a obra de Karl Mannheim" escrita por Gerth e Bramstedd (In: Mannheim, K. *Liberdade, poder e planificação democrática.* op. cit. pp. 14-21). Consultar também as pp. 83 ss. do mesmo livro.

portamento massificado", preparando as massas para aceitar as inevitáveis mudanças trazidas pela sociedade moderna[21].

Retornamos aqui à questão central da mudança. Acompanhá-la sem riscos para a ordem social implicava possuir certos princípios básicos firmes e estes seriam determinados pela religião:

> *(...) re-ligare* — escreve Mannheim nos anos 40 — significa "atar fortemente" a uma causa suprema aquilo que fazemos (...). Neste sentido, a religião significa entrelaçar os atos e as responsabilidades individuais com uma corrente mais larga de experiência comum[22].

Na passagem da pequena comunidade à "Grande Sociedade", era preciso que algo "atasse fortemente" os homens e sua ação para que fosse evitada a desintegração das pessoas e das instituições. Dessa forma, Mannheim tenta responder a questões semelhantes àquelas que se colocara Ferdinand Tonnies, considerado o fundador de uma sociologia cristã; mas, ao invés de defender — como Tonnies — a tradição e o imobilismo, a "comunidade" contra a "Grande Sociedade", ele ressalta o lado positivo da mudança, as possibilidades de ampliação da experiência que ela traz consigo. As regras do cristianismo, diz Mannheim, foram construídas a partir da vida em pequenas comunidades; o problema do mundo moderno seria como traduzir tais regras, tais princípios, para as condições atuais. Para isso, ele vê somente um caminho: o retorno às fontes da experiência religiosa, de modo a possibilitar o renascimento da religião como movimento popular em favor da transformação social[23].

---

[21] Mannheim retoma idéias de Le Bon e de Ortega y Gasset, vendo como a maior ameaça a qualquer democracia "o regresso ao comportamento de multidão ao estado peculiar às massas" (Mannheim, Karl. *Liberdade, poder e planificação democrática*, op. cit., p. 212). Em *Diagnóstico do nosso tempo*, op. cit., pp. 82-3), certamente não é por acaso que Mannheim dá o exemplo do que pode ocorrer com um velho camponês.

[22] Mannheim, Karl. *Liberdade, poder e planificação democrática*, op. cit., pp. 36-7.

[23] "Os valores cristãos são os valores de um grupo primário, foram originalmente expressos em termos de uma comunidade de vizinhança em um mundo agrário, condições em que imperam os contatos pessoais" (Mannheim, Karl. *Diagnóstico do nosso tempo*, op. cit., p. 181).

A defesa da religião por Mannheim certamente cria uma disposição positiva para a leitura e assimilação de suas idéias por parte de educadores cristãos. Em *Educação como prática da liberdade*, Freire reafirma a sua condição de cristão e ressalta a importância do *religare*, do sentido mais profundo da religião como ligação do homem com o Criador, para que esse homem possa respeitar o próximo e atuar com segurança no domínio da história e da cultura. No mundo moderno, a religião seria a fonte de valores básicos capazes de orientar o homem em sua ação em meio à mudança[24].

Tal como na obra de Mannheim, também em Freire o problema central é o da mudança e a própria referência à religião prende-se a ele. A mudança é valorizada e desejada: ela corresponderia à passagem do mundo descrito por Oliveira Vianna (o mundo rural) à sociedade ideal da era Kubitschek, a sociedade urbana, industrial, moderna. Noutras palavras, a mudança pensada por Freire é a que corresponde à passagem do mundo paroquial do interior à Grande Sociedade urbana. Assim Freire pensa a mudança dentro das estruturas existentes: sua posição é (como a de Mannheim) progressista, pela modernização, sem colocar explicitamente em questão o modo de produção capitalista. Pode-se dizer até mesmo que encontramos aí implícita a afirmação de tal modo de produção. Era o desenvolvimento (capitalista) observado no país nas últimas décadas que provoca especulações sobre como mantê-lo e acelerá-lo, tornando mais rápida a passagem da "sociedade arcaica" para a "sociedade moderna".

Os limites em que a mudança é pensada por Freire, até o início dos anos 60, ficam ainda mais claros quando vemos que, para ele, a mudança exige reformas sociais que devem ser promovidas mediante o consenso entre grupos e classes sociais. Não é a luta que determina a transformação social, mas o esclarecimento das classes dominantes a respeito da funcionalidade das reformas às novas características da "fase" histórico-cultural atravessada pelo país e das demais classes a respeito não somente de tal funcionalidade mas da sua importância enquanto meio para o atendimento de alguns dos seus interesses e a conquista de seus direitos (especialmente direitos políticos). É a conciliação e não a luta de classes o motor da mudança social, e se ele reco-

---

[24] Freire, Paulo. *Educação como prática da liberdade*, op. cit., p. 40.

nhece a existência de contradições e luta na sociedade brasileira, estas não ocorrem entre classes sociais com interesses não-conciliáveis, mas entre grupos de homens que se colocam contra ou a favor da mudança[25]. A mudança baseada no consenso é comandada pela razão, devendo, portanto, ser realizada pacificamente. Este não era apenas o ideal de Mannheim, mas também o desejo e a expectativa de grande parte da intelectualidade no final dos anos 50 e início dos anos 60: o que se costumava chamar de a "Revolução Brasileira" não era mais do que um processo de transformação político-social pacífico correspondente à modernização da estrutura produtiva do país através do processo de substituição de importações. Aqueles que se colocassem contra tal processo não eram mais que indivíduos irracionais, incapazes de ouvir a voz da razão, fanáticos e sectários[26], que dificultavam o consenso porque lhes faltava flexibilidade mental para colocar em questão as suas próprias posições.

O consenso, como fundamento das reformas na democracia representativa, era alcançado exatamente pela prática democrática, pela discussão dos problemas, e se exprimiria pelo voto. A concordância sobre questões práticas em benefício da ação comum visando reformas amplas seria alcançada num Parlamento eleito democraticamente; mas ela supunha o exercício anterior da democracia pela população, especialmente o seu exercício na vida diária, na solução dos problemas da pequena comunidade e na relação interpessoal. Para assegurar tal prática, era preciso vencer a emocionalidade e substituir a sugestão emocional, a imitação, a obediência pela discussão racional e pelo respeito ao próximo. Assim se exprime Mannheim. Mas acaso propõe Freire algo diferente? Também ele pretende uma educação para a mudança e

---

[25] Ibidem. p. 50.

[26] As referências e ataques aos sectários, fanáticos, irracionais, permeiam a obra de Mannheim. Ele ataca os "sectários que perturbam o consenso" ("O impacto dos processos sociais na formação da personalidade", op. cit., p. 283), opõe ao fanatismo a tolerância democrática e investe contra os "sectários e fanáticos" (*Liberdade, poder e planificação democrática,* op. cit., pp. 265 e 280), ressalta a necessidade de elevar-se sobre o fanatismo e o sectarismo (*Diagnóstico do nosso tempo,* op. cit., p. 174). Também Freire dedica algumas páginas do seu trabalho aos sectários (*Educação como prática da liberdade,* op. cit., pp. 51 ss.) e conecta sectarismo e irracionalismo com a categoria de consciência fanatizada, tomada a Gabriel Marcel (ibidem p. 64).

para a democracia como preparo para a participação no processo eleitoral[27]: o homem livre, racional, escolhe, ao votar os representantes das forças modernizadoras, derrota politicamente a "sociedade arcaica", entrega o poder político àquelas forças capazes de levar avante as reformas. Ele escolhe racionalmente seus candidatos aos cargos eletivos na medida em que opta pelos que irão lutar, no Parlamento ou no governo, pela mudança, pelo avanço da "sociedade moderna", pelas reformas de cunho social-democrático.

Que a participação popular na vida política não deve ultrapassar os limites colocados pelo modelo acima indicado, Freire deixa claro tanto em sua tese de 1959 (quando afirma que "o processo educativo precisa evitar a exacerbação da emocionalidade como a da criticidade")[28] quanto em 1965 (quando ele propõe uma educação que advertisse o homem dos "perigos do seu tempo")[29]. A educação deveria contribuir para o surgimento da consciência crítica; esta, porém, não deveria ir tão longe a ponto de colocar em questão o modelo democrático representativo. Coerente com tal posição — e tampouco divergindo de Mannheim —, ele afirma que a direção da sociedade cabe a uma minoria. O papel da educação em geral e da alfabetização em particular seria ampliar a base a partir da qual essa minoria é selecionada e oferecer-lhe maior legitimidade. Caberia, porém, a essa minoria, participar e ampliar o diálogo com as massas, de modo a poder defender seus direitos e exprimir corretamente suas aspirações, lutando para criar condições para sua realização por meio das reformas. Essas elites seriam detentoras de privilégios, certamente, mas a esses corresponderiam deveres para com as massas e para com a nação. Seus privilégios em geral não são contestados. O que Freire combate é a sobrevivência de privilégios "inautênticos" (privilégios dos representantes da "sociedade arcaica"), ultrapassados pela fase de desenvolvimento atingida pelo país. Existiriam, pois, privilégios justificados, correspondentes às "condições faseológicas" da sociedade brasileira de então[30].

---

[27] A orientação que marcou a aplicação prática do método — com a ênfase recebida pelas palavras geradoras voto-povo, utilizadas praticamente em todos os experimentos realizados — era a tradução concreta dos ideais políticos que estavam por detrás da sua elaboração.

[28] Freire, Paulo. *Educação e atualidade brasileira*, op. cit., p. 59.

[29] Freire, Paulo. *Educação como prática* da liberdade, op. cit., pp. 89-90.

[30] Ibidem. pp. 47-9 e também p. 87.

A "fase" caracterizada pelo desenvolvimento, pela industrialização e urbanização, criava condições para a participação política de sempre maior número de pessoas mas trazia consigo também novos riscos.

Com a migração para a cidade, criavam-se para o migrante condições objetivas que permitiam a libertação dos vínculos (com a "sociedade arcaica") que o impediam de pensar adequadamente e de atuar segundo a sua vontade. Mas essa liberação das condições que favoreciam o paternalismo e o autoritarismo abria caminho tanto para um possível "trânsito para a liberdade", para o livre pensar e para a livre escolha, quanto para a massificação. As novas condições, desconhecidas até então, gerariam insegurança e temor à liberdade possível; a busca de segurança poderia conduzir muitos à massificação, ou seja, à manipulação por parte de lideranças não-comprometidas com a mudança, à manutenção ou aceitação de novas formas míticas de interpretação do mundo. Não sabendo o que quer nem o que pensa ao chegar à cidade, o homem vindo do campo, arrancado de suas condições de vida tradicionais, perde suas raízes e pode ser esmagado pela impotência diante do seu novo mundo. Ao invés, então, de lutar pela transformação da sociedade, pela conquista de novos direitos, ele se deixa controlar por demagogos que não defenderão seus interesses ao serem eleitos[31].

Também a industrialização em si mesma era considerada por Freire um fator que aumentaria o risco da massificação. Tal preocupação parece, no entanto, estar mais presa à influência da literatura européia desenvolvida desde o aparecimento do célebre livro de Ortega y Gasset *A rebelião das massas* (temendo Freire — tal como Mannheim — o efeito da "civilização industrial sobre o comportamento das massas urbanas") e à expectativa da industrialização da região em face do efetivo crescimento industrial de outras partes do país, do que à reflexão sobre a realidade nordestina de então. Por isso mesmo, conta muito mais entre as suas preocupações a questão da urbanização, pois ele se defronta diretamente com o inchaço do Recife durante os anos 50.

A massificação só poderia ser vencida pela "democratização fundamental" da sociedade, da promoção da participação da população na vida política, para a qual contribuiria a democratização da educação.

---

[31] Tal como Mannheim, Freire também cita Fromm e se refere freqüentemente à "fuga à liberdade" como resultado da insegurança oferecida pela vida urbana (ibidem. p. 44).

153

"O primeiro passo para superar a massificação — dizia Mannheim — poderia consistir na criação de numerosas comunidades reduzidas que proporcionariam a todos os seus membros a oportunidade de chegar a conclusões individuais responsáveis"[32], por discussões sobre os problemas da comunidade e do país. A prática da democracia começaria então pela base, pelo diálogo pautado no respeito mútuo tendo como objetivo a aprendizagem, a participação. Não é esta, acaso, a posição de Freire? Ele mesmo nos afirma que sua preocupação central era a "democratização fundamental" tal como fora pensada por Mannheim[33] e para isso ele organizou, no Movimento de Cultura Popular de Pernambuco, grupos para debates dos problemas da comunidade: os Círculos de Cultura e os Centros de Cultura. Se tais grupos conduziram a pensar num método de alfabetização e se transformaram em classes para a alfabetização de adultos, é porque este era o instrumento para elevar seus membros analfabetos à cidadania política, algo cuja importância é enorme se a participação através do voto é privilegiada. Mas ser alfabetizado ou ser culto (no sentido de erudição) não era garantia da capacidade de fazer uso adequado da razão. A experiência de vida era reconhecida tanto por Freire quanto por Mannheim como fonte de sabedoria e de cultura, e dela se deveria partir nas discussões que conduziriam à alfabetização e ao adequado equacionamento dos problemas da comunidade.

Antes de passarmos a outros pontos nos quais podemos igualmente identificar a proximidade entre Freire e Mannheim, queremos fazer algumas observações a respeito das numerosas citações feitas por Freire do autor romeno Zevedei Barbu e que a nosso ver corroboram posições fundamentais de Mannheim. A obra mais citada de Barbu[34] trata exatamente dos problemas enfocados por Mannheim (autor ao

---

[32] Mannheim, Karl. *Diagnóstico do nosso tempo*, op. cit., p. 276.

[33] Freire, Paulo. *Educação como prática da liberdade*, op. cit., pp. 104-6.

[34] O livro de Zevedei Barbu, *Democracy and dictatorship: their psychology and patterns of life* (publicado em espanhol sob o título de *Psicologia de la democracia y de la dictadura*, Buenos Aires, Paidós, 1962), parece ter impressionado vivamente Freire. Ele o cita seis vezes em *Educação e atualidade brasileira* e cinco vezes em *Educação como prática da liberdade*. Neste, Freire faz duas referências a um outro livro do mesmo autor (*Problems of historical psychology*), mas estas têm o mesmo teor daquelas tiradas do livro anterior (referem-se às disposições mentais necessárias à democracia).

qual ele explicitamente também remete) e por Freire. Tratando do problema da democracia como uma "forma de adaptação do grupo" que se opõe a formas totalitárias (reunindo, como todos os demais autores da mesma orientação, sob tal termo, fascismo e comunismo, e tomando como exemplos típicos ideais para sua análise o comunismo soviético e o nazismo), ele se preocupa com os problemas colocados pela mudança no mundo moderno. As citações que Freire tira de sua obra estão, em geral, referidas aos efeitos da mudança sobre os indivíduos, ao tipo de homem mais adequado para viver no mundo-moderno: a mente humana hoje precisa adaptar-se a um mundo complexo e cambiante e por isso deve mais do que nunca usar a razão, evitando o domínio nas opções que o homem se vê obrigado a fazer. Definida por Barbu como a "essência da democracia"[35], a mudança havia de forjar disposições mentais por ela mesma exigidas, formando homens inquietos, flexíveis, capazes de dialogar e de fazer escolhas racionais. Tratava-se, no fundamental, da formação da "personalidade democrática", tal como encontramos na obra de Mannheim.

2. Indicações para uma psicologia pedagógica

Freqüentemente ouvimos referência a uma "psicologia pedagógica implícita" na obra de Paulo Freire; o mesmo podemos encontrar entre os comentadores da obra de Mannheim. Como já indicamos anteriormente, Mannheim tenta forjar uma "teoria da personalidade democrática" incorporando ao seu raciocínio (ainda que superficialmente) elementos da psicologia e da psicanálise. A questão que ele se coloca é: como formar pessoas com abertura espiritual, disponibilidade para a

---

[35] Tanto quanto Mannheim e Freire, também Barbu encontra um lugar especial para a religião num mundo caracterizado pela mudança, apresentando a democracia como "uma forma ética de vida". Ver Barbu, Zevedei. *Psicologia de la democracia y de lad dictadura*, op. cit., p. 15. Para ele, havia uma possibilidade de adaptação democrática à mudança em "situações de facilidade" e uma adaptação totalitária (regressiva, no caso do fascismo, e progressiva, no caso do comunismo) a "situações de tensão". A aceitação da mudança como natural (exigindo flexibilidade mental e disponibilidade permanente para a readaptação) seria essencial para o funcionamento dos regimes democráticos.

cooperação e para a mudança, para a aceitação da crítica, para a rejeição das imposições autoritárias e para a contraposição a elas através do uso da razão? Em suma: como formar a "personalidade democrática"?

Em primeiro lugar, era necessário difundir na comunidade o ideal da personalidade democrática acima descrito, de modo que as pessoas buscassem atingi-lo na sua prática de vida em comum. Mas isso não bastava. Era necessário criar situações sociais e um ambiente cultural propicio à formação e preservação de tal personalidade. E tudo isso dependia de uma educação social que — por intermédio da escola ou de outras organizações — ajudasse a quebrar a apatia e despertar o interesse pela participação na vida política.

O tipo de comportamento correspondente à "personalidade democrática" seria um comportamento "integrador", característico de pessoas conscientes que conseguem transmudar seus diferentes enfoques no intuito de cooperar num sistema de vida em comum. "Comportamento integrador" seria apenas um termo científico para denominar de forma conjunta "tendências latentes que sempre estiveram presentes nas idéias de democracia e tolerância"[36]. Implicaria fundamentalmente responsabilidade social, tolerância para os desacordos, respeito ao próximo (evitando a manipulação). Chegar-se-ia a ele à medida que as pessoas aprendessem a lidar racionalmente com seus problemas e, a partir daí, com os problemas da comunidade: nesse processo de aprendizagem, havia de considerar os obstáculos de natureza psicológica que impedem ou dificultam o uso da razão na solução dos problemas. Tais obstáculos resultariam, em grande medida, do fato de que a formação da personalidade é marcada pela família, pelo grupo primário. A promoção de transformações no comportamento e na personalidade dos indivíduos adultos passaria, por isso, pelo trabalho com grupos primários. Tais grupos, formados por pessoas que vivem os mesmos problemas, propiciariam ocasião para a liberação das emoções ligadas aos problemas (pessoais e sociais) e facilitariam, no plano emocional, a compreensão intelectual da sociedade, ao mesmo tempo em que ofereceriam a oportunidade para a sistematização da experiência social dos seus participantes[37].

---

[36] Mannheim, Karl. *Liberdade, poder e planificação democrática*, op. cit., p. 265.
[37] Ibidem. p. 318.

A função catártica dos grupos — estimulada pelo uso de técnicas de "análise em grupo" — seria essencial no combate aos padrões irracionais (como tabus, idiossincrasias, formas de pensamento mágico) que dificultam a vida moderna. Esses padrões irracionais desapareceriam à medida que, pela catarse, fossem sendo trazidos à consciência os mecanismos inconscientes que os produziam e que têm sua origem não somente na constelação familiar de cada um mas em toda a configuração das instituições sociais[38], abrindo caminho para a sua superação. A vitória da razão deveria então manifestar-se no plano social e político como conseqüência da ação dos indivíduos liberados. A participação nos "grupos primários" facilitaria a integração comunitária e a adoção de regras de mutualidade em relação com o próximo. E como para Mannheim toda transformação resulta do comportamento dos atores sociais, a integração, a democracia, se alcançaria à medida que um maior número de pessoas se comportasse de forma integradora, evoluindo portanto para um tipo de "personalidade democrática". Se a formação desta depende em parte das instituições, por outro lado é a ação das personalidades democráticas já formadas que possibilita a mudança das instituições, de maneira a torná-las adequadas à formação de um número sempre maior de tais personalidades.

Encontramos em Freire a mesma preocupação com a formação de personalidades democráticas, de homens livres e cooperativos. Formá-los seria o mesmo que educar para a liberdade, num processo de educação social e não apenas escolar, que se realiza através das discussões em pequenos grupos. Por meio delas chegar-se-ia não apenas ao esclarecimento da estrutura social e dos mecanismos presentes no processo de mudança social, mas também (e antes dela) à libertação dos meios inconscientes, dos padrões de pensamento mágico que aprisionam o indivíduo e dificultam a sua participação política e seu engajamento em favor da mudança. Manifesta-se aí o sentido catártico abrigado pelo seu método de conscientização e alfabetização de adultos: o processo de aprendizagem é mais rápido e mais eficiente na medida em que os participantes do grupo, partindo de seus problemas imediatos, trazem à consciência seus temores, seus sentimentos de inferioridade, suas formas de pensamento mágico, libertando-se deles pela liberação

---

[38] Mannheim, Karl. *Diagnóstico do nosso tempo.* op. cit., cap. V.

das emoções a eles ligados e do simultâneo esclarecimento intelectual de suas causas sociais. Tal processo observa-se de modo especialmente claro na discussão do conceito de cultura, cujo objetivo é exatamente a derrubada dos mitos que impediam a percepção da igualdade fundamental de todos os homens. Por outro lado, o que Freire considera como ideal do comportamento democrático, resultado de todo esse processo de liberação, se assemelha muito ao que pensa Mannheim: vencida a irracionalidade, brotaria um comportamento "orgânico", em sintonia com a realidade em mudança, integrador (não ajustador ou acomodador). Integrando-se ao espírito da sua época e de sua sociedade é que o homem poderia reconhecer as suas tarefas fundamentais[39] e isso só é possível no momento em que o homem deixa de ser dominado pelos mitos, em que a razão passa a predominar sobre a emoção. O processo pelo qual isso ocorre Freire denomina de conscientização.

3. A conscientização

Tanto Mannheim quanto Freire indicam que a educação de adultos, nos dias de hoje, seria "uma das mais importantes pedras angulares" da obra educativa[40], porque ela permite ajudar o indivíduo adulto a reorientar sua personalidade e a desenvolver padrões de comportamento "orgânico", integrador. Chegar-se-ia a este resultado por meio de um trabalho de conscientização. O que seria, porém, a conscientização?

A proximidade entre o conceito de *"awareness"* de Mannheim, a conscientização isebiana e a conscientização proposta por Freire pode ser facilmente percebida[41]. Para Mannheim, uma "democracia militante" dependia de certo grau de *"awareness"* em questões sociais. Diz ele:

---

[39] Freire, Paulo. *Educação como prática da liberdade.* op. cit. p. 43.

[40] Mannheim, Karl. *Liberdade, poder e planificações democráticas.* op. cit. p. 238.

[41] O próprio Freire nos indica que os neologismos "conscientizar" e "conscientização" nasceram no ambiente isebiano, referidos fundamentalmente à passagem de uma consciência ingênua a uma consciência crítica da realidade. Ver Freire, Paulo. *Questions to answer for Miss Smith.* Ecumenical Press Service. mimeo., p. 1.

(...) por *"awareness"* não entendo um mero acúmulo do saber. Quer na vida do indivíduo, quer na da comunidade, consciência significa capacidade para perceber prontamente o conjunto da situação em que a gente se encontra, e não só para orientar a ação de acordo com tarefas e fins imediatistas, mas para baseá-las em uma visão mais global. Um dos modos concretos como essa consciência se expressa é o diagnóstico correto da situação[42].

Existiriam, porém, diferentes graus de consciência, dependendo "tanto da situação do indivíduo ou de um grupo, como uma nação, por exemplo, saber qual o grau desejado, qual o grau que pode ser conseguido e como este será conseguido". Sua necessidade variaria de acordo com o ritmo da mudança social e a natureza dos conflitos que o acompanham[43]. Essa idéia coincidia com a convicção dominante no ISEB no que concerne à consciência desejada para os trabalhadores: o grau de consciência desejada era que possibilitava às massas identificarem-se com os objetivos do capitalismo nacional e com a nação como entidade acima das classes sociais. A conscientização isebiana visava à "consciência da realidade nacional", que poderia passar pela consciência de classe mas não se "detinha" nela, porque devia reconhecer como prioritários os problemas apresentados pela "fase" do desenvolvimento brasileiro, conduzindo a uma identificação com o interesse nacional. Ora, para Mannheim, um autor que afinal influiu profundamente sobre o pensamento isebiano, a "consciência" efetivamente não se confunde com consciência de classe: esta seria uma "consciência parcial" e ele teria em mente uma "consciência total", que implicaria a percepção da situação global num dado período da história (numa "fase" histórica). Tampouco Freire visa à consciência de classe. Ele pretende a obtenção de um tipo de consciência que permitisse a percepção da situação global do país de modo a gerar ações que promovessem o desenvolvimento nacional e consolidassem a democracia parlamentar. E tal percepção comportaria graus diversos. O ideal seria o máximo de consciência possível naquele momento histórico: no final dos anos 50, por exemplo, seria aquela capaz de assegurar a contribuição ao desenvolvi-

---

[42] Mannheim, Karl. *Diagnóstico do nosso tempo*, op. cit., p. 81.
[43] Ibidem. pp. 82-4.

mento do país[44]. Seus limites são estabelecidos também pelo conteúdo da conscientização (identificado pelos temas escolhidos para discussão nos grupos de alfabetização e educação de adultos[45]), uma vez que tal conteúdo orientava a reflexão sobre a situação nacional. Além disso, Freire em 1959 tinha claro até onde deveria ir a participação popular na vida política (e, portanto, a conscientização que a ela deveria conduzir), ao afirmar que se deveria estar atento aos perigos contidos no "ímpeto dessa participação", de modo a não colocar em risco a estabilidade e o equilíbrio da vida político-social[46]. Tal como Mannheim, ele deseja a conscientização para facilitar a mudança, a modernização, dentro dos limites do modo de produção vigente.

Por outro lado, porém, tanto para Freire como para Mannheim a conscientização se desvincula de um conteúdo específico para definir-se como processo de formação de mentes abertas a novas idéias e novas interpretações da realidade (adequadas à "fase" histórico-cultural atravessada pela realidade em transformação). Nesse sentido, a conscientização se concentra nos mecanismos mentais que asseguram a liberdade de pensamento e o uso da razão. No entanto, se nos damos conta de que ambos os autores viam o regime democrático parlamentar como forma ideal de organização política, devemos concluir que esse aspecto da conscientização prende-se a ideais liberais.

4. Mannheim, Freire e o ISEB

A influência da sociologia da educação de Mannheim sobre a pedagogia de Paulo Freire, como procuramos demonstrar, não está desvinculada da influência do conjunto da obra do sociólogo húngaro sobre o seu pensamento. Mas ela deve ser entendida num quadro de referência mais amplo e que é dado pela ideologia isebiana dos anos 50.

Freire aceita não apenas os ideais sociais e políticos defendidos pelos isebianos, mas também a sua interpretação da realidade brasileira

---

[44] Freire, Paulo. *Educação e atualidade brasileira*, op. cit., p. 28.
[45] Consulte-se a lista de temas a serem debatidos a partir das palavras geradoras em *Educação como prática da liberdade*, op. cit., pp. 146-9, de Paulo Freire.
[46] Freire, Paulo. *Educação e atualidade brasileira*, op. cit., p. 103.

de então. Ora, se tais ideais bem como os princípios orientadores daquela análise foram cunhados sob influência de um grande número de sociólogos, economistas e filósofos, foi na obra de Mannheim que os isebianos encontraram um catalisador das variadas tendências que ecoaram sobre o seu trabalho. Evitando a crítica dos princípios da sociedade e buscando indicar estratégias que permitissem à sociedade capitalista evoluir pacificamente num mundo caracterizado pelo rápido desenvolvimento tecnológico (a Europa dos anos 30/40) e pelas conseqüentes mudanças no nível da organização social, Mannheim sintetiza — mediante propostas práticas e de análises realizadas com sentido pragmático — o que outros autores que influíram sobre os intelectuais do ISEB indicavam de forma abstrata. A sociologia de Mannheim não se chocava com o pensamento sociológico de Pareto e Max Weber, nem com as idéias de Spengler e Toynbee, no nível da interpretação histórica; tampouco criava dificuldades à influência dos culturalistas alemães como Alfred Weber e Max Scheler (o representante da nossa antropologia filosófica alemã) ou dos filósofos da existência de orientação vária, de Ortega y Gasset aos existencialistas maiores como Sartre, Heidegger e Jaspers. Ao contrário, como indica Adorno, suas idéias combinavam muito bem com a nova antropologia alemã e com a filosofia da existência[47]. Ora, muitas dessas influências podem ser identificadas também na obra de Freire: elas são filtradas pela produção intelectual isebiana ou da leitura direta daqueles autores[48].

Também a orientação iluminista dos intelectuais que pretendiam esclarecer as diversas classes sociais a respeito da importância do desenvolvimento como forma de atender a seus interesses específicos, iluminando especialmente a burguesia industrial ao ofertar-lhe a ideologia adequada à sua atuação naquela "fase" histórico-cultural brasileira, encontrava amplo respaldo na obra de Mannheim. Eles se reconheciam como "inteligência socialmente desvinculada", capaz de resumir em si

---

[47] Adorno, Th. "Das Bewusstsein der Wissenssoziologie". In: Lenk, Kurt. *Ideologie.* Neuwied, Luchterhand, 1971. p. 324.

[48] Ressalta, entre outras, a influência direta exercida sobre Freire pelas obras de Ortega y Gasset e de Karl Jaspers. Um exemplo de assimilação indireta pode ser encontrado na adoção da idéia — extraída da obra de Alfred Weber — de que a História é composta por "fases" (histórico-culturais) que cada comunidade atravessa no seu desenvolvimento.

mesma "todos os interesses que permeiam a vida social" e de descobrir uma posição que lhe permitisse uma "perspectiva total" na interpretação da sociedade brasileira e na proposição de soluções para os seus problemas[49]. Uma vez formulada a "síntese válida" das aspirações dos diversos grupos e classes sociais, cabia-lhes fazê-la penetrar "nos mais amplos setores da vida social", para que adquirisse "raízes naturais na sociedade, a fim de colocar em ação o seu poder de transformação"[50]. Os corolários desse iluminismo que pretende a transformação social dentro dos limites do sistema, de forma racional, ordeira e pacífica, são claros. Por um lado, ele supõe que a razão pode substituir o poder como instância determinante da evolução social[51], uma vez que a inteligência dele se aproxima para indicar o caminho; por outro, a educação recebe ênfase especial como instrumento que propaga a razão e, portanto, promove a mudança social. O uso da razão permitira aos intelectuais chegar à "síntese válida" isebiana: era necessário pois difundi-la entre a classe dominante (estimulando a burguesia industrial a assumir o seu "papel histórico", estabelecendo sua hegemonia política, e convencendo a burguesia agrário-comercial a aceitar a mudança), entre as classes médias (especialmente entre aqueles seus representantes que formam os quadros intermediários do setor público e das grandes empresas privadas[52], capazes, portanto, de influir sobre a política econômica dos governos), e entre as classes "populares". Publicações, cursos, seminários poderiam ser os instrumentos para atingir as classes dominantes e a classe média; outros deveriam, porém, ser encontrados para que fosse possível atingir as massas[53]. A educação destas era de

---

[49] Mannheim, Karl. O conceito de "inteligência socialmente desvinculada" (*freischwebende Intelligenz*) foi cunhado por Alfred Weber e desdobrado por Mannheim. Ver *Ideologia e utopia*. Rio de Janeiro. Zahar, 1968. p. 180.

[50] *Ibidem* p. 179.

[51] Adorno, Th. "Das Bewusstsein der Wissenssoziologie" In: Lenk, Kurt. *Ideologie*. op. cit. p. 326.

[52] Abreu, Alzira Alves de. *Nationalisme et action politique au Brésil: une étude de l'ISEB*. Paris, Tese de doutoramento. 1975. pp. 112 ss.

[53] As formas de atingir as diferentes classes sociais não diferem muito daquilo que foi pensado por Mannheim. Já vimos suas idéias em relação à educação das massas através dos grupos primários constituídos nas comunidades e nos bairros. Para atingir as classes dominantes, os intelectuais, ele propõe o surgimento de "instituições especializadas de ensino superior" nas quais a ciência política fosse estu-

grande importância na estratégia isebiana, porque seu voto era essencial para a realização de suas propostas política e econômico-social: conduzi-las à razão era levá-las a ver a justeza das teses isebianas, ou seja, realizar um trabalho de "clarificação ideológica" (conforme Vieira Pinto). Pretender fazer valer a razão, alcançar o consenso nacional e colocar o Estado a serviço do desenvolvimento nacional-capitalista implicava reconhecer como central a questão da educação e da organização ideológica das massas[54].

Já vimos que a questão do desenvolvimento nacional constitui uma preocupação central de Freire até meados dos anos 60. Vimos também que ele não discute a questão relativa ao modo de produção no qual aquele desenvolvimento deveria ocorrer, nem vê os limites da democracia representativa. Em que medida podemos, no entanto, atribuir a ele uma orientação iluminista como a que dominou a reflexão isebiana? Acaso não é Freire reconhecido como pedagogo não-diretivo?

Se tomamos a tese apresentada em 1959, na qual Freire reafirma constantemente a sua concordância com a ideologia isebiana, encontramos a defesa clara de uma posição iluminista e diretiva. As massas, afirmava ele citando Vieira Pinto, precisavam cooperar voluntária e conscientemente para o desenvolvimento; se tal não ocorresse, de nada valeria a promoção do desenvolvimento pelo poder público. Somente um trabalho educativo que promovesse "o progresso da ideologia na consciência nacional" poderia ajudar: comunidades "ideologizadas" (penetradas pela ideologia do desenvolvimento nacional) muito poderiam fazer para a superação do subdesenvolvimento, porque orientariam seus esforços no sentido de apoiar as iniciativas das forças moder-

---

dada como ciência das decisões políticas e nas quais se oferecesse uma educação política calcada no estudo das "matérias históricas, legais e econômicas, requeridas para uma orientação crítica, a técnica objetiva de dominação das massas e a formação e o controle da opinião pública". Ver Mannheim, Karl. *Ideologia e utopia*, op. cit., p. 207.

[54] Somente mediante "um esforço ideológico e de organização de núcleos de coordenação e esclarecimento sociais — diz ainda Jaguaribe — (...) se poderá constituir a grande unidade nacional para o desenvolvimento, formando correntes de idéias e de interesse (...) capazes de transcender a limitação partidária e apoiar unitária e maciçamente os principais programas de desenvolvimento". Ver Jaguaribe, Helio. *Condições institucionais do desenvolvimento*. Rio de Janeiro, 1958, p. 53.

nizadoras[55]. "O que é preciso — escrevia Freire — é aumentar-lhe (do povo) o grau de consciência dos problemas do seu tempo e de seu espaço. E dar-lhe uma 'ideologia do desenvolvimento'. E o problema se faz então um problema de educação. 'De educação e organização ideológica'", conclui ele, citando Jaguaribe[56].

O iluminismo e a diretividade de 1959 recuam consideravelmente em *Educação como prática da liberdade*. Em 1965, Freire evita identificar-se explicitamente com o nacionalismo-desenvolvimentista (que, aliás, já não encontrava muitos adeptos), embora reconheça que o ISEB representara um momento muito importante no despertar da consciência nacional. Apesar disso, sua interpretação da realidade permanece quase intocada; seus ideais sociais e políticos apresentam-se com as mesmas roupagens num discurso que muito se assemelha ao de seis anos antes. Os autores citados são os mesmos, a mudança (o desenvolvimento, o "trânsito" para a "sociedade moderna") continua sendo uma de suas preocupações centrais. Porém, ele já não fala mais em "dar" uma ideologia à massa; ao contrário, ressalta o negativo de tal "doação" e a importância da conquista do direito à fala, à participação. No entanto, a temática escolhida para os debates nos Círculos de Cultura apresenta cunho nitidamente nacionalista e desenvolvimentista e a aplicação prática do método indicava a presença de boa dose de diretividade[57].

---

[55] Freire, Paulo. *Educação e atualidade brasileira*, op. cit., p. 19.

[56] Ibidem. p. 28.

[57] Sobre os temas escolhidos para o debate consultar Freire, Paulo. *Educação como prática da liberdade*, op. cit., p. 103. Ver também, do mesmo autor, "Conscientização e alfabetização — uma nova visão do processo". *Estudos Universitários*, Recife, n. 4, abr.-jun., 1963. Sobre a aplicação prática do método, vale a pena trazer o depoimento de uma das coordenadoras de debates na experiência de Angicos, que entrevistamos em Natal no início de 1977: "Todos tínhamos, na época, inclusive o próprio Paulo Freire, muitas ilusões. Pensávamos que o povo iria dizer quais eram os objetivos de toda aquela mobilização, ao mesmo tempo em que tínhamos a democracia representativa como modelo. Na verdade, não era o povo que iria dizer qual regime político era melhor para ele: ele era preparado para participar, no nível eleitoral, do processo de decisão. O povo era valorizado até o momento de votar; daí por diante tudo cabia ao Estado (...). Além do mais, na aplicação, tudo estava permeado de nacionalismo (...). As discussões nas classes eram por nós minuciosamente preparadas em reuniões nas quais discutíamos os objetivos diários. Assim, já sabíamos o que iríamos explorar nas aulas, quisessem os alunos ou não. A democracia era sempre apresentada como o ideal e a ela se chegava através do voto".

Apesar disso, observamos que as idéias pedagógicas e o método Paulo Freire de alfabetização de adultos tornaram-se nos anos subseqüentes sinônimos de não-diretividade. Observamos também que essa caracterização independe do que diz Paulo Freire no livro escrito para justificar teoricamente o método e que a força de sobrevivência da sua pedagogia parece muito dever a uma recôndita porém identificada não-diretividade. Não devemos, naturalmente, subestimar o efeito do seu livro *Pedagogia do oprimido*[58], no qual Freire procurou liberar-se do seu universo de pensamento do período anterior, na sedimentação da imagem não-diretiva da sua pedagogia. Mas isso não explica tudo. A questão que se coloca é: quais são os elementos contidos nas suas idéias e/ou na sua prática pedagógica ainda nos anos 60 que permitem aquela caracterização, mesmo porque ela é anterior ao lançamento do livro acima indicado. Mais do que isso: como explicar que um discurso pedagógico de cunho liberal seja amplamente percebido como de esquerda? Quais são os elementos presentes nesse discurso, contidos nos limites de um modo de pensar isebiano, mannheimiano, que permitem ir além dele, que sustentam uma releitura à luz da prática pedagógica ou sob o impacto de novas influências?

Há quem veja na "democratização fundamental" de Mannheim, elementos a serem aproveitados numa reflexão sobre a democracia que se coloca bem à esquerda daquele sociólogo. E o caso de se perguntar: seria a reflexão dos que pretendem a superação do modo capitalista de produção sobre a democracia tão pobre que faz necessário "salvar" certas idéias de Mannheim do seu contexto original, em que a tônica é dada pelo objetivo de fazer perpetuar o capitalismo? Mas, uma vez que nos defrontamos com a efetiva presença de suas idéias e categorias, se o autor que as utiliza desloca seus ideais sociais e políticos sem ter ainda clareza a respeito de seus novos ideais nem romper com o universo teórico anterior, ele possivelmente introduz novas conotações no "aproveitamento" das categorias que lhe são familiares. Em Freire, a "democratização fundamental" certamente ganhou um colorido mais radical em conexão com, pelo menos, três fatores: o crescimento da influência da filosofia da existência e do pensamento católico e a sua própria prática pedagógica no início dos anos 60.

---

[58] Freire, Paulo. *Pedagogia do oprimido*. Rio de Janeiro, Paz e Terra, 1974.

O crescimento daquelas influências pode ser observado pela leitura comparada dos trabalhos de Freire de 1959 e 1965 e ele parece ligado à sua aproximação dos grupos de jovens católicos que se encaminharam para posições radicais naquele período. Estes estavam impregnados de idéias não-diretivas no que concerne às relações intelectuais/massa, inspirando-se no existencialismo cristão. A ênfase sobre a necessidade de respeitar cada homem e sua liberdade faz que a preocupação com a "massificação" se torne, fundamentalmente, crítica da manipulação: a liberdade responsável deve manifestar-se nos planos social e político, sem que caiba aos intelectuais ditarem ao povo seus ideais ou imporem à sua consciência um determinado conteúdo. A conscientização limita-se aí àquele aspecto já indicado tanto em Freire quanto em Mannheim: à aquisição de mecanismos mentais que facilitem a crítica. Até onde ela vai e qual o seu conteúdo são questões que concernem fundamentalmente à massa e não aos intelectuais. Uma vez reconhecida a sabedoria popular, era necessário tirar desse reconhecimento suas conseqüências mais profundas: dela deveria provir a orientação social e política. Por outro lado, o deslocamento — nos meios católicos — da discussão do "ideal histórico concreto" para a "consciência histórica", permitia ver a "transitivação da consciência" como aquisição da consciência histórica. E como a discussão sobre a realidade nacional passou a incluir a questão da dominação, a conscientização da realidade nacional podia fazer-se também conscientização da dominação e da violência, de que a história é a história da dominação e da necessidade de sua superação. Com isso queremos apenas indicar que a possibilidade de assimilação por parte de Freire de algumas posições defendidas nos meios católicos jovens implicava uma revisão das idéias defendidas em 1959, mas não exigia necessariamente um completo rompimento com elas. Em *Educação como prática da liberdade,* o que temos é uma reelaboração superficial da sua tese: ele introduz aí indicações de uma evolução que se deu na prática, mas não as trabalha teoricamente.

Absorvido pelo trabalho prático desde a criação do seu método, restara a Freire pouco tempo para o trabalho teórico, e quando a queda do governo Goulart o obriga a parar, ele precisa recuperar o seu ponto de partida em 1959. Estamos, efetivamente, diante de "um atraso relativo da teoria"[59]. Freire não pudera ainda digerir as novas influências e

---

[59] Weffort, Francisco. "Educação e política (Reflexões sociológicas sobre a pedagogia da liberdade)". In: Freire, Paulo. *Educação como prática da liberdade, op cit.,* p. 3.

incorporar teoricamente novas posições; por isso, sua consciência teórica já não dava conta de toda a sua prática[60] e ele carecia, naquele momento, de instrumentos teóricos e metodológicos que possibilitassem uma reinterpretação da realidade e uma revisão profunda do seu discurso pedagógico. Um esforço mais conseqüente nessa direção ele o fará mais tarde e *Pedagogia do oprimido* é o seu resultado. Mas os que vêem em *Educação como prática da liberdade* a expressão de uma pedagogia não-diretiva e de esquerda, precisam, para poder fazê-lo, saber ler suas indicações passando por cima do modo de pensar herdado nos anos 50.

---

[60] Ver Gramsci, Antonio. *Concepção dialética da história*, 2. ed. Rio de Janeiro, Civilização Brasileira, 1978, p. 20.

III. CONSCIENTIZAÇÃO E POPULISMO

Quando nos propomos a discutir o significado da conscientização na pedagogia de Freire e conectamos essa discussão com aquela relativa ao populismo, nosso quadro de referência é a questão da democracia e do autoritarismo, tal como ela foi abordada ao longo dos anos 50, especialmente pela produção dos intelectuais que deram ao Instituto Superior de Estudos Brasileiros (ISEB) sua feição característica. A nossa proposta deixa perceber, de imediato, uma das teses deste trabalho: aquela que postula ser a pedagogia de Freire, fundamentalmente (embora não apenas isto), a tradução pedagógica da ideologia isebiana. Esta tese não é nova: ela foi formulada por escrito, sem maior esforço de demonstração (sugerindo existir sobre ela, então, certa evidência ou consenso) e sem contestação do próprio Freire, por um auxiliar direto do educador pernambucano no Serviço de Extensão Cultural (SEC) da Universidade do Recife. Afirmava Jarbas Maciel, no início dos anos 60, que o método Paulo Freire era, "na perspectiva que nos abre a filosofia desenvolvimentista nacional, uma das poderosas ferramentas da práxis que estava faltando ao ISEB[1].

---

[1] Maciel, Jarbas. "A fundamentação do sistema Paulo Freire de educação". *Estudos Universitários,* Recife, n. 4, 1963, p. 26. Observe-se que este artigo foi publicado juntamente com outros produzidos também no SEC e com um artigo de Freire. Este refere-se aí, elogiosamente, aos esforços de Maciel por fundamentar "cientificamente" o seu método. A nosso ver, o que fazia Maciel era indicar, em teorias irreconciliáveis, onde se poderia encontrar justificações "científicas" para o método, preso nas malhas do mais desenfreado ecletismo. Ver Freire, Paulo. "Conscientização e alfabetização". *Estudos Universitários,* Recife, n. 4, 1963, p. 13.

Se, por um lado, consideramos correta a vinculação estabelecida na afirmação de Maciel entre a pedagogia de Freire e a ideologia isebiana, pensamos também que é preciso esclarecer aquele vínculo. Reduzindo o método Paulo Freire a uma "ferramenta" do ISEB, Maciel empobrece a sua compreensão porque supõe uma total coerência do primeiro em relação ao segundo. Isso pode embaçar a percepção de que aquele método e as idéias pedagógicas que o informam exprimem mais que o isebianismo: aí se vê refletida, também, a evolução teórica e ideológica (e suas respectivas exigências político-pedagógicas) de setores radicais católicos, embora deva ser lembrado que também estes receberam o impacto das idéias difundidas pelo ISEB e precisaram digeri-las. Além do mais, independentemente de que se considere como relevante ou não a especificidade dos teóricos isebianos e de sua evolução teórica e política ao longo da história do desdobramento daquela ideologia, a diversidade de "leituras" feitas, no período, das diferentes obras dos "isebianos históricos" é igualmente um elemento a ser levado em conta no equacionamento dos vínculos da pedagogia de Freire com o nacionalismo-desenvolvimentista.

Ao contrário do que afirma Weffort na Introdução à *Educação como prática da liberdade*[2], a teoria não teve de esperar "que o exílio do autor lhe permitisse um esforço de sistematização"[3], como se o método Paulo Freire não fosse, desde o primeiro momento, informado por uma teoria ou como se esta fosse sendo esboçada ao mesmo tempo que o método. Ela já existia desde 1959, sistematizada em *Educação e atualidade brasileira*[4]. A nosso ver, a concepção pedagógica de Freire em 1959 traduz, sob o manto do combate ao autoritarismo tradicional da sociedade brasileira, o autoritarismo "esclarecido" subjacente

---

[2] Referido no texto a partir de agora como EPL.

[3] Weffort, Francisco. "Educação e política; reflexões sociológicas sobre uma pedagogia da liberdade". In: Freire, Paulo. *Educação como prática da liberdade*. Rio de Janeiro, Paz e Terra, 1965. p. 3. Concordamos que tenha havido no trabalho de Freire um "atraso relativo da teoria" pela impossibilidade de digerir novas influências durante o período de intenso ativismo. Mas *Educação como prática da liberdade* nos mostra claramente que seu trabalho de 1959 era o seu ponto de referência teórico e que a "digestão" de novas idéias e uma releitura dos autores que haviam influído sobre o seu trabalho anterior foi uma tarefa que se estendeu muito além dos meses de prisão e dos primeiros tempos de exílio.

[4] Referido no texto a partir de agora como EAB.

170

ao isebianismo. Afinal, a liberal-democracia aí defendida nunca foi, no fundamental, incompatível com o autoritarismo. Pretendemos demonstrar, neste trabalho, que as idéias pedagógicas de Freire exprimiam, na época, uma posição liberal-conservadora, altamente diretiva. Mas acaso não é Paulo Freire conhecido como um pedagogo nãodiretivo, não-autoritário? Defendemos a idéia de que as concepções políticas, sociais e pedagógicas do autor pernambucano — independente do seu nível de clareza teórica no período, bem como do nível de articulação dessas concepções — começam a se modificar, sob o impacto da mobilização política e ideológica do começo dos anos 60, no período mesmo de criação e aplicação experimental do seu método. Influído por idéias antiautoritárias presentes no personalismo que grassava entre os jovens católicos, dos quais Freire se aproximou, a partir de 1960, ele buscará ainda em determinadas formulações isebianas elementos justificadores para uma postura não-diretiva. Aliás, não poderia ser de outra forma, porque, embora revendo o seu diretivismo, Freire não rompeu, naquele período, com a explicação da realidade que caracterizou o trabalho dos isebianos, nem abandonou os conceitos cuja origem estava marcada pelo nacionalismo-desenvolvimentista. E isso se reflete na substituição de grande parte das citações dos "isebianos históricos" em seu trabalho de 1959 por indicações de *Consciência e realidade nacional*[5], em 1965[6].

A leitura feita por Freire de CRN — uma obra eivada de ambigüidades — ateve-se, a nosso ver, a formulações que, isoladas do conjunto da obra, suportavam uma interpretação capaz de justificar teoricamente modificações sofridas pelas posições político-pedagógicas do próprio Freire. Ele parece ter selecionado, em CRN, num todo comprometido com o autoritarismo, elementos que se podiam prestar à sua contestação, seleção na qual se refletia a evolução que o levou das posições escolanovistas, e de uma visão tendencialmente tecnocrática dos problemas educacionais observadas em EAB, às posturas personalistas

---

[5] Referido no texto a partir de agora como CRN.

[6] É interessante notar que em 1965, num texto quase idêntico ao de 1959, desapareceram as citações de Jaguaribe, de Guerreiro Ramos e mesmo da aula inaugural de Vieira Pinto no curso regular do ISEB, em 1956, que estavam ligadas à questão pedagógica e que eram evidentemente diretivas e autoritárias. CRN foi publicada no Rio de Janeiro (MEC/ISEB) em 1960.

de EPL. Tal evolução propiciou maior aproximação daqueles teóricos isebianos que caminharam para posições mais abertas, à esquerda do isebianismo.

Consultadas as obras dos "isebianos históricos", verifica-se rapidamente que todo o seu esforço está dirigido para defender as idéias que nos foram apresentadas por Helio Jaguaribe ainda nos artigos publicados em *Cadernos do Nosso Tempo*[7]. Mas se a adesão às teses do nacionalismo-desenvolvimentista significou para os que participaram do Grupo Itatiaia, e posteriormente da fundação do Ibesp e do ISEB, na primeira metade dos anos 50, uma evolução de direita para a esquerda, a passagem de posições integralistas ou próximas do integralismo a uma posição em que a dominação burguesa convive com e utiliza em seu favor a participação política das massas num regime democrático-parlamentar, esta evolução — para alguns, como foi o caso de Jaguaribe e de Guerreiro Ramos — deteve-se aí, enquanto Roland Corbisier e Vieira Pinto continuaram nesta trilha até desembocar, como dissemos no parágrafo anterior, já nos anos 60, em posições à esquerda do isebianismo[8]. *Consciência e realidade nacional* é uma obra pro-

---

[7] Consultar Jaguaribe, Hélio. "A crise brasileira." *Cadernos do Nosso Tempo,* Rio de Janeiro, ano I, n. 2, 1953, pp. 120-60; e "A crise do nosso tempo e do Brasil". *Cadernos do Nosso Tempo,* Rio de Janeiro, ano II, n. 2, 1954, pp. 1-17. É possível observar através das publicações dos diversos "isebianos históricos", a partir destes artigos de Jaguaribe até o final da década, uma notável unidade na defesa do capitalismo nacional e do intervencionismo estatal como condição para o fortalecimento da nação, da formação de uma sociedade civil e sua mobilização — dentro dos limites de um modelo político democrático parlamentar — numa frente nacional em que as classes se reconciliam em favor do desenvolvimento (supondo este o controle do aparelho do Estado pela burguesia industrial nacional e nacionalista), da elaboração de uma cultura nacional, "autêntica", etc. Em todos eles, esteve presente o "mito do Estado" forte e a ilusão iluminista de que aos intelectuais cabe indicar o caminho da emancipação nacional. Em consonância com tal ilusão, praticamente todos eles buscaram de modo conseqüente "aproximar o espírito do poder" através de estratégias que oscilaram desde a assessoria a candidatos à Presidência da República, à aceitação de cargos de administração de empresas estatais, até a candidatura a cadeiras no Parlamento.

[8] Poderíamos dizer que Jaguaribe e Guerreiro Ramos (os cientistas sociais) formaram um par politicamente mais próximo, em oposição aos filósofos Vieira Pinto e Roland Corbisier. Por outro lado, a enfatização da "redução" como método unia claramente Guerreiro Ramos a Vieira Pinto.

fundamente afetada por este processo, que nada mais é senão o do esgotamento e decadência do nacionalismo-desenvolvimentista.

Nas 1065 páginas dos dois volumes em que realiza uma espécie de ampla descrição fenomenológica das formas da "consciência ingênua" (primeiro volume) e da "consciência crítica" (segundo volume), Vieira Pinto defende as teses que compunham o núcleo da ideologia isebiana. Também no que concerne às influências recebidas, aquele autor apresenta-se, em 1960, como um isebiano típico: no amplo espectro de leituras e influências[9] canalizadas para a tentativa de fundamentar filosoficamente aquela ideologia, deparamos com a dominância de tríade fenomenologia-existencialismo-culturalismo determinando as coordenadas do seu trabalho intelectual. O que distinguiria CRN, então, no conjunto das obras dos "isebianos históricos"? A nosso ver, este trabalho, como só acontece com os produtos tardios, explicita as contradições da ideologia que pretende defender; e o autor convive com elas sem resolvê-las ao longo do livro, oferecendo um produto que, se por um lado, pode ser apontado como "a obra clássica do 'desenvolvimentismo' dos anos 50", também encerra aquele ciclo de interpretações da realidade brasileira, trazendo em seu bojo um primeiro movimento no sentido da sua crítica[10]. Nele aparecem, lado a lado, a defesa do capitalismo e uma posição que admite, em última instância, uma solução socialista. O autoritarismo subjacente ao isebianismo, que fora identificado nesta obra já em 1962 por Padre Vaz e denunciado mais tarde por Maria Sylvia de Carvalho Franco[11], tanto quanto o iluminismo da *intelligentsia* isebiana aparecem ao lado de uma espécie de "populismo indutivista" que busca nas massas a interpretação correta da realidade e a orientação para a

---

[9] Sobre o ecletismo filosófico que permeia a obra de Vieira Pinto, ver os comentários de Michel Debrum em "O problema da ideologia do desenvolvimento" (*Revista Brasileira de Ciências Sociais*, Belo Horizonte, vol. II, n. 2, jul. 1962, p. 258.

[10] Vaz, Henrique C. de Lima. "Consciência e realidade nacional". *Síntese*, Rio de Janeiro, ano IV, n. 14, abr.-jun., 1962, p. 93. CRN é um livro permeado de passionalismo. O autor se permite fazer afirmações radicalmente xenófobas que são, ao longo das muitas páginas do seu livro, corrigidas por outras que suavizam ou explicitam melhor seu caráter e limites.

[11] *Ibidem*. Ver, também, Franco. Maria Sylvia de Carvalho. "O tempo das ilusões". In: Chauí, Marilena. & Franco, M. S. de C. *Ideologia e mobilização popular*. Rio de Janeiro, Paz e Terra/CEDEC, 1978.

ação. Se domina basicamente a obra o propósito de defender o primeiro desses pólos, e se neste plano devemos buscar a sua coerência interna, isto não deve impedir a percepção de que esta defesa esteve permeada de contradições e ambigüidades[12]. E mesmo que estas estivessem a serviço da tentativa de "salvar" o isebianismo em decadência, elas ajudaram a formular questões cruciais para indivíduos e grupos que atuaram politicamente no período, oferecendo argumentos que serviram à própria contestação das teses isebianas, argumentos que foram "recuperados à esquerda" por defensores de posições socialistas não-autoritárias, especialmente pelos jovens católicos. Talvez por esse motivo é que o seu pensamento pareceu a alguns analistas do ISEB como mais radical do que a média do pensamento isebiano[13].

A nosso ver, a evolução de Freire e de Vieira Pinto nos anos 60 seguiu um vetor comum, o que permitiu ao primeiro fazer do segundo uma "leitura" que aproveita indicações que podiam servir a posições não-diretivas. A radicalização de uma posição "indutivista" em CRN parece ter contribuído, tanto quanto o personalismo (com sua inspiração proudhoniana) — do qual Freire se aproximou mais claramente naquele período (devendo ser registrado que encontramos em CRN a defesa de posições nitidamente personalistas) — para a justificação teórica da passagem de Freire da sua posição liberal-conservadora e diretiva dos anos 50 a uma posição "liberal de esquerda", não autoritária, "indutivista", na qual ele desemboca nos anos 60 sem liberar-se de um

---

[12] As contradições dentro das quais se movia a ideologia isebiana, transparecem nos escritos dos outros teóricos do nacionalismo-desenvolvimentista. Em Guerreiro Ramos, por exemplo, elas foram corretamente percebidas como instrumentos de manipulação das massas e justificação coerente da dominação burguesa, em função até mesmo das posições políticas concretas assumidas por este autor. A disponibilidade para apreender um "outro lado" em Vieira Pinto, no início dos anos 60, não pode ser desvinculada das posições que ele assumiu dentro do ISEB, quando este esteve sob sua direção a partir de 1961, de uma certa dose de ingenuidade política e de honestidade pessoal do autor. O "jacobinismo" apontado em alguns isebianos na crise aberta em 1958 com a publicação do livro de Jaguaribe, *O nacionalismo na atualidade brasileira* (Rio de Janeiro, MEC/ISEB), deixava em Vieira Pinto — ao contrário do que ocorreu com Guerreiro Ramos — a porta aberta a posições político-sociais à esquerda do isebianismo típico dos anos 50.

[13] Debrun, Michel. "O problema da ideologia do desenvolvimento". *Revista Brasileira de Ciências Sociais,* op. cit.

"modo de pensar isebiano" e que se reflete no seu método e nas estratégias de sua utilização prática no período que sucede imediatamente à sua criação. Além do mais, parece natural que Freire se apóie em Vieira Pinto em 1965, porque entre os "isebianos históricos" não apenas ele foi aquele que mais clara e amplamente colocou o problema pedagógico, como ele seguiu em seu trabalho intelectual uma trilha central para a reflexão pedagógica (trilha que perdera relevância entre outros isebianos): aquela da descrição das formas da consciência e da discussão sobre a passagem de uma a outra.

1. As formas da consciência

Como sabemos, a preocupação central de Freire foi encontrar um método pedagógico que, ao mesmo tempo que promovia a alfabetização, propiciasse a passagem de uma forma de "consciência ingênua" a uma "consciência crítica". Estes conceitos aparecem na tese de Freire de 1959 com uma referência aos "isebianos históricos" e às discussões travadas no ISEB e, em 1965, com uma referência a CRN[14].

Dois são os momentos, em EPL, em que Freire esboça uma caracterização das formas da "consciência ingênua" e da "consciência crítica". Para ele, a primeira se caracterizaria pela simplicidade da interpretação dos problemas, pela tendência a julgar que o tempo melhor foi o tempo passado, pela subestimação do homem comum, pela forte inclinação ao gregarismo (característica da massificação), pela impermeabilidade à investigação (gosto por explicações fabulosas), pela fragilidade na argumentação, pelo forte teor de emocionalidade, pela prática da polêmica e não do diálogo, pelo apelo às explicações míticas[15]. Em outra passagem, ele se utiliza diretamente de citações de Vieira Pinto para distinguir a consciência ingênua da consciência crítica no que concerne à capacidade de apreender "objetivamente" a realidade. A consciência ingênua, diz ele, "se crê superior aos fatos, dominando-os de

---

[14] Ver Freire, Paulo. EAB. op. cit. p. 55. A aula inaugural do ISEB de 1956, proferida por Vieira Pinto e publicada sob o título *Ideologia e desenvolvimento nacional* (Rio de Janeiro, MEC/ISEB, 1956 — referida no texto a partir agora como IDN), foi citada cinco vezes no trabalho de 1959 e nenhuma no de 1965.

[15] Freire, Paulo. EPL, op. cit., p. 61.

fora e, por isso, se julga livre para entendê-los conforme melhor lhe agradar"; a consciência crítica, ao contrário, seria "a representação das coisas e dos fatos como se dão na existência empírica. Nas suas correlações causais e circunstanciais"[16]. A consciência ingênua se superporia à realidade, enquanto a consciência crítica integrar-se-ia com a realidade. Quanto às demais características da consciência crítica, elas seriam: a profundidade na interpretação dos problemas, a substituição de explicações mágicas por princípios causais, a tendência a procurar testar os "achados" e se dispor sempre a revisões, a despir-se ao máximo de preconceitos na análise dos problemas e, na sua apreensão, esforçar-se por negar a transferência da responsabilidade, a recusar-se a posições quietistas, a praticar o diálogo e não a polêmica, a mostrar receptividade ao novo e ao velho sempre que válido, a inclinar-se às argüições[17]. A consciência crítica caracterizar-se-ia ainda pela racionalidade: representaria a vitória sobre a falta de objetividade, como resultado do domínio das emoções. Sintetizando, diríamos que as duas formas de consciência apontadas por Freire seriam como pólos negativo e positivo, de três eixos centrais: 1) dominância de emoção x dominância da razão; o qual desdobra-se em capacidade/incapacidade de dialogar; 2) recusa x aceitação da mudança; 3) subjetivismo x objetividade na explicação da realidade. Pessoas com uma "consciência crítica", racionais, abertas ao diálogo e, portanto, à mudança, objetivas na percepção do real, seriam capazes de construir e preservar o funcionamento dos regimes democráticos, enquanto os portadores de uma "consciência ingênua" seriam os suportes dos regimes autoritários. Havia, pois, de contribuir para a passagem de um sempre maior número de pessoas desta àquela forma de consciência: na multiplicação das "personalidades democráticas" (que, afinal, se confundem com os portadores de uma "consciência crítica") estaria a segurança da democracia, tal como encontramos nas obras de Jaspers, de Mannheim e de Barbu.

Essa caracterização vem acompanhada em 1965 da recomendação, como leitura indispensável, dos "estudos sérios e profundos do mestre brasileiro Álvaro Vieira Pinto", ou seja, de CRN[18]. No entanto,

---

[16] Ibidem. pp. 105-6.
[17] Ibidem. pp. 61-62.
[18] Ibidem. p. 59, nota 21.

constatamos que a descrição feita por Paulo Freire em EPL correspondе que exatamente[19] à que encontramos à p. 30 de EAB. Constatamos também que no texto correspondente à aula inaugural do ISEB em 1956, publicado numa pequena brochura intitulada *Ideologia e desenvolvimento nacional*, em nenhum momento Vieira Pinto utiliza os conceitos "consciência ingênua" e "consciência crítica". Ele fala, aí, em "consciência privada" e "consciência pública", na necessidade do "esclarecimento da consciência popular", em "consciência autêntica" e "consciência inautêntica", ligando a primeira destas à formação de uma "consciência brasileira", que permitiria a "percepção exata do nosso ser"[20]. As referências de Freire a este livro prendem-se, portanto, à concepção de Vieira Pinto, naquele momento, sobre o que deveria ser o trabalho educativo entre as massas. Os conceitos de "consciência ingênua" e de "consciência crítica" aparecem, nos anos 50, nos escritos de Guerreiro Ramos, o que não significa necessariamente que eles nada devem a Vieira Pinto. Isso porque não se pode minimizar a influência oral exercida por este autor através das atividades ligadas ao ISEB, que permitiam a difusão de idéias encontráveis em CRN muito antes da sua publicação. Deve-se ainda lembrar que Freire teve ocasião de entrevistar-se com Vieira Pinto quando este escrevia CRN e aquele EAB[21]. Concretamente, porém, podemos apenas mostrar, com uma tentativa de sumarização das descrições das formas de consciência realizadas por

---

[19] Duas são as diferenças que encontramos em EPL em relação a EAB. Em relação à "consciência ingênua", foi retirado o trecho que diz ser uma de suas características "à transferência da responsabilidade e da autoridade, em vez de sua delegação apenas", sugerindo que, em 1965, Freire simpatiza com formas de democracia direta. Em relação à "consciência crítica", foi retirada a frase que afirmava que tal forma de consciência aceitava "a massificação como um fato, esforçando-se, porém, pela humanização do homem", sugerindo que a temática da massificação cresceu de importância para ele no período e que ela não deveria ser aceita de modo algum, o que não deixa de estar conectado com a questão das formas de democracia direta e micronível. Ver Freire, Paulo. EAB, op. cit., p. 30.

[20] Vieira Pinto, Álvaro. IDN, op. cit., p. 31.

[21] Freire, Paulo. EAB, op. cit., cap. 1, nota VII. Sobre a difusão das idéias de Vieira Pinto antes da publicação do seu livro, concordam muitos dos que participaram da "vida isebiana" e mesmo um isebiano "histórico" entrevistado. Cursos, seminários e discussões no ISEB foram instrumentos tão poderosos de difusão quanto as publicações.

Vieira Pinto em CRN, que aquela que nos é apresentada por Freire desde 1959 coincide com elas no fundamental.

Quais seriam as características da "consciência ingênua", descrita ao longo de todo o primeiro volume de CRN? Ela se caracterizaria pelo caráter dogmático de suas afirmações — distinguindo-se pela completa privação da "comunicação reveladora" (do que se conclui que a "comunicação das consciências" ficava reservada aos portadores de uma "consciência crítica" e que, como veremos adiante, seria encontrável principalmente entre as massas trabalhadoras) e marcada pela "incapacidade de percepção da mutabilidade das coisas e dos valores, pela falta de simpatia com que se prenuncia no tempo e pela recusa da aceitação do novo"[22]. Em síntese, a "consciência ingênua", incapaz de perceber a historicidade, não podia entender nem aceitar a mudança. Seus portadores se caracterizariam, segundo a linguagem utilizada pelo próprio Vieira Pinto, pelo seu caráter sensitivo, pela confusão do visto com o existente, pela ausência de compreensão unitária da realidade nacional, pela tendência a considerar limitações as possibilidades que têm diante de si (por exemplo, em relação à elaboração de uma cultura nacional), pela incapacidade de dialogar, pelo moralismo, pelo desprezo pela massa, pelo culto ao herói salvador. Estariam convencidos de que cabe aos ricos salvar os pobres (mediante reformas), de existência de um problema supremo (p. ex., a educação), da imutabilidade dos padrões de valor. Caracterizar-se-iam pelo intelectualismo no tratamento dos problemas sociais (reforma da sociedade mediante reforma da inteligência), pela defesa do progresso moderado (p. ex., a defesa da teoria do desenvolvimento espontâneo), pelo romantismo na compreensão das relações econômicas e políticas (p. ex., fidelidade incondicional aos norte-americanos), pela falta de objetividade na análise da realidade etc.[23]. Esta descrição fenomenológica da consciência da direita brasileira — que Vieira Pinto, aliás, conhecia bem de perto e, por isso mesmo, podia descrevê-la e tentar reconstituir-lhe o sentido, como "vivência"

---

[22] Vieira Pinto, Álvaro. CRN, op. cit., vol. I, p. 87.

[23] Ibidem. pp. 159-432. Além das características mencionadas, a consciência ingênua apresentaria ainda algumas outras, como: o caráter impressionista de suas análises, a absolutização da sua posição, a incoerência lógica, o apelo à violência, a coisificação das idéias, a visão romântica da história, a maledicência e a precipitação de julgamento, o pessimismo e a recusa de atribuição de ingenuidade.

— era acompanhada pelo esclarecimento do seu caráter de classe, utilizando o autor, implicitamente, o conceito de "ideologia particular" de Mannheim, como interpretação da realidade que oculta interesses, e das dificuldades de sua transformação em face do divórcio das elites do trabalho produtivo. Algumas dessas características, porém, seriam também encontradas nas "massas rurais", naquela parte da população que não foi atingida pelo processo de desenvolvimento.

A "consciência crítica", ao contrário, seria uma consciência que se investiga a si mesma, cuja tendência é problematizar, pôr em discussão tudo o que até então parecia óbvio e duradouro: é, portanto, uma consciência que não somente aceita a mudança, mas que está sempre disponível para mudar a si mesma. Caracterizar-se-ia por estar apoiada no real, sempre "disposta" a percebê-lo objetivamente, para melhor poder transformá-lo. Sua objetividade não derivaria, porém, de uma "meditação abstrata, mas da prática social transformadora do mundo e da vivência da etapa histórica do desenvolvimento em que se encontra a comunidade"[24]. Resultaria, pois, do trabalho produtivo e da apreensão, em termos existenciais, das características e exigências da "etapa" ou da "fase" atravessada por uma sociedade concreta. Induzida do curso dos acontecimentos e sistematizada num plano de ação, sua representação da realidade era o fundamento de um pensar prático e voluntarista que quer transformar o mundo, merecendo ser chamada de revolucionária. A lógica do processo social era por ela desvendada pela participação ativa, transformadora da realidade. Ela transforma a realidade, a revolucionariza à medida que, ao atirar no mundo, atende às exigências da "fase" ou "etapa" histórica: por isso mesmo é que é "induzida do curso dos acontecimentos", não indo além nem ficando aquém deles. Essa forma de consciência opunha-se ao tradicionalismo. Seus portadores cultuariam a historicidade (a mudança), voltando-se para o futuro, antecipando-o e não se deixando cristalizar por formas de pensamento ultrapassadas pela história. Eles buscariam unir a racionalização e a objetividade na análise da realidade nacional ao caráter de transitoriedade histórica dessa realidade, pela idéia de totalidade, à qual todas as análises deveriam ser referidas, e que nos daria a conexão de sentido. Essa totalidade é, para Vieira Pinto, a totalidade nacional:

---

[24] Ibidem. vol. II, pp. 21 e 50.

a nacionalidade constituiria a categoria central da consciência crítica, já que "a nação mediatiza necessariamente a minha visão de mundo"[25].

A consciência crítica era, portanto, aquela que — levando em conta o interesse nacional — era capaz de analisar os problemas específicos em relação à totalidade nacional e de perceber a realidade nacional "em processo", fazendo a cada momento novas escolhas em relação aos objetivos das lutas nacionalistas, de acordo com os objetivos já alcançados. Tais lutas estão referidas à categoria de liberdade — como libertação da servidão em relação a outras nações, que se exprime por uma prática nacionalista capaz de possibilitar um "existir brasileiro"[26]. Por isso, tal forma de consciência conduzia naturalmente à defesa de determinadas posições políticas: de medidas em favor da humanização do trabalho, da reforma agrária, da indústria nacional, da ocupação da Amazônia por brasileiros, da soberania nacional, da proteção dos recursos naturais do país, da repressão ao capital estrangeiro etc. A consciência crítica é, portanto, consciência crítica da realidade nacional, que só existe como consciência nacionalista, ligada a uma ideologia e a um projeto.

Não é preciso muito esforço para verificar que os conceitos usados por Freire e por Vieira Pinto giram em torno dos mesmos eixos fundamentais e são construídos do mesmo modo: como descrição fenomenológica ligada à "vivência" do próprio autor, da sua passagem de uma a outra forma de consciência (afinal, tanto isebianos, como Roland Corbisier e Vieira Pinto, quanto Paulo Freire viram-se percorrendo este caminho nos anos 50, num processo definido por eles como de

---

[25] Ibidem. p. 370. Não haveria outro meio de adquirir perspectiva histórica universal senão pela interposição da nação de origem, a partir da qual a totalidade do mundo é percebida. Esta formulação é levada às últimas conseqüências quando ele transpõe a afirmação hegeliana "tudo que é real é racional" para o plano da nação: a fórmula "tudo que é nacional é racional" condensaria "a essência do pensamento crítico sobre o processo de desenvolvimento de um país subdesenvolvido" (ibidem. p. 112). Também o "estar no mundo" da filosofia da existência vê-se "reduzido" ao "estar na nação, que seria a única forma sob a qual se pode apresentar concretamente. A percepção do mundo depende, portanto, da perspectiva nacional de que é visto (ibidem. p. 144). A idéia inicial, sem a radicalidade que vai adquirindo em Vieira Pinto, encontramos formulada freqüentemente entre os jovens católicos radicais no início dos anos 60.

[26] Ibidem. pp. 294, 271-2, 254 e ss., 268, 547-53.

180

"conversão à realidade nacional"), à observação do mesmo processo no "outro" e que se apresenta como "intelecção engajada", na medida em que a compreensão das formas de consciência está a serviço de fins que se entrelaçam com a passagem de uma a outra daquelas formas. Em relação às mais de mil páginas em que, prolixamente, Vieira Pinto as descreve, certamente significam os parcos parágrafos que a elas dedica Paulo Freire uma descrição pobre, tal como as que encontramos em Guerreiro Ramos. Apesar disso, no essencial elas coincidem. Também em Vieira Pinto a "consciência ingênua" é aquela que não aceita a História, a mudança, o diálogo, a democracia, a razão e que percebe sem objetividade a realidade, porque se identifica com a sociedade dominada por uma burguesia agrário-comercial aliada aos interesses estrangeiros; também em Vieira Pinto a "consciência crítica", comandada pela razão, acompanha o fluir da história e adapta-se ao novo, aceita a sociedade moderna e a dominação da burguesia industrial, urbana, nacional. Facilmente conclui-se que a interpretação dualista da realidade é o que dá sentido à identificação pelos isebianos de uma dualidade das formas de consciência e neste particular Freire vincula-se profundamente aos teóricos do nacionalismo-desenvolvimentista. Segundo estes, a expansão das forças produtivas no país, especialmente a partir de 1930, havia provocado o fortalecimento da burguesia industrial nacional, em detrimento da burguesia mercantil e latifundiária, associada ao capital estrangeiro, dedicada à exploração das riquezas naturais e da economia agrícola. Exportadora de matérias-primas e importadora de produtos acabados, esta interessava-se pela conservação do país em estágio de subdesenvolvimento, sendo ideologicamente solidária com os norte-americanos (seus principais compradores e supridores). Defendia, por isso, uma política externa contrária aos interesses brasileiros — orientada pela cultura e pela ciência produzida nos países desenvolvidos —, impondo uma política pautada pelo liberalismo econômico. Se esta a favorecia, ele feria os interesses da burguesia industrial nacional, a qual precisava de barreiras alfandegárias que protegessem os produtos manufaturados nacionais da concorrência estrangeira (o que supunha uma política externa independente); precisava do investimento direto do Estado nos setores básicos da economia, com o objetivo de elevar as oportunidades de investimento do setor privado; necessitava da elevação do padrão de vida da população para que crescesse o mercado interno para seus produtos. O atendimento aos interesses dessa burguesia industrial era a condição básica para o desenvolvimento nacional.

Para os isebianos, candidatos ao desempenho de um papel semelhante ao dos intelectuais europeus da Época das Luzes, a burguesia industrial não parecia perceber com nitidez aquela oposição de interesses. O descompasso existente entre a transformação objetiva da base econômica e a transformação das instituições e das diretrizes da política brasileira beneficiava as forças econômicas decadentes: a burguesia industrial era responsável pela formação da maior parcela da renda nacional, mas não se tornara ainda "classe dirigente" porque lhe faltava uma autêntica consciência de classe[27]. Faltava àquela burguesia uma "consciência crítica" que lhe permitisse perceber objetivamente a realidade do país, suas condições "faseológicas" e lutar pela conquista da hegemonia política, de modo a poder desempenhar cabalmente o papel histórico que lhe cabia: à "nação", desejosa de assumir sua identidade própria sem as amarras do colonialismo, sinônimo de "sociedade moderna", industrial, urbana, sob a hegemonia da fração de classe que lhe servia como força motriz (a burguesia industrial), opunha-se a "antinação", sinônimo de "sociedade arcaica". A tarefa a que os isebianos se propõem é a de "iluminar o caminho" da burguesia industrial nacional, indicar-lhe seus verdadeiros interesses e formular as estratégias necessárias à sua conquista da hegemonia política. Não se tratava

---

[27] Guerreiro Ramos, por exemplo, numa página citada por Freire em EAB, dizia exatamente que a burguesia industrial, em virtude da rapidez e espontaneidade do processo de substituição de importação provocado pela crise externa, não havia tido tempo de amadurecer ideologicamente. As diretrizes que ela adotava ficavam, por isso, aquém das possibilidades do país, o qual estava em vias de tornar-se predominantemente industrial e secundariamente agrícola (Guerreiro Ramos, A. *Condições sociais do poder nacional,* op. cit., p. 22). Estas idéias coincidem plenamente com aquelas de Jaguaribe em 1953-1954. Aliás, a admiração dos demais isebianos pelo fundador do ISEB, especialmente nos primeiros dois terços dos anos 50, era inequívoco. Guerreiro Ramos em entrevista ao jornal *Última Hora,* em 1956, afirmava que uma de suas ambições era a de escrever uma biografia de Jaguaribe de modo a "fixar a fisionomia de um pedagogo, fixar um momento importante da evolução cultural do Brasil, quando uma vida humana se faz matéria em que um determinado 'tempo' histórico impregna o seu sentido". Também Vicente Ferreira da Silva, durante as reuniões do Grupo Itatiaia, esteve durante algum tempo fascinado por Jaguaribe, tendo afirmado a Corbisier que se deixaria de bom grado conduzir por ele.

somente de promover a passagem da "consciência ingênua" à "consciência crítica" entre a burguesia industrial para que ela se lançasse à luta por tal hegemonia. A estratégia de tal conquista passava pelos caminhos da democracia parlamentar, supondo uma conquista política pelo voto: seu fundamento era uma frente nacional pelo desenvolvimento formada por diversas classes[28] que se reconciliavam exatamente através da aquisição da "consciência crítica" que as permitiria entender a realidade, captar suas exigências, seus limites "faseológicos", aceitar e promover a mudança comandada pela razão e pela prática do diálogo permitido e estimulado pelas práticas políticas características da liberal-democracia. Essa argumentação assumiu formas ligeiramente diferentes nos diversos isebianos e vale a pena lembrar aqui que não apenas Jaguaribe vê todo este processo como uma "crise", mas que Guerreiro Ramos utiliza-se de termos como "impasse", "cisma" (que também aparece em Freire). Para Guerreiro Ramos a compreensão do que se passava na nossa sociedade só era possível "partindo de um *sum* (sou brasileiro)" e de um estudo pormenorizado de tal sociedade com "consciência crítica da realidade do país". Ora, tal "consciência crítica" é que permitia perceber aquele "cisma" que, no fundamental, consistia

---

[28] Jaguaribe, por exemplo, reconhecia que os interesses das classes tendiam a ser diferentes. Acreditava, porém, que naquela "fase" do desenvolvimento nacional, a burguesia industrial, a classe média e o proletariado estavam vinculados por interesses comuns. Com o desenvolvimento, todos lucrariam: a burguesia industrial acionaria os mecanismos do Estado a seu favor, as classes médias veriam multiplicadas suas possibilidades de emprego no setor privado, enquanto o proletariado não somente veria o mercado de trabalho se ampliar mas também teria os seus ganhos acrescidos na medida em que aumentasse a produtividade da indústria. Esse aumento numérico e do poder aquisitivo destas classes significava também a ampliação do mercado interno, possibilitando a continuidade do processo de industrialização. Por isso, os conflitos sociais não se manifestavam enquanto lutas de classes mas como "conflitos que se travam no ambiente de cada classe, entre os seus setores dinâmicos e estáticos, entre as forças produtivas e as parasitárias". Em suma, entre facções de classes comprometidas com o setor "arcaico" e o setor "moderno". Ver Jaguaribe, Hélio. "A crise do nosso tempo e do Brasil". *Cadernos do Nosso Tempo*, op. cit., p. 15; e do mesmo autor, *O nacionalismo na atualidade brasileira*, op. cit., p. 50; e ainda, *Desenvolvimento econômico e desenvolvimento político*. Rio de Janeiro, Paz e Terra, 1962, pp. 83-4 e 151.

(...) na coexistência no país de duas sociedades: uma velha, com todos os seus compromissos com o passado; outra nova, implicando novo estilo de vida (...). Somos e não somos ao mesmo tempo, no tocante à velha sociedade a que nos referíamos. Se, porém, podemos descrever de modo crítico a velha sociedade, é porque estamos saindo dela e olhando-a do ponto de vista da sociedade nova[29].

Ora, acaso a interpretação de Freire da realidade brasileira não coincide com esta que acabamos de apresentar e que permeia a obra dos isebianos? Basta que consultemos a descrição que ele faz da sociedade que servia de "ponto de partida do nosso trânsito" (a "sociedade velha", "fechada", "arcaica") e das características apontadas na "sociedade que se anunciava" para se verificar que também em Freire a sociedade brasileira se apresenta como dividida em duas partes, e que sua interpretação não sofreu grandes modificações entre 1959 e 1965. Para Freire, a velha sociedade "esvaziava-se", mas ao mesmo tempo "adentrava-se" pela nova querendo preservar-se (linguajar que lembra Guerreiro Ramos) fato que caracterizava o nosso "trânsito". Na verdade, a maioria dos isebianos coloca o problema da "sociedade arcaica" e da "sociedade moderna" em termos de hegemonia de facções da classe dominante, enquanto Freire repete essa mesma análise sem este referencial. Não que os isebianos realizassem uma análise rigorosa da sociedade de classes no Brasil; mas aí as classes e suas facções ao menos aparecem, mesmo que se diluam num tipo de análise que esquece as relações de produção e cujo objetivo final é unificá-las em torno do desenvolvimento nacional e da construção de um Estado nacional forte. Como Freire não pretende fazer análise social, mas lança mão daquela já realizada pelos isebianos, ele pode tranqüilamente empobrecê-la. Ao fazê-lo, ele também desmascara algumas das pretensões daquelas análises: ele as reduz à expressão mais simples, à passagem de uma sociedade "velha" a uma sociedade "nova". A primeira era a que teria o centro de decisão da sua economia fora dela, comandada pelo mercado externo, exportadora de matérias-primas, predatória, reflexa na sua economia e na sua cultura, alienada, sem povo, antidia-logal, dificultando a mobilidade vertical ascendente, sem vida urbana ou com precária vida urba-

---

[29] Guerreiro Ramos, A. "A problemática da realidade brasileira". In: *Introdução aos problemas do Brasil*. Rio de Janeiro, MEC/ISEB, 1956, pp. 22-3.

na, com alarmantes índices de analfabetismo, atrasada, comandada por uma elite superposta a seu mundo, ao invés de com ele integrada[30]. Ora, Freire descreve aqui uma sociedade rural, "feudal" (termo que tanto ele quanto os isebianos utilizam). Deduz-se dela que a "elite" (que em Freire corresponde ao que seria noutros autores a classe dominante), se estiver integrada ao seu mundo (ou seja, se adequada à "fase"), exerce legitimamente a sua dominação, o que é confirmado pela passagem em que ele condena somente os privilégios "inautênticos" de tal elite, supondo-se que os "autênticos" sejam aqueles que estão em consonância com a "fase" histórico-cultural[31]. Ele não faz referência à burguesia agrário-comercial mas às características da sociedade onde ela detém a hegemonia em todos os níveis; a ela ele se refere como as forças que trazem as "marcas do ontem", que procuram impedir a mudança, que é antidemocrática porque a ordem político-social que corresponde à sua dominação é aquela em que "não há povo" (ou seja, não existem as formas de participação permitidas pela liberal-democracia), nem há mobilidade social. Não se trata de colocar em questão a sociedade de classes mas o imobilismo de uma ordem pré-capitalista. Nesse sentido, tal como os isebianos, Freire defende o progresso trazido pela penetração do capitalismo na esfera da produção. A sociedade brasileira, antes monoliticamente arcaica, pré-capitalista, "feudal", se havia "rachado", ou seja, tornara-se dual. Diz ele que a "rachadura" decorreu da ruptura nas forças que mantinham a "sociedade fechada" em equilíbrio. As alterações econômicas resultantes da industrialização (ou seja, da penetração do capitalismo na esfera da produção) estabeleceram a dualidade[32]. Quando ele diz que "a nossa salvação democrática estaria em nos fazermos uma sociedade homogeneamente aberta", ele quer, pensando sempre a partir da vida política, da "emersão do povo", de sua participação na democracia representativa, significar também que a salvação estaria na conquista da hegemonia política pelas forças identi-

---

[30] Freire, Paulo. EPL, op. cit., pp. 48-9.

[31] Ibidem. p. 49.

[32] É nesse contexto e naquele da discussão a respeito do totalitarismo que se pode chegar a entender porque Freire apela para os conceitos de "sociedade aberta" e "sociedade fechada", buscados no livro de Karl Popper, *The open society and its enemies*, traduzido para o português como *A sociedade democrática e seus inimigos*, e cuja citação Freire deixa incompleta.

ficadas com este processo de industrialização, ou seja, pela burguesia industrial nacional. A consciência crítica, nesse quadro, é a que se identifica com a sociedade nova, moderna, industrial, urbana, com povo participando (isto é, votando), e que não ultrapassa os limites "faseológicos" sob pena de ser desclassificada como "consciência fanatizada" ou massificada. A consciência ingênua é a consciência do mundo rural, fechado, alienado, atrasado. A primeira aceita a história, a mudança, o "processo": seus portadores são os suportes de uma sociedade moderna e democrática, enquanto os portadores da forma de consciência que a ela se opõem seriam os esteios de uma sociedade arcaica e autoritária.

E se Vieira Pinto atrelava a "consciência crítica", seu conteúdo, a posições nacionalistas e desenvolvimentistas (mesmo porque essa forma de consciência supunha o desenvolvimento do capitalismo nacional para poder existir e solidificar-se), Freire não faz por menos. A "consciência crítica" é consciência crítica da realidade nacional, e a passagem da consciência ingênua à consciência crítica se faz, em seu método, pela discussão da temática nacionalista e desenvolvimentista. Devemos, porém, lembrar que, quando em 1959 ele citava Guerreiro Ramos, isto era explícito: este autor sempre falou em "consciência crítica da realidade nacional" como "autoconsciência coletiva", como consciência nacionalista[33]. Lemos em EPL, na parte em que Freire descreve os debates que conduziram ao método de alfabetização, que os temas discutidos nos Círculos de Cultura e que coincidem com aqueles escolhidos para utilização do método eram "nacionalismo, remessa de lucros para o estrangeiro, evolução política do Brasil, desenvolvimento, analfabetismo, voto do analfabeto, democracia"[34], aos quais podemos acrescentar alguns outros indicados no seu artigo de 1963 e que são: "uma política para o desenvolvimento, socialismo, direitismo, comunismo, Sudene, Ligas Camponesas"[35]. A "consciência crítica" que daí resulta é uma consciência nacionalista que está ligada a uma ideologia (a ideologia isebiana) e a um projeto (o do desenvolvimento nacional e da democracia represen-

---

[33] Guerreiro Ramos, A. *A redução sociológica*. Rio de Janeiro, MEC/ISEB, 1958, pp. 19-20.
[34] Freire, Paulo. EPL, op. cit., p. 103.
[35] Freire, Paulo. "Conscientização e alfabetização". *Estudos Universitários*, op. cit., p. 12.

tativa). É por isso mesmo, como diria Guerreiro Ramos, consciência da duplicidade, da imitação, da heteronomia, da alienação; é, em conseqüência, consciência do imperialismo e do papel de "proletariado externo" do mundo ocidental exercido pelas nações subdesenvolvidas[36]. É, pois, consciência anticolonialista, antiimperialista.

Ao tratarmos das formas de consciência em Freire, nos vemos diante do fato de que ele nos apresenta algumas outras formas e as combina com aquela classificação dual isebiana. Já em 1959, quando Freire fala em consciência ingênua e em consciência crítica, ele introduz um desdobramento que é anterior e que se refere à "transitivação" da consciência. Teríamos assim formas de consciência "transitiva" e "intransitiva", e a primeira é que poderia abrir-se numa nova classificação dual. Ora, o conceito de "transitivação" tem a ver com "trânsito", mudança, "transição de fase". É "transitiva", fundamentalmente, a consciência daqueles que assistem e percebem a mudança e assumem posição diante dela. É "transitiva", portanto, a consciência urbana e "intransitiva" a consciência rural. Isso fica claro na caracterização de Freire já em 1959, e retorna intacta em 1965. Diz ele que essas formas de consciência traduzem "posturas diversas do homem diante da sua 'contextura'". A "postura intransitiva" se caracterizaria

> (...) pela quase centralização de interesses do homem em torno de formas mais vegetativas de vida (...). Falta-lhe historicidade (...). teor de vida em plano mais histórico. Sua consciência é intransitiva (...). É a consciência dos homens de zonas pouco ou nada desenvolvidas do país. São uns demitidos da vida, ou talvez, mais precisamente, uns inadmitidos na vida[37].

A postura "transitiva", ao contrário, se caracterizaria por preocupações acima dos interesses meramente vegetativos. Há uma forte dose de espiritualidade, de historicidade (...) o homem alarga o horizonte de

---

[36] Aliás, era comum entre os isebianos, influídos pela leitura de Toynbee, a referência aos países subdesenvolvidos como "proletariado externo" do mundo ocidental. Ver Guerreiro Ramos. A. "A problemática da realidade brasileira". In: *Introdução aos problemas do Brasil*, op. cit., pp. 23-7.

[37] Freire, Paulo. EAB. p. 29. Ver em EPL, pp. 59-60. Ver ainda a nota 42 deste ensaio.

seus interesses. Vê mais longe. Sua consciência é, então, transitiva. "Corresponde a zonas de desenvolvimento econômico mais forte"[38].

Esta última é que poderia ser ingênua ou crítica: ingênua, aquela que, percebendo a mudança, assume posição contra ela; crítica, aquela que a aceita e se adapta à "fase" emergente da história nacional. A consciência transitiva posiciona-se de maneira "lógica" diante da realidade, enquanto a consciência intransitiva estaria dominada por uma perspectiva pré-lógica. Além disso, Freire afirma textualmente que a "transitivação" da consciência estaria ligada à industrialização.

Freire remete, em 1959, esta questão aos "isebianos históricos", afirmando que o "problema da consciência ingênua e da consciência crítica vem sendo debatido por um grupo de professores brasileiros"[39], entre os quais ele cita Vieira Pinto, Guerreiro Ramos e Roland Corbisier. Em relação ao primeiro, ele indica que "deverá sair a público brevemente minucioso estudo em que discute amplamente o tema" e que "em trabalhos anteriores já vinha focalizando o assunto", mas ele realmente dá atenção maior ao conteúdo encontrado nos livros de Guerreiro Ramos[40], especialmente em *A redução sociológi-*

---

[38] Ibidem. p. 29.

[39] Freire, Paulo. EAB, op. cit., p. 55, nota VII.

[40] Assumimos neste trabalho que Vieira Pinto foi o autor isebiano que mais profundamente marcou o pensamento de Freire no que concerne às formas de consciência e sua transformação. Isto, porém, não minimiza o papel desempenhado pelos escritos de Guerreiro Ramos sobre o mesmo tema, nos quais este autor defendeu posições muito próximas e por vezes idênticas àquelas que se tomaram conhecidas como características da obra de Vieira Pinto. Nos anos 60, quando Guerreiro Ramos e Vieira Pinto já haviam definido melhor suas respectivas posições políticas, levantou-se a polêmica a respeito da "propriedade intelectual" das idéias defendidas no período anterior. Guerreiro Ramos, num artigo extremamente emocional, acusou Vieira Pinto de "apropriar-se" de suas idéias em CRN, realizando aí uma "deformação direitista" de suas posições. Ver Guerreiro Ramos, A. "A filosofia do guerreiro sem senso de humor." In: *Mito e verdade da revolução brasileira*. Rio de Janeiro, Zahar, 1963. Por outro lado, contam alguns intelectuais que circulavam no ISEB nos anos 50, que Roland Corbisier, instado por Guerreiro Ramos a fazer observações sobre o seu livro *A redução sociológica*, teria considerado que o seu conteúdo corresponderia às idéias que Vieira Pinto oralmente transmitia, ao que teria aquele autor retrucado serem aquelas idéias patrimônio cultural comum, não sendo propriedade de Vieira Pinto.

ca[41]. Ele remete o leitor diretamente ao Capítulo I deste livro, denominado *A consciência crítica da realidade nacional*, no qual o autor isebiano aponta como "fatores genéticos" de tal forma de consciência a industrialização, a urbanização e as alterações no consumo popular. Também neste livro, Guerreiro Ramos conecta de forma muito direta a questão da "consciência crítica" a uma análise do colonialismo inspirada pelo existencialismo e, nesse particular, certas passagens encontradas nos livros de Freire só se esclarecem definitivamente pela leitura de *A redução sociológica*. Escrevendo em meados dos anos 50, Guerreiro Ramos não citará os autores que mais tarde influirão de modo evidente sobre a visão do colonialismo de Freire (como Franz Fanon e Albert Memmi), mas os que iniciaram este processo de análise do colonialismo a partir da perspectiva do nacionalismo africano influído pelo existencialismo francês: Aimé Cesaire, Abdoulaye Ly, Cheik Anta Diop são os autores por ele citados. Mas a perspectiva de análise de todos estes autores é semelhante e não se distingue profundamente daquela encontrada em Guerreiro Ramos para a justificação do combate ao colonialismo; e ela ressurge nos escritos de Freire. A liberação do colonialismo exigia uma consciência crítica da realidade e aparecia quando uma "sociedade natural" começava a tornar-se uma sociedade histórica": escapava-se aí de uma "existência bruta" para uma "existência livre". A "existência bruta" seria aquela do "mero ser vivo, que permanece imerso nas coisas", que se articula com as coisas sem subjetividade; libertar-se implicava adquirir uma "autoconsciência" que permitiria um "desprender-se ativo das coisas como aquisição da liberdade em face delas". Ora, este processo, que a filosofia da existência tratou no plano individual, era transposto para o plano nacional, para a coletividade. O surgimento da consciência crítica estava diretamente ligado à emersão do povo de uma existên-

---

[41] Freire cita, em *Condições sociais do poder nacional*, exatamente a página em que Guerreiro Ramos fala na "transição" brasileira, no período de superação do caráter reflexo da nossa economia, aquele que tornara "real" a nossa sociedade pela manifestação da nossa "aptidão autoconformadora" e pela irrupção do povo na nossa história. Guerreiro Ramos teria aí, segundo Freire (EAB, op. cit., p. 33), "lucidamente anotado" aquela "fase *sui generis* da vida nacional". A leitura comparada dos textos aqui citados deixa pouca dúvida sobre quando e por meio de que obras Freire fixou a interpretação da realidade brasileira que permeará em sua obra até os anos 60.

cia vegetativa, bruta, perdida nas coisas, à compreensão da realidade e à liberdade[42], resultando de condições objetivas (os "fatores genéticos" aos quais já nos referimos) capazes de permitir a inserção dos indivíduos numa "trama de intensas relações" que se traduz em novas atitudes políticas, em aquisição de uma consciência nacional, e em adesão a um projeto nacional[43]. Ora, acaso não é essa a linguagem usada por Freire? Ele caracteriza a "consciência intransitiva" como aquela em que o homem está esmagado pela realidade e por isso mesmo apreende pouco dela, em que está imerso numa órbita puramente vegetativa, na "simples esfera vital" (querendo ele significar com isso que está preso apenas às questões ligadas à sobrevivência); ao "emergir" dessa forma de existência, ele amplia seus interesses e preocupações, compromete-se com a realidade porque percebe o seu caráter histórico e descobre o espaço de sua liberdade e a sua possibilidade de interferência, "transitivando" sua consciência. Essa possibilidade, no nível individual ou mesmo em grupos inteiros, seria condicionada pela própria realidade, sendo a industrialização e a urbanização fatores-chave em tal processo[44].

---

[42] Guerreiro Ramos, A. *A redução sociológica*, op. cit., pp. 21 e ss.

[43] Ibidem. pp. 36-7. Guerreiro Ramos faz referência à "consciência ingênua" quando fala dos cientistas que não refletem sobre os supostos de sua atividade. Já a "consciência crítica" aparecia como conseqüência da urbanização (que ele via como conseqüência da industrialização), pois a dispersão da população no campo não favorecia o seu surgimento, bem como dos novos hábitos "de caráter não-vegetativo" trazidos pelas alterações no consumo popular.

Para Guerreiro Ramos, antes o homem só pensava na sobrevivência familiar; a consciência política cresceria na medida em que crescesse o "consumo não-vegetativo", pois "os padrões precários de existência, mantendo a população em estado de servidão à natureza, não propiciam o aprofundamento da subjetividade (...) (deixando) restrita margem para desenvolverem a aptidão para se conduzirem significativamente como protagonista de um destino histórico" (p. 40).

[44] Freire, Paulo. EPL, op cit., p. 60. Ainda mais semelhante à maneira como Guerreiro Ramos apresenta a questão, podemos citar um trecho de EPL, quando Freire diz: "Uma comunidade preponderantemente 'intransitivada' em sua consciência, como o era a sociedade 'fechada' brasileira, se caracteriza pela quase-centralização dos interesses do homem em torno de formas mais vegetativas de vida (...). Suas preocupações se cingem mais ao que há nele de vital, biologicamente falando. Falta-lhe teor de vida em plano mais histórico. E a consciência predominante ainda dos homens de zonas fortemente atrasadas do país... É a consciência

A importância atribuída por Guerreiro Ramos e por Vieira Pinto aos "suportes materiais adequados" para a passagem de uma a outra forma de consciência levantou, porém, a suspeita de que o isebianismo não comportaria uma tradução pedagógica, tornando imprescindível, para a defesa da tese central deste trabalho, a discussão sobre o espaço pedagógico contido no nacionalismo-desenvolvimentista.

2. O Espaço Pedagógico

Ao comentar, em 1962, o livro de Álvaro Vieira Pinto, Padre Vaz denuncia a presença de uma filosofia da história que, em última instância, seria totalitária. E essa denúncia não se refere sequer ao conteúdo da proposta social e política do autor isebiano, mas à orientação epistemológica subjacente ao seu trabalho. Tendo optado pela teoria materialista da consciência-reflexo, relegando a plano secundário a "dialética das relações inter-humanas" (a "dialética das consciências"), Vieira Pinto, concluímos, deixaria pouco espaço a um possível trabalho pedagógico: se a realidade se "reflete" na consciência, qual o papel da comunicação entre as consciências, mediatizada pela natureza transformada pela práxis humana[45]? Raciocinando a partir de outra perspectiva teórica e referindo-se a outro aspecto do CRN, Maria Sylvia de Carvalho Franco é mais incisiva no que concerne ao espaço pedagógico possível na concepção de Vieira Pinto. O seu autoritarismo e seu ontologismo teriam, para ela, como corolários, a negação da "crença iluminista numa pedagogia"[46].

---

dos homens pertencentes àquelas coletividades que Fernando de Azevedo chamou de 'delimitadas' e 'dobradas sobre si mesmas'" (p. 59). Este homem descrito por Freire não seria capaz de apreender os problemas e questões que se situam além de sua esfera biologicamente vital.

[45] Para Padre Vaz, "numa concepção verdadeiramente dialética do processo histórico, a realidade não se *reflete* propriamente, mas é *comunicada* entre as consciências (...) o problema não é o da relação dialética entre o mundo e a consciência, mas das consciências entre si pela mediação do mundo humanizado pela práxis. A dialética da História é uma dialética da *comunicação das consciências* ou das *formas desta comunicação*". Ver Vaz, Henrique de Lima. "Consciência e realidade nacional". *Síntese*, op. cit., pp. 97-8.

[46] Franco, Maria Sylvia de Carvalho. "O tempo das ilusões". In: Franco, Maria Sylvia de Carvalho & Chauí, Marilena. *Ideologia e mobilização popular*, op. cit., p. 189.

À medida que defendemos a tese de que a pedagogia de Freire é tributária da ideologia isebiana e da formulação por ela recebida pela obra de Vieira Pinto, devemos nos perguntar como é possível que o autoritarismo e o ontologismo de Vieira Pinto não lograram impedir a tradução pedagógica do isebianismo, uma tradução que muito tem de iluminista? Como é possível que tenha sobrado um espaço pedagógico, no interior de uma formulação filosófica que postula a "primazia do ser sobre a consciência", que se compromete com a "teoria do reflexo"?

Freire parece ter-se dado conta do problema já em 1959 e não através dos escritos de Vieira Pinto, mas dos textos de Guerreiro Ramos. Ele reivindica um "espaço pedagógico" ao polemizar com este autor ainda em EAB. Por certo que ele reconhece que a realidade, em alguma medida, reflete-se na consciência dos homens e é sobre esta idéia que ele apóia a sua distinção entre "consciência transitiva e intransitiva". Diz ele: "as modificações da infra-estrutura, ampliando a permeabilidade do homem nacional nos centros de desenvolvimento industrial e aumentando-lhe a capacidade de percepção dos problemas", faria daquele homem um ser mais bem preparado para participar da democracia representativa[47]. A consciência se modificaria em razão da intensificação do processo de urbanização e da "promoção dos padrões econômicos da sociedade": tal modificação ocorreria de maneira "automática"[48]. As "condições novas" vividas pelo país, diz ele citando Guerreiro Ramos, estavam levando o homem brasileiro a posições novas, modificando sua consciência: assistíamos à industrialização do país "estimulando o desenvolvimento de seus centros urbanos (e) ampliando a percepção do homem brasileiro"[49]. Embora aceitando que a realidade encontra eco na consciência dos indivíduos, ele vai desde logo levantar objeções à posição de Guerreiro Ramos, que seria "idêntica à daqueles outros mestres citados" (Vieira Pinto e Roland Corbisier). Tais objeções referem-se exatamente à questão da "consciência-reflexo da realidade", e, embora só apareçam explicitamente em 1959, elas se mantêm e até se fortalecem em 1965.

---

[47] Freire, Paulo. EAB, op. cit., p. 29.
[48] Ibidem. p. 32.
[49] Ibidem. p. 36. Freire adere à visão dos isebianos, unânimes em apresentar a urbanização como um processo que acompanha a industrialização e não como anterior a esta.

A que se opõe, concretamente, Freire no trabalho de Guerreiro Ramos? Este afirmava, em *A redução sociológica*, que a consciência "reflete sempre condições objetivas", as transformações da infra-estrutura econômica do País[50]. Ora, já vimos que Freire concorda que num certo nível isto realmente ocorre e nessa concordância ele se utiliza de uma linguagem idêntica àquela que encontramos no texto criticado de Guerreiro Ramos: as transformações da nossa infra-estrutura estavam realmente "promovendo o nosso homem de padrões de vida a-histórica ou de 'existência bruta' para padrões de vida histórica ou de teor de vida mais espiritual e histórico". Elas traziam consigo a "promoção automática da consciência de um estágio chamado por nós de intransitivo (...) para outro, chamado por nós de consciência transitivo-ingênua"[51]. A divergência começava a partir daí, ou seja, o "reflexo" da realidade sobre a consciência se esgotava na capacidade ou incapacidade de perceber a historicidade, a mudança. O homem não passava da "existência bruta" à consciência crítica; ele passava de uma "consciência intransitiva", característica das coletividades estagnadas, rurais, a um novo "grau" que ainda não era o da criticidade, mas o da "transitividade": aí começa a "comunicação das consciências", a capacidade potencial de dialogar, o espaço pedagógico. Até aí o que tínhamos era uma "tomada de consciência" (da mudança) que se manifestaria nas atitudes, nas posições, nos gestos que se processam com a promoção econômica. O próximo passo, diz ele,

> (...) não será algo apenas resultante de simples promoção ou de alteração da infra-estrutura, por grandes e importantes que sejam estas alterações na explicação do processo de evolução do homem brasileiro (...). A consciência transitivo-crítica há de resultar de um trabalho formador, apoiado em condições históricas propícias[52].

As transformações infra-estruturais propiciariam a passagem da "intransitividade" (a consciência que vive fora do "trânsito", da "mudança") à "transitividade-ingênua" (a consciência que vive o "trânsito" sem entendê-lo adequadamente); mas por si mesmas elas não seriam

---

[50] Guerreiro Ramos, A. *A redução sociológica*, op. cit., pp. 19-20.
[51] Freire, Paulo. EAB, op. cit., p. 56.
[52] Ibidem. pp. 56-7.

capazes de "fazer a indispensável promoção dessa transitividade ingênua para a transitividade crítica"[53].

Uma vez "transitivada", a consciência poderia permanecer "transitivo-ingênua" ou evoluir para uma nova forma. Nesse estágio, era a educação um elemento fundamental não só para evitar a estagnação num "grau" ingênuo mas também para impedir a degeneração dessa ingenuidade em massificação, como se pode ver no próprio texto de 1959. Diz ele: "o outro passo, o decisivo, da consciência dominantemente transitivo-ingênua para a dominantemente transitivo-crítica, ele não se dará automaticamente, mas se inserido num trabalho educativo com essa destinação. Trabalho educativo que não se ponha desapercebida e desapercebidamente diante do perigo da massificação", dos riscos de distorção e desumanização trazidos pela almejada industrialização[54]. Tal trabalho era comandado pela "dialética das relações humanas", pela comunicação entre consciências que permite um intercâmbio, através do qual surge a consciência crítica. Esta, por sua vez, se supunha a ""comunicação existencial" e a "construção da pessoa" estava, em Freire, longe de deixar de possuir um caráter iluminista.

Essa defesa do espaço pedagógico, contra uma decidida primazia da objetividade sobre a consciência que o elimina ou drasticamente o reduz, vamos encontrar também em EPL. Aí ele repete a argumentação de EAB, indicando que a dialogação do "homem sobre o mundo e com o mundo" é uma capacidade que ele adquire com a transitivação da sua consciência. Mas há de distinguir este primeiro movimento de "tomada de consciência" da "conscientização":

> (...) esta não será (...) algo apenas resultante das modificações econômicas, por grandes e importantes que sejam. A criticidade, como a entendemos, há de resultar de trabalho pedagógico crítico, apoiado em condições históricas propícias"[55].

O que ele propusera com seu método no início dos anos 60, afirma Freire em 1965, fora uma educação "crítica e criticizadora" que

---

[53] Ibidem. p. 35.
[54] Ibidem. pp. 32-3. Ver também Freire, Paulo. EPL, op. cit., p. 62.
[55] Freire, Paulo. EPL, op. cit., p. 60 e 61, nota 23. Ver citação n. 8.

194

(...) tentasse a passagem da transitividade ingênua à transitividade crítica (...) colocando o homem brasileiro em condições de resistir aos poderes da emocionalidade (...) armá-lo contra a força dos irracionalismos, de que era presa fácil, na emersão que fazia, em posição transitivamente ingênua"[56].

A educação era o instrumento para evitar que o povo "emergente, mas desorganizado, ingênuo e despreparado, com fortes índices de analfabetismo e semi-analfabetismo", fosse joguete dos irracionalismos"[57]. Ensinando os meandros da crítica a um povo inexperiente em matéria de democracia e cujo analfabetismo contribuía para aprofundar a ingenuidade, tal educação o faria racional e flexível. Não podia, evidentemente, ser uma educação qualquer, mas uma "educação para a decisão, para a responsabilidade social e política", uma educação reformada[58]. E ele cita a Mannheim nesse contexto para dizer que as revalorizações numa sociedade em mudança devem apoiar-se no consentimento e na compreensão intelectual: a passagem para a "consciência crítica" era, pois, a passagem para a dominância da razão e requereria um sistema completamente novo de educação[59]. Tal trabalho educativo deveria possibilitar "a discussão da sua problemática", advertir o homem dos perigos do seu tempo (contra a massificação), educá-lo para o diálogo com o outro, para a procura da verdade, para a busca de uma compreensão "objetiva", "científica", da realidade. Não se tratava de uma educação para a rebelião (ingênua e por isso emocional), mas para a sua inserção na

---

[56] Ibidem. p. 86.

[57] Ibidem. p. 87.

[58] Ibidem. p. 88.

[59] Um sistema, diz ele citando Mannheim, "que concentre suas maiores energias no desenvolvimento de nossos poderes intelectuais e dê lugar a uma estrutura mental capaz de resistir ao peso do ceticismo e de fazer frente aos movimentos de pânico quando soe a hora do desaparecimento de muitos dos nossos hábitos mentais". A proposta de Mannheim não é mais que aquela da recuperação do equilíbrio pela dominância da razão, pela compreensão da realidade transformada que destruíra as crenças trazendo o ceticismo e o pânico, numa forma de pensar que é, no fundamental, inspirada em Ortega (um autor que Mannheim classifica como "estimulante"). (ibidem. p. 89).

realidade[60]. Uma educação para o "saber democrático", para a mudança de atitude, para a análise e o debate, para a troca de idéias e de experiências: em suma, para e pela "comunicação de consciências". Defendido o espaço pedagógico, ele parte para a busca de um instrumento que servisse de resposta à pergunta: como proporcionar ao homem meios de superar suas atitudes, mágicas ou ingênuas, diante de sua realidade? Através de uma relação dialogal, de comunicação entre pessoas, "não somente nas questões vitais para a nossa ordenação política, mas em todos os sentidos do nosso ser", diz ele citando Jaspers[61]. Ele propõe, portanto, uma pedagogia da comunicação calcada sobre a dialética das relações inter-humanas. Ela, porém, se insere no quadro mais amplo do isebianismo, o qual vai reduzir tais princípios gerais às suas exigências — do mesmo modo que Mannheim e Jaspers os atrelaram ao objetivo mais geral de justificação do capitalismo e de defesa da democracia representativa.

---

[60] Ibidem. pp. 89-91. Freire preocupa-se, como seus inspiradores nacionais e estrangeiros, com a "rebelião das massas", buscando evitá-la através de uma educação para o uso da razão. Em várias passagens ele se refere à necessidade de conduzir a "rebelião popular à inserção" (ibidem. pp. 92 e 94. por exemplo). A rebelião seria ingênua, passional, embora "um sintoma em ascensão". A simpatia por esta rebelião é que o levava, aliada a um profundo senso de responsabilidade, a lutar pela passagem da ingenuidade à criticidade, fazendo que a rebelião se transformasse em inserção no contexto (ibidem. p. 92). Traduzindo-se tais afirmações no quadro do isebianismo (dentro do qual elas são feitas), trata-se de evitar as rebeliões populares que de nada serviam à revolução brasileira, pacífica e comandada pela razão de acordo com as necessidades daquela "fase" histórico-cultural: a inserção na realidade implicava o reconhecimento de tais necessidades e a atuação em função delas. Por outro lado, o analfabetismo das massas e sua "inexperiência democrática" ameaçavam esta inserção, ou seja, ameaçavam potencialmente o "projeto nacional". Conduzir as massas da rebelião à inserção implicava a superação do analfabetismo e a educação para a prática democrática. (ibidem. p. 94). A inserção seria exatamente o que poderia evitar a "massificação" do povo que "emergia" em razão da "rachadura da sociedade". (ibidem. p. 107).

[61] Freire descreve aí, apoiado em Jaspers, o que seria o diálogo e o antidiálogo, mostrando exatamente que apenas no primeiro nos vemos diante da verdadeira comunicação entre consciências, capaz de existir onde há uma relação de simpatia e de reconhecimento entre sujeitos. O diálogo seria o instrumento eminente da comunicação que envolveria tanto as questões existenciais num sentido mais estrito quanto aquelas ligadas à organização social e política.

Observamos, no entanto, que o tom de polêmica que estava presente em EAB desapareceu em EPL, embora as posições sejam as mesmas. Do mesmo modo desapareceram as citações de Guerreiro Ramos. Mas Vieira Pinto continuou sendo um dos esteios do pensar sócio-político e pedagógico de Freire. Em IDN Vieira Pinto não está preocupado com os condicionantes infra-estruturais das transformações na consciência das massas: ele se propõe fazer um "estudo fenomenológico daquilo em que consiste a transformação da consciência, do que implica e acarreta como conseqüência"[62], programa que ele, aliás, cumprirá extensamente anos mais tarde. Mas certamente Vieira Pinto aceita a influência dos fatores econômicos sobre a consciência, o que tampouco é negado por Freire. E termina por defender em 1956 uma idéia que coincide exatamente com aquela que será apresentada por Freire em 1959, ao reclamar um espaço pedagógico. Diz ele:

> Quando o processo de desenvolvimento nacional (...) dá a indivíduos existentes no seio da massa a oportunidade de superação (do estado de consciência potencial em expectativa, conforme Vanilda Paiva) ocorre uma súbita *tomada de consciência* (grifo meu) da sua situação e, através dela, da realidade brasileira em geral[63].

Este indivíduo começaria a converter-se de "ser meramente sensitivo" em "ser expressivo", "fazendo o descobrimento de sua própria voz e utilizando-a para exprimir sua miséria e reclamar contra ela. Esta seria uma "fase inicial, como dealbar da consciência", em que o descobrimento da voz se manifesta no inconformismo com a situação e a expressão do sofrimento. Ocorre, porém, diz Vieira Pinto, que este processo de crescimento consciente não pára nunca, e começa em seguida a se revestir de formas lógicas, encaminhando-se o indivíduo para a "maturidade do seu processo consciente", metamorfoseando-se a "consciência sensitiva em consciência representativa": ele agora especula, compreende, possui uma idéia e busca transformá-la em ações. Por isso é que Vieira Pinto vai poder afirmar que "todo avanço histórico é necessariamente produto das idéias que a cada instante do tempo huma-

---

[62] Vieira Pinto, A. IDN, op. cit., pp. 17-8.
[63] Ibidem. p. 19.

no são possuídas por um grupo social e, por isso mesmo, inspiram certo projeto de futuro"[64].

Que temos então em IDN? Temos um primeiro momento em que o desenvolvimento, as condições objetivas provocam uma "tomada de consciência", com o que Freire está de pleno acordo. O homem que "toma consciência" de sua situação ganha voz, protesta mas não sabe como explicá-la: não compreende o mundo em que vive, não possui uma consciência crítica da realidade nacional a partir da qual possa entender sua situação e do seu grupo social, porque sua consciência *é* "sensitiva" (percebe a mudança) e não "representativa" (entende a mudança). Traduzido nas palavras de Freire, aquele homem antes mudo, incapaz de "dizer a sua palavra" porque sua fala fora "tolhida" na estrutura social e política como a que descrevera Oliveira Vianna, começava a liberar-se do "mutismo" em conseqüência das transformações por que passava a sociedade brasileira. Nesse primeiro momento, que ele chamaria de "transitivação" de sua consciência, este homem descobre a sua voz mas articula de maneira ainda "prélógica" suas explicações da realidade[65]. O próximo passo, portanto, tanto em Freire quanto em Vieira Pinto, seria a aquisição de uma consciência crítica, de idéias adequadas à interpretação correta da realidade; em suma, de um mais elevado "grau de claridade" da consciência, de uma consciência representativa[66]. Ora, como para Vieira Pinto o desenvolvimento dependia da "ação dos agentes voluntários" (com o que também concorda Freire, que cita o trecho em questão), era preciso levar ao "agente" do desenvolvimento tal claridade de consciência: o "projeto nacional", diz o filósofo isebiano, se realizaria "tão mais felizmente" quanto "mais ampla for a sua propagação ideológica". Uma vez conquistadas as consciências, as idéias que nelas penetram se transformam em ação de acordo com um projeto de futuro. Por isso é que ele afirma ser o desenvolvimento função da consciência das massas: as massas são o seu sustentáculo e o serão tão mais eficazmente quanto

---

[64] Ibidem. p. 21. Ver também pp. 19 e 20.

[65] Ver Freire, Paulo. EPL, op. cit., pp. 66-7, p. 74, nota 28. Em muitas passagens aparece a questão do mutismo como conseqüência do paternalismo que impede a comunicação (p. 69). Mas o povo iria ganhando voz "quando novas condições faseológicas vão surgindo", propiciando condições para o diálogo (p. 76).

[66] Vieira Pinto, A. IDN, op. cit., p. 27.

mais voluntariamente realizarem as tarefas que lhes cabem no "processo". Para isso seria fundamental realizar junto a elas um trabalho de "clarificação ideológica". O processo de transformação, diz ele, é, evidentemente, um processo interior, mas "admite aceleramento por influência exterior. Isso é o que constitui a noção social de educação". Havia, pois, de "imprimir novo rumo à nossa educação a fim de orientá-la, sem compromisso com qualquer credo político, no sentido do desenvolvimento econômico. Uma teoria da educação deverá surgir, cuja tarefa inicial será a de definir que tipo de homem se deseja formar para o desenvolvimento do país", concentrando nossos esforços pedagógicos na "formação de uma nova mentalidade[67]. E mais: é preciso, diz ele, que o projeto de desenvolvimento seja assimilado pelo povo e termine por "identificar-se à consciência das massas"[68]. Assim, não estamos diante de uma concepção distinta daquela de Jaguaribe quando ele propõe um "partido do desenvolvimento" acima das classes e dos credos políticos unificando-os e reconciliando-as em nome da grandeza do ser nacional.

Ora, a concepção pedagógica presente em IDN não é efetivamente menos autoritária do que aquela que vamos encontrar em Guerreiro Ramos, Roland Corbisier e Hélio Jaguaribe. O espaço pedagógico que eles abrem é exatamente aquele no qual cabe e o qual exige uma pedagogia diretiva, autoritária, iluminista. E Freire segue os passos de seus mestres em 1959. O homem deve ganhar consciência, interpretar corretamente a realidade, conquistar o direito de ingerência na vida política. Mas o conteúdo da consciência, as conclusões da análise, bem como a forma e os limites da ingerência já estão dados por intelectuais iluminados: este é um jogo de cartas marcadas, cuja pedagogia serve à sua "adequada" distribuição. Ela pretende fazer do homem "agente de sua própria recuperação", ajudá-lo a ajudar-se, a rejeitar o assistencialismo, o paternalismo, a assumir suas responsabilidades perante a sociedade, a participar. Tudo isso, porém, dentro de um "senso de perspectiva histórica", aceitando as restrições impostas pela "fase" histórico-social, "ideologizando-se", ou seja, aceitando a ideologia do desenvolvimento nacional[69]. Tratava-se de torná-la uma ideologia (e

---

[67] Ibidem. p. 49-50.
[68] Ibidem. p. 36.
[69] Freire, Paulo. EAB, op. cit., pp. 17-9.

seu respectivo projeto) consentida[70]. E como o projeto de desenvolvimento nacional correspondia, no plano propriamente político, à democracia representativa, tratava-se de uma pedagogia que servisse para combater a "inexperiência democrática" dos brasileiros. Por isso Freire lamenta diversas vezes em 1959 que os professores do ISEB, em especial Vieira Pinto, nem sempre fossem "bem compreendidos na sua ideologia do desenvolvimento"[71].

Se as citações de IDN e dos demais "isebianos históricos" desaparecem em 1965, surgindo apenas indicações de CRN, e se também desaparece a polêmica contra a "teoria do reflexo", significaria isto que Freire a aceitou ou que ele se ateve a apenas alguns aspectos da obra de Vieira Pinto? Essa última hipótese nos parece mais adequada. Em CRN a primazia da objetividade sobre a consciência é explícita nas primeiras páginas da obra. Diz Vieira Pinto:

> A sociedade brasileira atingiu uma etapa de seu processo em que se está produzindo profunda alteração da sua consciência (...) consciência em plena formação motivada por essenciais alterações da nossa estrutura social e econômica[72].

Posições distintas no processo geral de produção dos bens materiais dariam origem a diferentes modalidades de julgamento da realidade: o operário que executa uma obra utilizando-se de materiais e ferramentas estaria pondo em prática uma consciência objetiva, crítica da realidade, ou seja, a formas adiantadas de produção corresponderiam "taxas" mais elevadas de "pensamento crítico"[73]. Esse crasso materialis-

---

[70] Ibidem. p. 21.
[71] Ibidem. pp. 13, 18 e 20.
[72] Vieira Pinto, A. CRN, vol. I, op. cit., p. 11.
[73] A sua argumentação "materialista" utiliza-se, na verdade, do conceito de "amanualidade" (estar à mão) tomado à filosofia da existência, a qual o autor explicitamente repudia mas que determina não somente muitas das posições que defende e a própria forma como as defende. Assim, o trabalho e o nível da técnica de que se utiliza o homem para trabalhar são essenciais na determinação da consciência que este homem tem da realidade, mas a ação transformadora da realidade através do trabalho é, na verdade, "trabalho vivenciado" que cria a cultura e a história, um mundo objetivo carregado de significação existencial (ibidem. pp. 67 ss). No vol. II, 22, numa argumentação profundamente influída pelo existencia-

mo que, não sem razão, indica o Padre Vaz revelar uma posição que fica aquém daquela defendida por Luckács em *História e consciência de classe*, é temperado, na obra de Vieira Pinto, por níveis os mais diversos de contradição. Em primeiro lugar, é possível, para ele, escapar a esse determinismo reflexo: basta reconhecer, em qualquer condição de existência, os motivos que determinam a consciência que se tem da realidade[74]. Em segundo lugar, na parte final do seu livro, já perplexo diante da radicalização política no Nordeste do país, ele vai admitir que as transformações do país como um todo se refletem na consciência não apenas daquele que executa o trabalho produtivo mais avançado, mas igualmente sobre a consciência daqueles que longe se encontram de uma inserção no trabalho industrial[75]. Finalmente, ele oscila — em função mesmo do papel positivo assumido pela ideologia entre os isebianos, no que são devedores da filosofia da existência[76] — da "teoria do reflexo" ao mais absoluto idealismo. O desenvolvimento não se daria espontaneamente (senão num primeiro momento), mas seria impulsionado por fatores ideológicos. Claro que nestes a realidade se reflete; mas eles também a antecipam através de um projeto de futuro. Usando esta lógica ele vai desembocar na defesa de uma posição tão extrema, embora oposta, como aquela da qual partira, afirmando que "os fatores ideológicos produzem o processo de desenvolvimento": na medida em que a realidade social é explicada, as idéias tendem a se transformar em ações conscientes que comandam o desdobramento das modificações que ocorrem na realidade.

---

lismo, ele afirma claramente que faltara aos fenomenologistas a compreensão do trabalho como fator de transformação qualitativa da realidade social (p. 22). Ver ainda p. 18 sobre as "taxas" de "pensamento crítico".

[74] A formação de uma "consciência adequada" da realidade dependeria profundamente do reconhecimento da tese que vê na base econômica o fator condicionante da consciência. Este reconhecimento poderia libertar o seu portador da ingenuidade que a tornava, antes, "inadequada". Em Vieira Pinto, como nos demais autores isebianos, reconhece-se a leitura de Mannheim.

[75] Vieira Pinto, A. CRN, vol. II, p. 429.

[76] A ideologia, como observou Michel Debrun na época, não era vivida como um déficit ou uma alienação coletiva, mas como um serviço a ser prestado pelos intelectuais à coletividade, ajudando-a a autocompreender-se e a forjar um projeto de transformação da realidade histórico-social. Ver Debrun, Michel. "Nationalisme et politique du développment au Brésil". *Sociologie du travail.* n. 6, 1964, pp. 240-1.

Ocorreria, na verdade, uma "ação causal recíproca" entre a estrutura material e a consciência que desencadeia a ação. A alteração da primeira seria essencial à emancipação, ao "despertar do país para a consciência crítica". Uma vez, porém, ocorrido tal processo, "a representação subjetiva passa a ser cada vez mais o fator preponderante nesta polaridade (...) passa a comandar o processo"[77]. Por isso Vieira Pinto pode referir-se ao papel da "comunicação reveladora" e, tal como em 1956, desembocar na proposta de uma pedagogia iluminista, que resulta exatamente do seu autoritarismo e do seu ontologismo. Se na ideologia se funde "o aspecto intelectual com o volitivo" transformando-se o conhecimento da realidade em ação para transformá-la, ele propõe de forma conseqüente a transformação do estado consciente: a passagem da consciência ingênua à consciência crítica. Se os fatores ideológicos produzem o processo de desenvolvimento, é necessário um movimento de "clarificação ideológica" que explique o "mecanismo histórico condicionador do novo processo social", denunciando a consciência ingênua e promovendo a consciência crítica da realidade nacional. A educação adequada é aquela que propaga o pensar crítico, que é oferecida por quem possui uma consciência crítica da realidade, em que uma consciência crítica suscita o aparecimento de outra consciência crítica[78].

Vieira Pinto não pensa em termos de propaganda pura e simples, em mera difusão da ideologia do desenvolvimento nacional. Tal como Guerreiro Ramos que, num trecho citado por Freire e repetido por ele em vários dos seus livros, pretende rejeitar os esquemas paretianos de manipulação emocional das massas pelas elites", também Vieira Pinto recusa-se a tratar "o problema da ação política segundo um esquema meramente psicológico de manipulação dos comportamentos emocionais das massas"[79]. No lugar da "propaganda entorpecedora" entra a comunicação, a discussão, a persuasão, que é eficaz até mesmo porque seu resultado está legitimado através da autenticidade (ou seja, como explica Jaguaribe, pelo fato de que corresponde às necessidades "faseológicas" da comunidade naquele momento): a propaganda é desnecessária porque as massas reconhecem aquela ideologia como "o autêntico pensamento de que careciam para exprimir o seu projeto de existência" e é

---

[77] Vieira Pinto, A. CRN, vol. I, p. 92.
[78] Ibidem. vol. I, p. 121.
[79] Vieira Pinto, A. CRN, vol. I, p. 50.

por isso que ela assume automaticamente um caráter operatório[80]. Assim, em função mesmo do papel central da ideologia como motor das transformações, era necessário conquistar as consciências, educá-las para adaptá-las ao processo. Não se tratava de educação como armazenamento do saber ou como erudição (de uma "educação bancária" como diria Paulo Freire anos mais tarde), mas de uma educação das massas (e também das elites) para a participação política e para a criação cultural, para a contribuição para o desenvolvimento do país e fortalecimento da nação. O espaço pedagógico em CRN é tão amplo, tão autoritário e tão iluminista quanto em IDN, e Freire o percebe a despeito do proclamado "primado do ser sobre a consciência", que permeia aquela obra. Ele deixa espaço a uma "comunicação de consciências", mas esta não é uma comunicação de iguais: é uma "comunicação" entre a massa e seres iluminados que logram "converter em enunciados ideológicos os pressupostos lógicos das condições em que (as massas a serem iluminadas) desempenham o seu trabalho[81]. O autoritarismo aí subjacente não se desvincula da defesa de uma ideologia burguesa, defesa feita em nome das massas. Não há dúvida de que Freire identificou claramente o espaço pedagógico presente em IDN e em CRN. Mais do que isso: ele buscou responder, em termos pedagógicos, às exigências do isebianismo, e que são tornadas explícitas por Vieira Pinto na forma de questionamento dos "pedagogos administrativos" de que dispunha o país e do estímulo à busca de uma pedagogia adequada à realidade nacional. Que Freire parte da ideologia isebiana e suas exigências ao procurar desdobrar suas idéias pedagógicas e formular um método de alfabetização, podemos constatar nas suas próprias palavras. Diz ele: "Diante das análises feitas nos capítulos anteriores, preocupava-nos encontrar uma resposta, no campo da pedagogia, às condições da fase de transição brasileira", que levasse em consideração o desenvolvimento e a participação popular[82]. Essa pedagogia calcada sobre o diálogo só era possível em conseqüência da industrialização, da transformação das bases materiais da sociedade e seu impacto sobre a consciência. Com isso, ele não estava aderindo à teoria do reflexo, mas reconhecendo que determinadas condições materiais (criadas pela indústria, pela vida ur-

---

[80] Ibidem. p. 50.
[81] Ibidem. p. 145.
[82] Freire, Paulo. EPL, op. cit., p. 85.

bana, pelo desenvolvimento, em última instância, pelo capitalismo) ampliavam o espaço pedagógico. Não possibilitavam apenas uma percepção automática da mudança, uma transformação reflexa da consciência, mas abriam as portas à comunicação. Em suas palavras: "a dialogação implicava uma mentalidade que não floresce em áreas fechadas, autarquizadas", na qual predomina o mandonismo, a imposição. "No grande domínio não há diálogo. Há paternalismo." Não há "comunicação de consciências" no mundo rural; ela surge onde a distância social não é tão marcada, onde as pessoas podem ganhar voz para discordar e protestar. Há, pois, diálogo, nos centros urbanos, nos regimes democráticos, na sociedade moderna[83]. A sua pedagogia só é portanto viável numa sociedade moderna ou que caminha para a modernidade, para o desenvolvimento; ela promove a consciência da ingenuidade à criticidade[84], atingindo tanto as massas quanto as elites. E porque transmite um conteúdo que coincide com o do nacionalismo-desenvolvimentista, ela não logra escapar ao autoritarismo, ao iluminismo e ao diretivismo que permeiam aquela ideologia.

A nosso ver, o próprio nacionalismo representou um forte estímulo para a busca pedagógica de Freire. Seu trabalho aparece como a contrapartida pedagógica (a "redução pedagógica") da "redução sociológica" de Guerreiro Ramos ou da "redução filosófica" de Vieira Pinto. E quem formulou explicitamente a necessidade de fazê-la surgir como já indicamos foi Vieira Pinto: a sociedade brasileira em transformação exigia o combate ao pedagogo "colonial", seus métodos e suas crenças, e o surgimento de uma pedagogia comprometida com a realidade nacional. Ela supunha também a rejeição da escola distanciada da realidade e o combate à idéia do analfabeto como incapaz; a filosofia correta do analfabetismo, segundo Vieira Pinto, deveria ser aprendida com os próprios analfabetos[85]. Uma educação e uma pedagogia adequadas à

---

[83] Ibidem. pp. 71-72.
[84] Ibidem. p. 63.
[85] Vieira Pinto, A. CRN, vol. II, p. 447. Para Vieira Pinto o analfabeto não era um homem privado da capacidade de ler e sim da necessidade de ler (p. 446), defendendo então uma posição mais avançada que Freire, ainda preocupado com as conseqüências danosas do analfabetismo. Isso ainda fica mais claro quando Vieira Pinto diz que "o analfabeto é educado pelas condições da sociedade para se tornar analfabeto (...). Alfabetizar e analfabetizar são duas formas de educação que a

realidade brasileira deveriam ter o processo nacional como centro: ele deveria ser o real educador dos educadores nacionais. E Freire lançou-se ao atendimento de tais sugestões e exigências, fosse através da busca de uma pedagogia que servisse à discussão do "processo nacional" (como nos seus Círculos de Cultura no MCP de Pernambuco), fosse pelo seu desdobramento num método de alfabetização. Ele pôs mãos à obra: "experimentamos métodos, técnicas, processos de comunicação. Superamos procedimentos"[86] buscando uma pedagogia que servisse ao desenvolvimento e à democracia, às características da vida urbana e moderna, chegando a um produto que coloca, no lugar do professor, o coordenador; no lugar da aula discursiva, o diálogo; no lugar do aluno, o participante; no lugar dos programas alienados, uma programação compacta, "reduzida" ao essencial[87]. Ora, nos vemos diante de um tipo de pedagogia ativa, que deixa espaço à participação: dentro do microuniverso da sala de aula o indivíduo aprende democracia (tal como pensavam também os escolanovistas), discutindo, porém, os problemas de fora da escola. Uma pedagogia que elimina ou reduz o autoritarismo presente nas relações professor-aluno e que, por essa forma de comunicação, de diálogo, prepara para a nova sociedade, moderna e democrática. Ao que parece, o método se estrutura já nos anos 60 a partir de regras não-diretivas, mas visa um resultado que não se desprende muito facilmente de uma visão iluminista (e, portanto, diretiva em termos de conteúdo) da educação. Se o "projeto de desenvolvimento" deve ser assimilado pelo povo até identificar-se à consciência das massas, como queria Vieira Pinto, não seria aquele tipo de pedagogia a única capaz de ter êxito, se se pretende escapar à propaganda ideológica mais aberta e evidente? Não seria Freire coerente com idéias defendidas em CRN ao propor um método cuja programação compacta "reduz" ao essencial aquilo que deve ser assimilado? Se consultamos CRN, vamos encontrar aí também uma proposta "redutora": o decisivo para a formação de

---

sociedade está constantemente destinando a duas classes de seus infantes, de acordo com a situação de trabalho e de nível econômico que lhes oferece. É portanto a mesma sociedade que cria escolas e campanhas de alfabetização que está custeando também a analfabetização das suas restantes massas proletárias e camponesas" (ibidem. p. 383-4).

[86] Freire, Paulo. EPL, op. cit., p. 102.

[87] Ibidem. p. 103, nota 2.

uma nova consciência social da comunidade era a instalação de "certo número de princípios geradores do pensar crítico" na massa, a assimilação não necessariamente de um "pensar crítico explícito" por todos, mas de um certo número de conceitos fundamentais "configuradores de uma representação do seu próprio estado e do mundo a que pertencem, qualitativamente distinta da que antes a caracterizava"[88]. Se bastavam alguns princípios, bastavam também poucas horas (quarenta) para que eles fossem transmitidos por uma discussão que desembocava na temática central do ISEB: a realidade brasileira e o desenvolvimento nacional. Retornaremos a essas questões nos itens 4 e 5 deste Capítulo. Antes, porém, devemos ainda ater-nos à questão do "autoritarismo iluminado" isebiano e sua pedagogia, retomando mais especificamente o trabalho escrito por Freire em 1959.

3. Democracia burguesa e diretividade pedagógica

Já indicamos anteriormente que Freire assumiu, em 1959, uma posição profundamente diretiva, autoritária, em conexão explícita com a aceitação do isebianismo, e não é preciso muito esforço para demonstrá-lo. É certo que vamos encontrar passagens em que Freire fala em "vencer aquele autoritarismo". Mas qual será ele e como deve ser vencido? O autoritarismo de que ele fala é aquele que corresponde à sociedade arcaica, é o autoritarismo crasso, violento, tal como se apresenta na sociedade descrita por Oliveira Vianna e que era especialmente perceptível no interior do Nordeste. Contra ele, Freire levanta o processo de democratização. Como ajudar a este processo? "Ajustando-se às condições faseológicas do nosso processo", diz ele[89], ou seja, aceitando o desenvolvimento capitalista e a democracia representativa. O autoritarismo manifesta-se nos escritos de Freire na mesma forma em que aparece entre os isebianos: estes já sabiam, por suas análises "objetivas", qual era aquele sentido, compreendiam a "fase histórico-social" vivida pelo País e por isso podiam captar suas exigências e iluminar a socieda-

---

[88] Vieira Pinto, A. CRN, vol. I, op. cit., p. 107.
[89] Freire, Paulo, EAB. op. cit., p. 12.

de com tal conhecimento. Podiam propor uma "ideologia do desenvolvimento" porque sabiam-na o melhor para todos: havia, pois, de convencer a todos da sua adequação e bondade. E nesta proposição há um lado de combate ao "autoritarismo arcaico": a iluminação da sociedade só poderia fazer-se pela luta no nível da consciência, no nível da ideologia. Dependia da pedagogia, não da violência; supunha as liberdades burguesas, ao mesmo tempo em que servia para sedimentá-las.

Uma tal pedagogia — que possibilita a crítica da "sociedade arcaica", visando o apoio à "sociedade moderna" e que, em última instância, se posiciona na luta supostamente travada entre a burguesia agrário-comercial e a burguesia industrial urbana nacional pela hegemonia política —, vem carregada de um conteúdo. O homem que apóia a sociedade moderna deve desenvolver "disposições mentais democráticas com as quais se identifique com o clima cultural novo"; com elas o "homem nacional", tendo adquirido igualmente um "senso de perspectiva histórica", pode participar adequadamente do "processo". Ora, a "apropriação dessa perspectiva histórica, que ele incorporará à sua sabedoria, com o desenvolvimento de sua consciência crítica", estava diretamente ligada à aceitação da idéia das "fases histórico-culturais" e da legitimidade e necessidade de sedimentação do capitalismo nacional. Isso fica especialmente claro quando Freire nos diz que aquela "perspectiva histórica" é que faria esse homem capaz de "compreender restrições de que às vezes resultam sacrifícios pessoais e coletivos e que, porém, são necessários ao interesse geral": essa capacidade de aceitar esses "sacrifícios e restrições, quase sempre pesados, em fases como a que vivemos — de desenvolvimento econômico, de que depende a nossa própria sobrevivência"[90] —, é que tornaria aquele desenvolvimento possível. Em suma, o que encontramos em Freire não é muito distinto da proposição da aceitação de sacrifícios pelos trabalhadores em nome do desenvolvimento da nação, ou da afirmação de Jaguaribe de que o nosso era ainda um "capitalismo manchesteriano": se os trabalhadores compreendessem as necessidades da "fase", seria possível integrá-los numa aliança política que, em última instância, visava à conquista definitiva da hegemonia política pelos representantes do capital industrial.

---

[90] Ibidem. p. 18.

Efetivamente, aquela passagem em EAB é secundada por outras, citadas de IDN, em que a perspectiva autoritária é absolutamente nítida. Diz ele que a antinomia que "define o processo de desenvolvimento numa democracia política" é aquela entre o poder público e os "agentes voluntários", entre a faculdade do primeiro de planejar o desenvolvimento e a necessidade de conquistar o consentimento dos agentes para que eles atuem no sentido de executar os planos[91]. Ora, este Estado ao qual Vieira Pinto, fazendo jus a suas origens políticas, reconhece a capacidade de obter uma "informação total" e a "natural potestade de comando", não pode, na democracia representativa, impor seus planos sem convencer os "agentes" da sua justeza. Por isso, a "promoção do desenvolvimento nesse regime político — diz ele — depende da presença das idéias e do grau de claridade das consciências"; desse modo, nada mais conseqüente que reconhecer o problema educacional como um problema central para o desenvolvimento nacional e fortalecimento da Nação. Sua questão era: como "promover o progresso da ideologia na consciência nacional, de que modo se difunde, por que meios é possível favorecer esta difusão?"[92]. Perguntamos: difundir o quê? E Freire responde claramente, algumas páginas adiante: "o que é preciso é aumentar-lhe o grau de consciência dos problemas do seu tempo e de seu espaço. E dar-lhe uma 'ideologia do desenvolvimento' "[93]. Todo o problema se resumiria num problema de educação e de organização ideológica, diz ele citando Jaguaribe[94]. Esta perspectiva autoritária que se vê em Vieira Pinto, e que atinge formas de expressão "sem rodeios" em Jaguaribe, mostra-se muito claramente na passagem em que Freire imagina "o que não poderão fazer comunidades assim *ideologizadas* no esforço de sua recuperação"[95]. O desenvolvimento seria possível exatamente na medida em que a "ideologia do desenvolvimento nacional" penetrasse nas mas-

---

[91] Ibidem. pp. 18-19. Em todo o trecho Freire cita uma única vez o livro de Vieira Pinto, remetendo, porém, às pp. 22 a 41 de IDN, um livro que possui menos de 40 páginas de texto efetivo.

[92] Ibidem. p. 19.

[93] Ibidem. p. 28.

[94] Ibidem. p. 28.

[95] Ibidem. p. 19. "Medite-se ainda — diz ele — no que representa para países subdesenvolvidos como o Brasil (...) a inserção do povo no esforço de recuperação econômica de suas comunidades. E não só econômica, mas política e social."

sas, nos "agentes voluntários", criando uma "consciência popular do desenvolvimento".

Freire propõe assim, em 1959, uma pedagogia diretiva: educar as massas era conquistá-la para a "ideologia do desenvolvimento" formulada pelos isebianos, sendo a "participação conscientemente crítica" aquela que aceita tal formulação e se põe a serviço do desenvolvimento nacional. Se aceitamos que o isebianismo é uma expressão teórica do populismo[96], não podemos deixar de perceber tal caráter nesta tradução pedagógica do nacionalismo-desenvolvimentista por Freire. Entende-se também a articulação, dentro desse esquema, da problemática da massificação: se a "consciência crítica" era, naquele momento, uma consciência que devia gerar ações voltadas para a conquista da hegemonia política pela burguesia industrial, mostrar-se-ia como perigosa e inadequada à "fase" toda consciência trabalhadora que levasse a crítica adiante e se colocasse contra a dominação burguesa. Desqualificar como "fanatizada" ou "massificada" a consciência não-comprometida com aquela perspectiva política é um procedimento que se integra de maneira coerente nas idéias defendidas em 1959.

Ao escrever sua tese para concurso, pensando o problema educacional em conexão com uma formulação ideológica à qual aderiu, Freire era coerente com o sentido profundo do isebianismo. Seus teóricos, preocupados com a "ascensão" e com a "rebelião" das massas, movidos pelos ideais de desenvolvimento econômico característicos do pós-guerra, convencidos — pela incapacidade de perceber os rumos tomados pela acumulação no nível mundial[97] e pela pregação cepali-

---

[96] Weffort, Francisco. "Política de massas". In: Ianni, Otávio (org.) *Política e revolução social no Brasil.* Rio de Janeiro, 1965. Analisando o nacionalismo-desenvolvimentista do ponto de vista de sua função ideológico-política, Weffort o apresenta como um "populismo ideológico", ou seja, como justificação do populismo no sentido latino-americano: como expressão espontânea da ascensão das massas e sua incorporação ao regime através da sua manipulação por líderes carismático-modernizadores. O nacionalismo, por sua vez, seria um "populismo mais refinado e menos eficiente por encontrar-se desligado das massas populares" (p. 192).

[97] Preocupados com a "interpretação global da realidade brasileira" num marco teórico eclético e descurando a comprovação empírica das bases sobre as quais se apoiava sua interpretação, os isebianos não lograram captar as reais tendências do seu tempo, enxergando além da percepção interessada da realidade

na[98] — da possibilidade de levar adiante o processo de substituição de importações num modelo de crescimento "auto-sustentado" que supunha um capitalismo nacional forte, teorizam claramente a manipulação das massas. Eles buscavam fórmulas, dentro do jogo da democracia parlamentar, que permitissem a uma facção da classe dominante (a burguesia industrial) lutar e derrotar uma outra facção desta mesma classe (a burguesia agrário-comercial), realizando por via pacífica (eleitoral) o que, no período, convencionou-se chamar de a "revolução brasileira"[99]: a "frente nacional" era o instrumento desse combate e nela se exprime o objetivo formulado claramente por Pareto, que afinal encontrou muitos leitores entre os isebianos. Diz ele: "a classe dominante deve reconhecer exatamente a mentalidade das massas e saber como manejá-las a partir desse reconhecimento"[100], de modo a manter a sua

---

imposta a eles pela ideologia que elaboraram. Mas o seu trabalho deve ser visto também dentro da época em que se desenvolveu, ou seja, um momento em que as análises da nova fase do capitalismo (o capitalismo tardio) e da ação do capital altamente centralizado no nível internacional (Sweezy e Baran, Ernst Mandel etc.), bem como suas conseqüências para os países subdesenvolvidos, não estavam suficientemente formuladas.

[98] Os isebianos reconhecem a influência do pensamento econômico da Cepal sobre a sua ideologia e Guerreiro Ramos pretendia, explicitamente, transpor o raciocínio econômico característico dos peritos da Cepal para a análise da sociedade.

[99] Nas palavras de Vieira Pinto, a revolução em marcha não era "reviravolta política, sublevação militar, arruaça popular; consiste essencialmente na mudança da estrutura da sociedade, mediante a transformação das relações básicas do processo econômico". Era uma "revolução legal", que servisse para "acelerar o processo de eclosão de instituições econômicas voltadas para o atendimento exclusivo do interesse nacional". Ver Vieira Pinto, A. CRN, vol. 2, p. 158. A mesma idéia é defendida pelos demais isebianos. Guerreiro Ramos, por exemplo, afirmava que estávamos diante da revolução nacional, a qual "não está necessariamente associada aos eventos dramáticos que constituem o cortejo habitual das insurreições e quarteladas" e que consistiria na "mudança qualitativa que se opera, numa coletividade humana, quando passa de uma fase histórica para outra superior". Era uma ruptura com a dominação de grupos oligárquicos privilegiados; não era uma revolução social, mas uma redistribuição do poder no interior da classe dominante. Ver Guerreiro Ramos, A. *Condições sociais do poder nacional.* Rio de Janeiro, MEC/ISEB, 1957, pp. 35-37.

[100] Apud Horkheimer, Max. "Ideologie und Handeln". In: Lenk, Kurt, *Ideologie.* Neuwied, Luchterhand, 1971, p. 309.

dominação dentro de um sistema em que formalmente o poder político emana do povo, ou seja, dentro da democracia formal. Assim, não está em questão a dominação de classe: esta é legítima, de interesse também das classes dominadas, na medida em que serve a um objetivo maior, ao progresso, à modernização, à nação forte e independente. Tais objetivos prendiam-se ao ideal de generalização das relações capitalistas de produção, de destruição de relações não-capitalistas características da sociedade sob a dominação de oligarquias agrárias, que colocam no mercado internacional grande quantidade de alguns poucos produtos primários.

Nesse esquema, entende-se que os isebianos fossem conquistados pela contraposição à consciência de classe de uma consciência "total", como propunha Mannheim: ela permite que, no lugar da contraposição de interesses, entre a sua conciliação pela "correta compreensão" da "fase histórico-social" e apreensão das suas exigências. Na ideologia isebiana, a "consciência crítica" não é consciência de classe, e a totalidade que se almeja conhecer não é a totalidade do capitalismo, mas uma totalidade que é dada por um esquema "faseológico". Se tudo isso serve à defesa do capitalismo, nos vemos — no que concerne aos trabalhadores — diante do que Lukács chama de "teoria do oportunismo"[101]. Não se trata, efetivamente, de tornar consciente o sentido da situação histórica da classe trabalhadora para ela mesma, mas de promover uma "consciência crítica" da realidade nacional através da qual cada classe fundamental perceba o papel que lhe cabe naquela "fase" históricosocial. Para a burguesia trata-se, sem dúvida, da aquisição da consciência de classe: é um dos objetivos explícitos dos isebianos contribuir para suprir a ausência de tal consciência, oferecendo a esta classe um conteúdo compatível com seus interesses, ensinando a uma das facções dessa classe como organizar o conjunto da sociedade de acordo com seus interesses[102]. Essa facção de classe adquiriria consciência de classe pela simples compreensão da "fase", veria o seu papel histórico-social

---

[101] Lukács, Georg. *Histoire et conscience de classe.* Paris, Minuit, 1960. p. 101.

[102] Ibidem. p. 75. Vieira Pinto fala de uma "consciência crítica da revolução nacional", que consistiria, na verdade, "em dominar as leis do processo substituidor de capital externo pelo autóctone e levá-las à prática". É, portanto, crítica na medida em que visa a realização da revolução nacional burguesa (Vieira Pinto. A. CRN, vol. II, p. 159).

naquele momento e se lançaria à defesa de seus interesses, levando com isso a sociedade como um todo para o caminho da modernidade, da industrialização. A contrapartida de tal programa junto aos trabalhadores, a "consciência crítica"que lhes resta, não pode ser consciência de classe (porque naquela "fase" a consciência crítica coincide com a consciência de classe da burguesia industrial): a compreensão da "fase", o atendimento a suas exigências, implica que o trabalhador confunda os seus objetivos com os objetivos da burguesia, aderindo a eles. Implica que a sua consciência se mantenha nos limites do interesse imediato (ou, como quer Jaguaribe: na percepção de que aumenta o número de empregos industriais e de que, com o aumento da produtividade, deveriam elevar-se os salários). Como teoricamente as "fases" se sucedem, tanto Guerreiro Ramos quanto Vieira Pinto admitem que, no futuro, os trabalhadores terminariam por lutar por objetivos próprios e até mesmo por uma revolução socialista[103], mas isto só quando atingíssemos outra "fase" histórico-social: lançava-se para o futuro a possibilidade do conteúdo da "consciência crítica" coincidir com a consciência

---

[103] Vieira Pinto considerava que a contradição principal na sociedade brasileira não era entre o capital e o trabalho, mas entre o capital nacional e o capital estrangeiro, devendo ser esta resolvida em primeiro lugar, embora ele termine por admitir que no Brasil do final dos anos 50 se preparavam "várias revoluções simultâneas", entre as quais uma revolução socialista. Guerreiro Ramos admitia que os trabalhadores tivessem interesses específicos que, defendidos de forma conseqüente, deveriam conduzir a uma futura revolução socialista. Mas, "na atual etapa da evolução brasileira (...) os trabalhadores estão compelidos à união com todas as outras forças que participam lealmente dos esforços de emancipação econômica do País", pois o desenvolvimento os beneficiava, propiciando-lhes a possibilidade "não apenas de reajustar periodicamente os seus salários mas também de participar do aumento do produto nacional", embora devessem "ajustar as suas reivindicações aos imperativos da emancipação nacional". (Guerreiro Ramos, A. "Cinco princípios do trabalhador brasileiro". In: *O problema nacional do Brasil*. Rio de Janeiro, Saga, 1960, p. 262). Em Jaguaribe os interesses das diversas classes eram convergentes. o que reduzia os conflitos sociais à expressão não de "irredutíveis lutas de classe", mas de "conflitos que se travam no ambiente de cada classe, entre setores dinâmicos e estáticos, entre as forças produtivas e as parasitárias" Assim, não se tratava da exploração do trabalho pelo capital, mas a exploração dos setores modernos, responsáveis pela maior parte da renda nacional, pelos "setores arcaicos". Ver Jaguaribe, H. *O nacionalismo na atualidade brasileira*. Rio de Janeiro, MEC/ISEB, 1958, p. 50.

de classe do proletariado. Não era o caso naquele período da história brasileira.

Na medida em que se pretende "conquistar" os trabalhadores através de um trabalho de "clarificação ideológica" que lhes desperta uma "consciência crítica" da realidade nacional, a qual por sua vez os atrela aos objetivos da burguesia, o que se faz na verdade é promover entre os trabalhadores uma "falsa consciência". A luta de que devem participar esgota-se no interesse particular e na sua satisfação. Com isso, procura-se impedir que a consciência do trabalhador evolua para se transformar de mero dado psicológico em consciência adequada à evolução objetiva do conjunto[104]. Se para justificá-lo em 1960, Vieira Pinto lançará mão do conceito de "consciência possível", considerando que — pela insuficiente divisão do trabalho — as massas naquela "fase" da história brasileira não eram capazes de ir ao fundo dos problemas da sociedade capitalista, sendo, por isso, a máxima consciência crítica possível para elas aquela cujo conteúdo coincidia com o do nacionalismo-desenvolvimentista, em 1956 era explícito o seu apelo a uma pedagogia que transmitisse àquelas massas o conteúdo que devia ter a sua consciência. O autoritarismo que permeia IDN é exemplar: o Estado deve planejar o desenvolvimento e fazer executar o plano. Ora, se o indivíduo age sempre "em função da idéia que o habita", "na medida em que essa idéia se opuser à idéia unificadora, segundo a qual é concebido o plano de desenvolvimento, ou dela simplesmente divergir, tornar-se-á um foco de resistência". Para que a resistência seja reduzida e se converta livremente em concordância, o que é necessário? É necessário

> (...) que na consciência individual se instale (...) nova representação (...) que (...) contém a imagem justa da realidade nacional daquele instante, e portanto permite a concepção do plano de desenvolvimento que os grupos sociais dirigentes pretendem realizar.

E como "não há violência capaz de forçar a substituição de uma idéia por outra", era necessário usar instrumentos pedagógicos para esse fim: o êxito de tal empreendimento dependia, naturalmente, também

---

[104] Lukács, Georg. *Histoire et conscience de classe*, op. cit., pp. 99, 101 e 107.

da própria idéia a ser difundida, de "seus caracteres lógicos", de sua "clareza, exatidão e força sugestiva". Mas ela deveria penetrar na consciência de cada cidadão, "dos que dirigem e dos que executam" (porque afinal, diz ele, "todos executam o processo histórico"), passando a "comandar-lhe a ação".

Com isso — com esse processo pedagógico através do qual se difundiria a ideologia do desenvolvimento nacional, unificando efetivamente as consciências por cima das classes sociais e legitimando seus respectivos papéis sob a alegação de que cada qual participa a seu modo do "processo histórico" —, se criaria a "unidade imprescindível ao rendimento ótimo do processo nacional"[105], a se realizar de acordo com aquele plano, que se apóia sobre a interpretação correta da realidade nacional de maneira a não nos deixarmos ir ao sabor dos movimentos eventuais", a evitar a "marcha atáxica para fins imprevisíveis"[106]. Por isso, uma educação que visasse tal fim deveria conduzir ao conhecimento objetivo do dado social, à exploração minuciosa, exata e lúcida do estado da nacionalidade" para que possa ser concebido o melhor projeto de futuro; era necessário compreender a realidade enquanto processo, como "transiência inteligível"[107]. E tanto mais sucesso obteria

---

[105] Vieira Pinto. A. IDN, op. cit., pp. 26-8. As idéias então defendidas por Vieira Pinto eram muito semelhantes às dos demais isebianos, não surpreendendo em Freire as constantes citações de Guerreiro Ramos nem que ele pretendesse "organizar ideologicamente" a sociedade como propunha Jaguaribe. No seu conjunto, os intelectuais do ISEB apelaram para o conceito de Alfred Weber, de *"inteligenzzia* socialmente desvinculada", pretendendo oferecer uma ideologia "adequada à fase" e pensada "acima das classes sociais". A legitimidade da ordem social defendida está no povo, mas cabe aos intelectuais identificar a direção correta e as classes dominantes, utilizando-se do aparelho de Estado, dar concretude ao conteúdo do "projeto" correspondente à ideologia proposta. Por isso mesmo, não surpreende a admiração de Jaguaribe e Guerreiro Ramos por Bismarck e Washington, homens que apareciam a eles como políticos e intelectuais que atuaram como educadores do seu povo porque entenderam a "fase" por que passava o país e atuaram em função desta consciência, fazendo que o Estado moldasse a sociedade civil de modo a forjar uma consciência das massas adequada à concretização do "projeto nacional" ou contribuindo para que a sociedade civil se articulasse de modo tal que pudesse servir como esteio para aqueles projetos sem incomodar verdadeiramente.

[106] Ibidem. p. 34.

[107] Ibidem. pp. 22-23.

214

tal plano quanto mais amplamente as "idéias-diretrizes do projeto de desenvolvimento" estivessem presentes na consciência popular (nos "agentes voluntários"), "em máxima extensão quantitativa possível"; "aquele projeto será tão mais felizmente concluído quanto mais amplamente for a sua propagação ideológica"[108]. Conclui-se daí que: 1) a história pode ser controlada (concretamente, o desenvolvimento pode ser planejado pelo Estado), o "processo" deve ter a sua direção indicada por uma *intelligentsia* iluminada e iluminista que percebe a realidade de forma correta e objetiva; 2) o processo pedagógico que faz penetrar a "ideologia do desenvolvimento nacional" na consciência abrange todas as classes: tanto os que dirigem (como consciência de classe da burguesia) quanto os que executam, os que voluntariamente obedecem para o seu bem e o bem da nação brasileira (sua consciência de classe é limitada à "consciência possível" da "fase histórico-social"); 3) é a conquista das consciências que torna o controle possível, tornando viável o desenvolvimento do capitalismo nacional estimulado pela ação estatal, já que as idéias se transformam em ações sempre que penetram fundo na consciência individual. Como essas idéias são traduzidas na obra de Freire em 1959, já indicamos alguns parágrafos atrás, quando ele pensava em "doar" às massas a "ideologia do desenvolvimento nacional" de maneira a fazê-las executoras voluntárias do plano de desenvolvimento e protestava contra a incompreensão de que era vítima o mestre Vieira Pinto ao pretender exatamente a difusão daquela ideologia.

Difundindo a "consciência crítica da realidade nacional", o processo de conscientização deveria atingir em especial as massas (os "agentes voluntários"), mas precisava atingir igualmente as classes dominantes, os que dirigem e planejam o desenvolvimento: talvez aí devamos buscar as raízes de algo que, muitos anos depois, parecerá estranho a alguns na obra de Freire, ou seja, a idéia de que a "conscientização" deva atingir também as classes dominantes. Esta idéia se encaixava bem com os seus ideais solidaristas de então, correspondendo a "conscientização" das classes dominantes à "cristianização" dos empresários. A política de reconciliação de classes e de instrumentalização da "massa" executora das tarefas necessárias ao desenvolvimento nacional corresponde a práticas populistas de controle político-ideológico e Freire as traduz pedagogica-

---

[108] Ibidem. p. 35.

mente nos anos 50. Dessa questão trataremos no próximo item. Mas não somente dela: a radicalização da vida política no início dos anos 60, o declínio da influência do nacionalismo-desenvolvimentista, a influência de novas idéias são fatores que empurraram o educador pernambucano para novas posições e provocaram uma "releitura" de certos aspectos da obra de Vieira Pinto. As posições que apresentamos aqui correspondem ao Freire menos conhecido e constituem somente uma faceta, embora dominante em 1959, de suas idéias pedagógicas. Procuraremos em seguida, em conexão com o pensamento isebiano, e com a evolução das idéias e da prática política do movimento leigo católico, abordar a evolução sofrida por essa pedagogia liberal-burguesa até desembocar na forma em que se tornou conhecida: como pedagogia nãodiretiva, antiautoritária, radical-cristã, liberadora, personalista.

4. Populismo tradicional e "populismo indutivista"

Para poder organizar a sociedade de acordo com os seus interesses, a burguesia precisa obter o consentimento das demais classes sociais ou submetê-las pela força; na verdade, ela combina em proporções diferentes, em diferentes situações, os dois elementos, a força e o consenso. Na democracia burguesa não basta assegurar as regras do jogo (seja pela legislação eleitoral, seja pelo emprego da "violência legítima", quando a contestação coloca em risco a ordem). Ela supõe uma permanente luta ideológica que visa assegurar a dissimulação da verdadeira essência sobre a qual se assenta a ordem social, precisa impedir que a consciência da massa trabalhadora vá além dos limites do interesse imediato e transcenda o plano econômico, desembocando na luta política pela reorganização da sociedade. Em suma, ela supõe uma luta constante por encontrar fórmulas por meio das quais os trabalhadores terminem por fazer seus, objetivos que são na verdade de outra classe social. A busca do consenso, da legitimidade na democracia burguesa contém, assim, uma contradição insolúvel: a legitimidade da dominação de uma classe é buscada exatamente nas classes sobre as quais essa dominação se exerce e é dada, formalmente, pelo voto.

Os intelectuais brasileiros se defrontaram, no pós-guerra, com a questão da legitimação da dominação burguesa num regime democrático parlamentar. Defrontaram-se com os dilemas inerentes ao populismo varguista dos anos 50, quando ele não mais podia dispensar o concurso da classe trabalhadora na aliança política que sustentava o Governo, nem dispunha do mesmo suporte das classes dominantes para fazer as concessões necessárias à alimentação do movimento popular. Defrontaram-se, especialmente os intelectuais formados na escola do autoritarismo sem disfarces, com os dilemas colocados pela aceitação da democracia representativa como legítima e adequada à dominação burguesa. O quanto pesou para aqueles intelectuais — muitos dos quais se reuniram de maneira estável ao longo dos anos no ISEB — esta problemática pode ser bem apreendida por uma conferência (aliás citada por Freire em 1959, citação eliminada em EPL) de Djacyr Meneses no curso do ISEB em 1955. Seu propósito era defender a democracia contra os que propunham a ditadura, contra a parte das "elites" que só conhecia a dominação aberta, o autoritarismo em sua forma anacrônica. Sua argumentação se apoiava sobre o dualismo de Jacques Lambert quando tratava do presente, sobre Oliveira Vianna quando tratava do passado brasileiro (citando as "páginas clássicas" de *Instituições políticas brasileiras):* as "minorias", antes, ao menos encarnavam a nação, seus privilégios *não* eram contrários aos interesses gerais do país. Mas na medida em que a ordem pública fôra construída exclusivamente por elas, ficara o povo como o grande ausente, com sua vitalidade soterrada sob o formalismo das instituições implantadas no País. Não se educaram as massas para participar, diz ele, perguntando, tal como mais tarde o fará Freire:

> Onde os fenômenos de vencidade ativa, criadora de órgãos educativos para a vida democrática que fossem encaminhando o povo nas funções de deliberação coletiva e na preocupação com os problemas comuns? Onde os fatores de formação de uma consciência política que levassem as massas à participação das idéias e dos interesses públicos?[109].

Ele reclamava, como Oliveira Vianna em 1949, contra a falta de uma educação comunal, para a participação em micronível (na escola,

---

[109] Meneses, Djacyr. "Estrutura social do Brasil". In: *Introdução aos problemas do Brasil.* Rio de Janeiro, MEC/ISEB, 1958. Neste volume estão reunidas conferências pronunciadas no primeiro curso do ISEB em 1955, incluindo-se aí intelectuais de orientação bem distinta daquela do ISEB, como era o caso de Roberto Campos.

na comunidade, nas prefeituras) que formasse uma sociedade civil capaz de ter voz e se fazer ouvir, de defender o interesse nacional contra os interesses particularistas dos donos das terras. As "elites" anacrônicas, em relação ao "novo Brasil", julgavam, por isso, o povo como incapaz de escolher seus representantes na democracia parlamentar: não educaram o povo para a participação, e se ele, apesar disso, escolhia candidatos que defendiam aspirações diferentes daquelas elites, elas se desesperavam porque viam seu poder ameaçado.

Esta argumentação (embora Djacyr Meneses não possa ser contado entre os isebianos) não difere daquela que encontramos entre os isebianos, e que era repetida por Freire. As elites estavam acostumadas a uma "democracia sem povo" e a partir do pós-guerra sentiram-se ameaçadas em seu poder pelo regime democrático parlamentar; e o sentiram porque eram elites "velhas", ultrapassadas, incapazes de identificar as novas formas de dominação subjacentes ao novo regime. Nesse sentido, o texto de Djacyr Meneses é muito expressivo porque ele diz em meias-palavras aquilo que mais tarde aparecerá como interpretação do sentido do isebianismo. Ele ataca aqueles aos quais o populismo aparece como uma monstruosidade e que ironicamente se proclamavam democratas mas que desejavam (como repete Freire) uma "estranha democracia sem povo que atrapalhe e perturbe"[110], numa clara referência aos golpistas antivarguistas congregados na UDN. Ora, dizia ele, de 1930 para cá era preciso buscar a massa e trazê-la para integrar os quadros partidários, concluindo que "nisso está a condição do populismo". Era necessário canalizar os anseios das massas em programas claros de partidos trabalhistas, reconhecer o povo como "peça do regime político" e valorizar a disputa eleitoral mesmo nos lugares mais controlados pelas oligarquias rurais, porque em si mesma a disputa servia ao processo de esclarecimento, tornando-se agente de educação política. Era necessário, paralelamente, impedir a propaganda subversiva que pretende "arregimentar a ignorância com promessas messiânicas"[111]. Todo esse enquadramento das massas visava ampliar a margem de consenso para

---

[110] Ibidem. p. 126. Djacyr Meneses pretendia uma democracia com o povo, propondo a manipulação deste. Daria mais trabalho que o autoritarismo tradicional, mas seria melhor e mais adequado ao Brasil dos anos 50. Freire cita aquela frase em EAB (p. 15).

[111] Ibidem. p. 128.

218

a dominação burguesa, assegurar a sua hegemonia sobre o conjunto da sociedade, tornando as massas instrumentos adequados ao desenvolvimento: por isso mesmo, para ele, o desenvolvimento exigiria "compreensão que resulta da atitude racional"[112]. Com o predomínio da razão sobre a emoção entre as massas, resultado de um amplo trabalho educativo, elas não pretenderiam a reorganização da sociedade de acordo com seus interesses, mas se tornariam voluntariamente agentes do desenvolvimento burguês. E toda essa teorização não está desligada de uma adesão, implícita ou explícita — resultado de maior ou menor conflito interior, de um certo número de intelectuais, depois da vitória de Vargas em 1950 — ao populismo varguista.

Já dissemos que aquelas idéias aparecem, com diferentes roupagens, nos diversos isebianos. Em Jaguaribe ela se apresenta sem sutilezas, especialmente na primeira metade da década: aí, as massas são "politicamente imaturas" e apontadas como "presas fáceis de soluções demagógico-assistencialistas", enquanto a dominação das "elites" justificava-se pelo fato de que somente elas "detinham a capacidade e a cultura", de que haviam desenvolvido o "espírito e a iniciativa". O sistema de "corte" dos políticos à "quantidade" terminava sendo fonte de acesso de homens "irresponsáveis e inescrupulosos"aos postos diretivos do Estado[113]. Cabia também às elites, de maneira exclusiva, o trabalho de elaboração ideológica: "A ideologia (...) exprime (...) o projeto social elaborado e promovido por uma elite para a sociedade a cuja liderança aspire"[114]. O autoritarismo e o elitismo do fundador do ISEB, no período em que o nacionalismo-desenvolvimentista estava sendo por ele forjado como ideologia, é absolutamente claro: o problema estaria exatamente em como assegurar a dominação burguesa através de um sistema político no qual a legitimação da dominação depende em certa medida do sufrágio. E foi somente à medida que o sistema funcionou, conduzindo Kubitschek à Presidência da República em 1955, que Jaguaribe se permitiu suavizar e sofisticar sua defesa da dominação de classe. Diz ele, em 1957, que o problema político brasileiro se resumia na tarefa de

---

[112] Ibidem. p. 133.
[113] Jaguaribe. Helio. "A crise brasileira". *Cadernos do Nosso Tempo*, Rio de Janeiro, ano I, n. 2. p. 128.
[114] Ibidem. p. 142.

(...) encontrar, dentro do regime democrático parlamentar e de uma série de outras exigências determinadas por nossos valores culturais, a fórmula pela qual se possa reajustar o Estado às forças dinâmicas que efetivamente conduzem o processo social, atendendo à livre vontade, à livre manifestação popular"[115].

Seu problema era o de consolidar e desenvolver as forças produtivas do país, de completar a formação da nacionalidade, de reorganizar o aparelho do Estado. O processo que a isso conduzia era dirigido pela burguesia industrial nacional e o instrumento político que deveria assegurar sua dominação estável seria uma "frente nacional pelo desenvolvimento", formada por uma aliança de classes através da qual a massa eleitoral oferecia legitimidade ao "projeto de desenvolvimento nacional" da burguesia.

A mesma problemática vamos encontrar tratada por Guerreiro Ramos e por Vieira Pinto. O primeiro deles defende a idéia de que a democracia representativa funcionava surpreendentemente no Brasil porque o país tinha-se transformado sem que as elites e os intelectuais tivessem tomado consciência cabal desse fato. Antes do processo de substituição de importações, que transformara a base, material da sociedade nas últimas décadas, éramos "um país sem povo", como afirmara Oliveira Vianna e repetia Paulo Freire. E o que era o povo? Para Guerreiro Ramos, o "povo" seria "um conjunto de núcleos populacionais articulados entre si pela divisão social do trabalho, participantes de uma mesma tradição e afetados por uma mesma consciência coletiva de idéias e fins". Um povo, diz ele, só pode surgir na fase capitalista de desenvolvimento quando se constitui um mercado nacional, o "suporte material de uma consciência coletiva"[116]. Oliveira Vianna estava certo, portanto: éramos um país sem povo antes da penetração do capitalismo na esfera da produção porque não dispúnhamos de um mercado interno, nem de indústria que vendesse seus produtos, nem de comunicações e transportes que colocassem as pessoas em contato; as novas condições de desenvolvimento do capitalismo no país estavam "propiciando a efetiva configuração do povo brasileiro", permitindo-lhe apa-

---

[115] Jaguaribe, Helio. *Condições institucionais do desenvolvimento*. Rio de Janeiro, MEC/ISEB, 1957, p. 29.

[116] Guerreiro Ramos, A. *O problema nacional...*, op. cit., p. 228.

recer pela primeira vez em nossa história. Ora, à medida que o capitalismo se desenvolvesse, novos contingentes populacionais entrariam no mercado, o "povo brasileiro" seria cada vez mais numeroso e isto transformaria de maneira fundamental a vida política. E a transformaria porque, até então, o povo existia somente no plano legal, na declamação dos políticos. Com as novas condições, constituía-se uma sociedade civil, que queria ver-se representada nos partidos e participar da vida política. Ao mesmo tempo que isto ocorria, fundava-se efetivamente a "nação brasileira": antes tínhamos uma "nação legal", sem povo, com população dispersa; agora nos víamos diante da "nação real", cujo fundamento era o próprio povo brasileiro ligado pelo mercado.

Pouco valeria chamar aqui a atenção para o evidente fato de que Guerreiro Ramos abstrai as classes sociais ao utilizar o conceito de "povo" (como Vieira Pinto utilizará o conceito de "massa"), se esse conceito não fosse amplamente utilizado pelos isebianos mascarando — em nome da afirmação da nação e da luta contra o neocolonialismo — questões centrais de estrutura social brasileira. Guerreiro Ramos é consciente da abrangência do conceito que intencionalmente utiliza. Diz ele: "povo é uma realidade social abrangente que ultrapassa o âmbito exclusivo de toda classe social", ou seja, inclui todas as classes. De tal conjunto é que deveríamos "induzir" a organização social e política do país, ele é que deveria dizer a "verdade" do país, aquilo que efetivamente éramos: "critérios de ação política deveriam emergir na vida ordinária do povo (...). O povo é o pedagogo político (...) capacidade política só o povo a detém"[117]. Fecha-se então o círculo: o povo deixara perceber sua existência porque derrotara em eleições (1950) a "sociedade arcaica" e, portanto, sua expressão futura autêntica deveria ser no sentido de apoiar em eleições os candidatos da Frente Nacional que, uma vez eleitos, assegurariam o atendimento dos interesses nacionais (leia-se do desenvolvimento nacional e, portanto, da burguesia industrial nacional) ao elaborarem as leis[118]. Dessa forma, era possível buscar a legitimação do nacionalismo e do desenvolvimentismo no próprio

---

[117] Ibidem. pp. 234 e 240.

[118] Esse raciocínio permite compreender a lógica que conduziu diversos "isebianos históricos" a se candidatarem a postos eletivos no final da década de 50 e início dos anos 60 (Guerreiro Ramos, Roland Corbisier, Candido Mendes de Almeida).

povo, sendo o método adequado (tal como na ciência) a indução: "O nacionalismo — diz ele — é uma ideologia popular e só poderá ser formulada induzindo-se da prática do povo os seus verdadeiros princípios". Era necessário conhecer o povo brasileiro que emergia do capitalismo fundando a nação. Era necessário, como diria Le Bon, conhecer a sua "alma", para determinar o que era e o que não era autêntico (na cultura, nas instituições, na ideologia): essa tarefa "indutora" cabia a uma elite, capaz de captar quais seriam tais princípios. Tal elite deveria ser moldada pelo povo (o dirigente indireto), devendo dar "uma formulação elaborada à vivência do povo". Como parte dessa elite, e atendendo à tarefa que ele mesmo estabelecera como necessária, Guerreiro Ramos pôs mãos à obra e escreveu os seus "princípios do povo brasileiro", que, naturalmente, coincidiam com os supostos da ideologia isebiana. Em última instância, era o nacionalismo-desenvolvimentista a ideologia do povo brasileiro, única capaz de promover o desenvolvimento nacional e redimir todos os grupos sociais, reconciliando as classes em nome de um objetivo maior que era a construção e o fortalecimento da nação (do capitalismo nacional); do mesmo modo, era a democracia representativa o regime político correspondente àquela emergência. Do ponto de vista da cultura, a constituição do povo brasileiro permitia o surgimento de uma cultura nacional "produzida essencialmente pelo povo e subsidiariamente pelos intelectuais", os quais, pela "estilização e indução", a tornavam significativa[119].

Fácil é ver o caráter manipulatório populista das idéias expostas por Guerreiro Ramos na ânsia de justificar a dominação da burguesia moderna, e que não difere do que encontramos em Jaguaribe ou em Djacyr Meneses. Alguns aspectos, que estarão igualmente presentes e serão até mesmo radicalizados em Vieira Pinto, como veremos em seguida, devem, no entanto, receber nossa atenção porque servirão a uma "releitura" deste último autor. Defendemos a idéia de que, ao nacionalismo-desenvolvimentista dos anos 50, corresponde uma pedagogia que pode ser encontrada na tese de Freire de 1959: se o isebianismo é uma forma do "populismo ideológico", aquela é a sua tradução no plano pedagógico. Mas tal como a dominação burguesa está assentada sobre uma insolúvel contradição. Assim a sua tradução ideológica na

---

[119] Ibidem. p. 240.

forma do isebianismo a reflete e na formulação de cada um dos isebianos ela aparece mediante argumentações que comportam níveis diferentes de ambigüidade e contradição, vendo-se cada autor confrontado com problemas distintos de acordo com o caminho que sua argumentação tomou. A nosso ver, o tipo de justificação desenvolvida por Guerreiro Ramos e por Vieira Pinto apresenta muitos pontos em comum, inspira-se em muitos autores comuns e levanta problemas semelhantes. Que Guerreiro Ramos tinha deixado sempre mais clara a sua opção coerentemente burguesa e que Vieira Pinto se tenha visto envolvido no emaranhado de contradições resultantes de uma opção à esquerda, do ponto de vista político-prático no início dos anos 60, só tem importância para avaliar a influência de cada um destes autores, uma vez terminados os anos 50: Vieira Pinto mereceu uma espécie de "releitura à esquerda" que ninguém pretendeu fazer com a obra de Guerreiro Ramos. Mas alguns dos pontos "relidos" podem aqui ser identificados, antes mesmo de entrarmos nas colocações de Vieira Pinto.

O ponto que deve centralizar a nossa atenção é aquele que se refere à indução. Certamente Guerreiro Ramos e Vieira Pinto (que radicaliza a utilização deste princípio no nível da ideologia) não o foram buscar à esquerda: a idéia de que as instituições devem ser induzidas do povo e não determinadas por uma elite divorciada do povo, embora aparentemente progressista e embora efetivamente possa ganhar um conteúdo progressista, não floresceu à esquerda mas à direita. Os teóricos da dominação burguesa foram buscar no sufrágio universal a fonte de sua legitimidade: a indução foi levantada contra eles por aqueles que não aceitavam a ordem burguesa em nome da "velha ordem". E no momento em que estes terminaram por aceitar o modo de produção capitalista, trataram de buscar na indução o argumento contra a democracia formal. Se a legitimidade da ordem é dada pelo povo, se a verdade social deve ser buscada nele, se ele deve dizer o que é bom e o que é mau para a sociedade, devemos induzir dele, do "povo-massa" (da "quantidade"), as instituições do país. No pensamento da direita européia, esse princípio corresponde à idéia clássica e muito difundida entre nós de que o povo não está preparado para nenhuma forma de participação política: ele nem sequer a deseja. O "povo simples", o "povo-massa", a "massa", não se interessa pela política: a "verdade" da massa, correspondente à sua "alma", se corretamente "induzida" (sem influência de idéias exteriores a esta massa) nos permite ver que o homem comum está preocupado com outras coisas. Além do mais, como formularia Le Bon com clareza no final do século passado, um povo formado por séculos de dominação, de autoritarismo e de desigualdade, integrara a aceitação da dominação, do autoritarismo e da desigualdade como parte da sua "alma". Por isso, os teóricos da direita pretendem que, para fazer o povo feliz, é preciso fazer que as leis, o país legal, coincidam com a sociedade, com o país real; é preciso dele "induzir" a organização social e política. Com estes argumentos, aqueles que rejeitavam a democracia representativa em nome do autoritarismo aberto podiam propor a indução como o método legítimo: com ele, eles chegavam à legitimação de um regime autoritário como único capaz de fazer a felicidade da população, por corresponder a seus anseios mais profundos.

Essas idéias, assimiladas por nossos pensadores de direita, apresentaram-se com nitidez no raciocínio de Oliveira Vianna em 1949. Se parte das elites brasileiras pretendia que aqui funcionasse um regime democrático representativo — que, para Oliveira Vianna, evidentemente não correspondia à "alma do nosso povo" como facilmente se conclui da sua descrição das "relações humanas" vigentes no interior brasileiro desde há séculos (e na qual se inspira aquela que nos é apresentada por Freire), caracterizadas pelo autoritarismo, pelo paternalismo, pelo assistencialismo —, era preciso que tais elites empreendessem um trabalho educativo a longo prazo, de maneira a fazer coincidir, no futuro, a democracia formal à "verdade" do nosso povo. Esta idéia, que em Oliveira Vianna se prende também ao racismo[120], supõe a estruturação da sociedade civil e a transformação da estrutura social brasileira sem revoltas nem revoluções, sem ameaçar o *status quo*. Essa transformação corresponde, entre os isebianos, à revolução nacional burguesa (à revolução econômica pela penetração do capitalismo na esfera da produção de mercadorias e à revolução política, com a instauração da democracia parlamentar). Com ela está de acordo Paulo Freire e ele apóia a estratégia pedagógica proposta por Oliveira Vianna: era necessário provocar a mudança de atitudes e de hábitos do brasileiro em re-

---

[120] Ver Paiva, Vanilda P. "Oliveira Vianna: nacionalismo ou racismo?" *Síntese*. Rio de Janeiro, n. 6, jan./mar., 1976, pp. 57-84. reproduzida em *Encontros com a Civilização Brasileira*, Rio de Janeiro, n. 3. setembro, 1978, pp. 127-56.

lação à vida pública e ao bem comum, realizar aquela educação que as elites no passado impediram. Citando Oliveira Vianna, diz ele: aqueles hábitos,

> (...) se incutidos metodicamente, acabarão penetrando o subconsciente do brasileiro, transformando-se em sentimentos: em sentimento do dever cívico, em sentimento do bem comum; em consciência coletiva; em preocupação dominante do interesse público — e a revolução estará feita[121].

As "novas circunstâncias", para Freire, haviam possibilitado o surgimento de novas disposições mentais nos brasileiros, tornando possível a "rebelião popular". Mas esta nada tem a ver com convulsão social; é, ao contrário, uma "força de democratização", a recusa ao paternalismo e ao autoritarismo tradicional. Ela é a própria expressão da estruturação e articulação da sociedade civil.

O "indutivismo" que encontramos em Oliveira Vianna e que se faz presente entre os isebianos foi assumido por Freire já em 1959. Em nossa história colonial não se teriam criado condições "culturológicas" propícias ao autogoverno nem à formação do "sentimento do Estado nacional" na "consciência de cada cidadão do povo-massa". Por isso, o Estado-Nação e, mais ainda, o "estado democrático" fora importado sem que correspondesse ao nosso povo: superpúnhamos a uma "estrutura economicamente feudal" e a uma estrutura social em que o homem quedava, vencido, esmagado e mudo", um regime político "cujos fundamentos exigiam (...) a dialogação, a participação, a responsabilidade política e social"[122]. Encontramos nesse contexto citações de *Instituições políticas brasileiras*: esse "estado democrático" implantado com a queda do Estado Novo, seu funcionamento, precisava apoiar-se sobre a existência, "no povo-massa, de umas tantas condições culturais e psicológicas". Uma delas era o sentimento de um "destino ou finalidade nacional", pois a nação só poderia existir se "induzida" do povo, do sentimento das finalidades nacionais. Do mesmo modo, a democracia deveria ser "induzida" da prática do povo na sua vida diária. E nossas dificuldades nesta matéria eram aquelas resultantes da nossa formação

---

[121] Freire, Paulo. EAB, op. cit., p. 93.
[122] Ibidem. p. 78.

histórico-cultural que não nos propiciava a vivência que caracterizara a "humanidade européia", diz Freire, citando mais uma vez a Oliveira Vianna[123]. Sem tal vivência, ou induzíamos o Estado autoritário ou partíamos para uma educação do povo para a democracia: essa é a conclusão a que conduz a última obra de Oliveira Vianna e é uma idéia central no trabalho de Freire.

Em suas origens, a atitude "indutora" servia a propósitos autoritários. O povo deveria dizer a "sua verdade", mas ela era captada por uma "elite" interessada, que manipulava esse princípio aparentemente democrático para chegar a conclusões antidemocráticas. No entanto, a mera utilização do princípio, a contradição entre ele e sua utilização contém um elemento radical. Os isebianos a adotam em grande medida em razão dos resultados das eleições dos anos 50: a "indução", no plano político, limitava-se aos mecanismos eleitorais da democracia parlamentar. O argumento da direita autoritária passa a ser usado pelos que evoluíram para a aceitação da democracia burguesa: se o "povo", a "massa", escolhera (de acordo com os critérios dos isebianos) bem, em favor da sociedade moderna e industrial, é porque dela já se podia "induzir" a democracia. A "verdade nacional" no plano político era aquela, mesmo que em muitas regiões fosse necessário realizar um trabalho educativo.

Vieira Pinto levará às últimas conseqüências a utilização desse princípio, e isso já se prenuncia em 1956. Sua problemática é, então, absolutamente idêntica à dos demais isebianos. Para ele, aquela "fase inicial da nossa vida consciente" como povo se caracterizava pelo despertar para a compreensão "do papel das grandes e obscuras massas humanas que constituem o corpo nacional". Antes via-se a consciência social como unicamente sediada nas elites; com a ascensão das massas, havia um alargamento da área "culturalmente iluminada" da sociedade. Como então entender "o que representa e promete o movimento que resulta na progressiva autoconsciência das massas populares"[124]? Ora, este fenômeno era resultado do desenvolvimento que permitia que o homem do povo passasse, da condição de "ser sensitivo" a "ser consciente", de "manifestações vegetativas de vida" a formas lógicas de ex-

---

[123] Ibidem. p. 78.
[124] Vieira Pinto, A. IDN, op. cit., p. 17.

226

pressão, do sentimento à representação conceitual, do sofrimento vivido à busca das causas do seu sofrimento. À medida que isso ocorria, o homem do povo "ganhava voz", era possuído pela idéia capaz de explicar a sua situação e pelo projeto que apontava para a superação das suas condições de vida (o "projeto nacional") e iria lutar por ele. Com isso deslocava-se das elites para as massas a fonte de legitimidade do regime político, da ideologia, da cultura.

Para justificar a "indução", Vieira Pinto vai combater a idéia de que as massas seriam incultas e sem consciência. Ao contrário, diz ele: elas têm uma "consciência nascente", uma "protoconsciência" que se ilumina pela produção ou recepção de idéias que já estão nelas contidas; elas não são tampouco incultas. Seriam "pré-cultas", como "consciência potencial em expectativa", além do que — tomando-se em consideração que o conceito de cultura entre os isebianos foi assumido em sua acepção antropológica, como "cultura ambiente" (Ortega) e não como erudição —, todo indivíduo, num certo sentido, seria culto. Como já indicamos no item 2 deste Capítulo, a indução serve a objetivos que são definidos por Vieira Pinto. Suas teses de IDN — a saber: 1) a ideologia do desenvolvimento tem necessariamente de ser fenômeno de massa; 2) o processo de desenvolvimento é função da consciência das massas; 3) a ideologia do desenvolvimento tem de proceder da consciência das massas e 4) só estarão credenciados para promover o desenvolvimento nacional os que forem escolhidos pelas massas — servem evidentemente à defesa das idéias centrais do nacionalismo-desenvolvimentista. Apela-se à massa porque é necessário fazer dela o "agente voluntário" do desenvolvimento e isso só é possível se ela é conquistada para a ideologia do desenvolvimento nacional. Os que o promovem devem estar legitimados pelo voto popular, escolhidos pelas massas para levar adiante o "projeto nacional". O conteúdo de tais teses é, em Vieira Pinto, tão autoritário quanto em qualquer outro isebiano. A terceira tese, porém, tomada isoladamente, deixava margem a uma releitura. Na sua defesa, Vieira Pinto utiliza-se de uma linguagem e defende idéias que foram claramente assimiladas por Freire, merecendo por isso que transcrevamos o trecho. Diz ele:

> É à medida que a consciência do povo se vai esclarecendo em número crescente de indivíduos que se manifesta de forma nítida a realidade social. A verdade sobre a situação nacional não deriva da inspeção

externa feita por um clínico social, historiador, sociólogo ou político, mesmo supondo-se geniais esses homens. Essa verdade só será dita pela própria massa, pois não existe fora do sentir do povo, como proposição abstrata, lógica, fria. Não é uma verdade enunciada *sobre* o povo, mas *pelo* povo. É função da consciência que já atingiu e da representação que faz dos seus problemas (...) se equivocam os que julgam que a consciência do desenvolvimento, expressa numa ideologia, deva vir *de cima*, seja artefato da especulação da elite intelectual que se pretende esclarecida (...) a ideologia do desenvolvimento só é legítima quando exprime a consciência coletiva e revela os seus anseios em um projeto que não é imposto, mesmo que de bom grado, às massas, mas provém delas[125].

A ideologia do desenvolvimento seria, assim, "a própria consciência das condições de existência do povo, traduzida em forma conceitual e posta a serviço de um projeto de melhoramento[126]. Definia ele, então, a tarefa dos intelectuais: cabia-lhes fazerem-se arautos da verdade do povo, "recolhê-la em suas legítimas origens e interpretá-la com o auxílio do instrumento lógico-categorial que devem possuir, sem distorcê-la, sem violentá-la, sem mistificá-la": os quadros intelectuais deveriam ser capazes de pensar o projeto de desenvolvimento "consubstancialmente com as massas"[127]. Ora, esses princípios, definidos já em 1956 e citados repetidamente por Freire em 1959, fazem parte de um contexto mais amplo; Vieira Pinto endeusa as "virtudes" da massa, a "sua verdade", mas ele determina quais elas são. Como a reação francesa do século XIX, ele apela para o povo como se dele espontaneamente emergisse a ideologia "autêntica": mas ele sabe qual ela é. Ela é o nacionalismo-desenvolvimentista e o projeto correspondente. Por isso é que ele pode indicar como tarefa — no momento seguinte a tal processo de identificação — a de "definir a consciência das massas pela ideologia de que estejam possuídas". O povo podia "ter voz", porque o conteúdo da sua voz já era previamente conhecido. Por isso a ideologia do desenvolvimento, podia ele afirmar, "não é doação feita às classes populares (...) (mas) transmutação que se opera na intimidade do homem 'em situação'". Mas, admite ele, embora um processo

---

[125] Ibidem. p. 38.
[126] Ibidem. p. 45.
[127] Ibidem. pp. 40-1.

imanente, ele poderia ser acelerado pela influência exterior, pela educação. E conclui com clareza: para o Brasil de então, a "educação é a difusão dessa ideologia (do desenvolvimento)". Assim, como em todos os autoritários europeus, princípios indutivistas, não-diretivos, são colocados a serviço de posições fundamentalmente diretivas e autoritárias. Apela-se ao povo mas se sabe para onde conduzi-lo, o que colocar na voz que ele tem o direito de fazer ouvir, como em todo o populismo tradicional.

Embora CRN possa ser vista como um desdobramento de IDN, esta obra foi mais que a mera justificação do "autoritarismo esclarecido" ofertado à burguesia industrial nacional, com forte apelo indutivista. Ao passar um texto de pouco mais de quarenta páginas como o que encontramos em IDN para as mais de mil páginas de CRN, Vieira Pinto se verá preso nas malhas do seu ecletismo e da ambigüidade própria de quem, em pleno período de revisão de suas posições políticas, realizando em razão delas novas leituras, pretendia ainda justificar teoricamente as idéias antigas sem abdicar da incorporação de novas e pouco digeridas influências. As teses de CRN são as teses do isebianismo dos anos 50, tratadas de forma análoga à de IDN. Mas se aquela cumpre a tarefa de justificar o populismo tradicional, como o conjunto das obras dos isebianos, ela abre também caminho para o que podemos designar como um "populismo indutivista", ou seja, para um tipo de posição em que o apelo ao povo se libera da função de legitimar a dominação da burguesia e deixa entrever um conteúdo progressista e radical como o que estava presente na idéia de soberania popular na Europa no começo do século XIX e que sobreviveu durante boa parte daquele século em pensadores ligados ao romantismo[128]. Na obra de Vieira Pinto, parece que o circuito se completa: ela começa por apelar para o povo com uma perspectiva "indutivista", que é absorvida da direita européia, que foi utilizada no movimento através do qual se degradou a idéia de soberania popular e que, na Europa, aos poucos as-

---

[128] A obra de Vieira Pinto traz inegavelmente a marca da leitura de românticos da língua alemã como Herder, que exerceram notável influência sobre o movimento nacionalista e populista russo do século XIX. Os autores russos eslavófilos e populistas, cujas obras constituem parte importante do patrimônio cultural da Rússia do século passado, eram também provavelmente conhecidos de Vieira Pinto, que podia ler o seu idioma.

sumiu um caráter mítico-irracional e se associou a argumentos biológicos até desembocar no fascismo[129]. Usado o "indutivismo" para justificar a dominação burguesa na democracia representativa, aquela idéia vai — sob influência do existencialismo — liberar os elementos progressistas nela contidos. E se Vieira Pinto não explorou, em 1960, essas possibilidades, sua obra pode suportar uma "leitura à esquerda", que se fixou nos princípios defendidos e não no uso dado a eles pelo filósofo isebiano. Não foi por acaso que a essa "releitura" procederam muitos jovens católicos, cujo radicalismo estava profundamente permeado pela influência existencialista.

Para quem leu os livros de Paulo Freire, não é preciso muito esforço para perceber a presença de idéias defendidas pelo filósofo isebiano, quando não das mesmas expressões. Mas se consideramos as teses defendidas até o momento neste trabalho, somente poderíamos ver a pedagogia de Freire como uma pedagogia da libertação do autoritarismo à antiga, supondo a aceitação de formas mais suaves e mais disfarçadas de dominação bem como uma perspectiva autoritária do intelectual que determina qual é a verdade do povo ao "induzi-la". No entanto, tal pedagogia foi sistematizada num determinado período, aquele de transição do "autoritarismo esclarecido", do "populismo tradicional", à assimilação efetiva de princípios indutivistas, a posições à esquerda do isebianismo, à recusa ao autoritarismo a ele subjacente. Por isso ela é, tal como CRN, marcada pela ambigüidade: tal pedagogia revela o processo que conduziu a um tipo de leitura da obra de Vieira Pinto que "purificava" os princípios até então usados como instrumento de manipulação. Esta "purificação" do princípio "indutivista", que buscou descomprometê-lo da defesa da democracia burguesa, se deu no bojo de um processo complexo e nada linear em que grupos que optaram por uma solução socialista apoiavam as reformas de base do Governo populista num quadro ideológico que seguia tendo o nacionalismo como um de seus componentes relevantes. E o "indutivismo" foi um elemento que sempre esteve coerentemente presente na pregação nacionalista, de Oliveira Vianna e Alberto Torres a Vieira Pinto: ele era um instrumento de oposição à "alienação característica das sociedades

---

[129] Sobre tal evolução na Europa, consultar a obra de Wolfgang, Emmerich. (*Zur Kritik der Volkstumideologie*. Ffm, Suhrkamp, 1971).

coloniais"[130]. Mas não era, necessariamente, um elemento a serviço da defesa do capitalismo nacional.

5. Catolicismo radical e "populismo indutivista"

A nosso ver, a "releitura" de Vieira Pinto combina-se com duas influências centrais entre a jovem intelectualidade católica da época, dando origem a padrões ideológicos "populistas indutivistas" entre eles. Na verdade, estas duas influências têm uma fonte principal: o personalismo francês. Através dele, difundiu-se grandemente a preocupação com a questão da massificação e a literatura correspondente (refletindo-se aí toda a discussão a respeito da técnica e do mundo moderno); mas através dela foram igualmente filtradas idéias anarquistas, em conseqüência da influência que sobre aquela corrente de pensamento exerceram as idéias de Proudhon[131].

Escrevendo sobre a mobilização política do início dos anos 60 no Brasil, alguns autores[132] indicaram a presença, aí, de elementos ideológicos "populistas clássicos" (em oposição ao "populismo tradicional", definido como o fenômeno de manipulação político-eleitoral das massas por líderes carismáticos modernizadores, mobilizando-as em favor dos interesses das classes dominantes), inspirando-se nos textos apresentados no famoso encontro promovido em 1967 em Londres sobre o tema e que constituiu para muitos um ponto de referência essencial

---

[130] Na formulação de Guerreiro Ramos, por exemplo, pode-se ler: "Ao complexo institucional brasileiro é evidente a heteronomia. Os critérios aqui vigentes não são induzidos, *grosso modo,* da realidade nacional. São induzidos da realidade de outros países". ("A problemática da realidade brasileira". In: *Introdução aos problemas do Brasil,* op. cit., p. 25).

[131] Sobre a influência de Proudhon sobre o movimento personalista, em especial sobre Mounier e o grupo ligado à revista *Esprit,* consultar Michel Winock, (*Histoire politique de la revue Esprit, 1930-1950.* Paris, Seuil, 1975). O livro de Henri de Lubac, *Proudhon et le christianisme* (Paris, Seuil, 1945), circulou entre os jovens católicos no início dos anos 60 e a sua leitura pode facilmente nos dar uma imagem do fascínio exercido pelas idéias proudhonianas nos meios católicos dos mais diversos países.

[132] Ver Kadt, Emanuel de. *Catholic radicals in Brazil.* Londres, Oxford University Press, 1970; e Camargo, Aspásia A. de. *Brésil nordest: mouvement paysan et crise populaire.* Paris, tese. 1973.

para o reconhecimento de que o chamado "populismo latino-americano" não coincide com o que tradicionalmente se entende por populismo (como o populismo russo ou norte-americano do século XIX)[133].

Aqueles elementos ideológicos — identificados no movimento radical católico brasileiro —, como a valorização do povo e de sua cultura (bem como da vida comunitária no campo) e a recusa à manipulação do povo, compunham o quadro daquilo que designamos como "populismo indutivista", por oposição ao populismo tradicional, manipulador. E eles foram muito bem apontados pelo polonês Andrzey Walichi em diferentes movimentos do Terceiro Mundo[134]. Adicione-se, àquelas posições, a convicção de que no povo estava a verdade da nação, estava a pureza e a autenticidade (em contraposição à corrupção e alienação das elites) nos mais variados planos (ético-moral, da organização social, da cultura etc.), porque somente as elites estavam ligadas ao exterior (a outras culturas, a interesses estrangeiros): o povo comum deveria, portanto, dizer qual era essa verdade, dele deveria ser esta verdade "induzida". Soluções para os seus problemas deveriam ser encontradas no próprio povo, nascendo dele como algo seu, verdadeiro, autêntico, ligado ao "país real" e não aos devaneios das elites. Se se buscasse conhecer o povo brasileiro, encontraríamos uma riqueza desconhecida. Uma nova linguagem, uma nova cultura (popular), formas de solidariedade próprias (como o "mutirão", no interior), regras éticomorais também próprias. E no povo interiorano esta verdade seria ainda mais "verdadeira", mais autêntica, porque a sua ligação com o litoral, corrompido pelo contato permanente com a Europa, era muito limitada: este constituiu um dos elementos ideológicos (certamente não o mais importante, mas sem dúvida relevante) que estiveram presentes nos programas de educação popular voltados para o interior (como o Movimento de Educação de Base – MEB, na área católica) e nos movimentos de pesquisa da cultura popular nas áreas interioranas no início dos anos 60. Esse "populismo indutivista", que foi identificado em diversos grupos mas que foi especialmente forte entre os católi-

---

[133] Ver compilação de textos apresentados naquele seminário em Ionescu, Ghita & Gellner, Ernest. *Populism, its meanings and characteristics*. Londres, Weidenfeld and Nicholson, 1970.

[134] Walichi, Andrzey. "Rússia". In: Ionescu, Ghita & Gellner, Ernest. *Populism, its meanings and characteristics*, op. cit., p. 92.

cos, certamente se prendia ao nacionalismo, como, aliás, ocorreu em outros países nos movimentos apontados como "populistas clássicos".

Nesse sentido é que CRN de Vieira Pinto oferecia uma argumentação — como a que apresentamos no item anterior — que podia ser "aproveitada", "relida" pelos católicos radicais, o que era legitimado pela evolução do próprio Vieira Pinto para posições de esquerda do ponto de vista político-prático, com conseqüente crescimento de sua influência entre os estudantes.

No entanto, esse "populismo indutivista" inspirava-se igualmente no existencialismo cristão, cujos traços eram, aliás, também perceptíveis em CRN. E prende-se de forma inegável ao tema da massificação. Pouco valeu ter Vieira Pinto denunciado o uso distorcido da palavra "massa" e toda a problemática da "massificação". As idéias de Ortega y Gasset haviam penetrado fundo na literatura católica: a massa era algo definitivamente degradado. Penetraram tão fundo que Pio XII, na sua alocução de Natal de 1944, lançou mão dela, afirmando:

> Povo e multidão amorfa ou, como se costuma dizer, "massa", são dois conceitos diferentes. O povo vive e se movimenta por sua própria vida; a massa é por si mesma inerte e só pode ser movida de fora para dentro. O povo vive da plenitude da vida dos homens que o compõe, cada um dos quais, no lugar e pelo modo apropriado a cada um, é uma pessoa, consciente de suas próprias responsabilidades e de suas convicções. A massa, ao contrário, espera de fora o seu impulso, como fácil brinquedo em mãos de quem lhe deplora os instintos e impressões, pronta a seguir, alternativamente, hoje esta bandeira, amanhã outra (...). A massa é a principal inimiga da verdadeira democracia e de seu ideal de liberdade e de igualdade[135].

Assim receberam tais categorias o beneplácito papal e delas tiraram-se conclusões evidentes: a massa era algo irracional, comandada pela emoção, sem vontade própria; no povo encontrava-se algo cheio de valor, pessoas capazes de decidir por si mesmas ("personalizadas"), de usar a razão, de cultuar a tradição. No seu livro de 1949, *Vom Urs-*

---

[135] Citado por Amoroso Lima, A. *O problema do trabalho*. Rio de Janeiro, Agir, 1956, p. 199 (escrito em 1946).

prung und Ziel der Geschichte, o mesmo que fez furor entre a intelectualidade nativa nos anos 50 e que Freire e muitos jovens católicos leram no início dós anos 60, Jaspers retoma a distinção, em meio à temática fundamental da segunda parte da obra: a questão da técnica e da ascensão das massas.

Ao distinguir "massa" do "povo", diz Jaspers que o povo é ordenado, consciente de sua forma de viver, de pensar e de suas tradições. O "povo" é algo de substancial e qualitativo, que cria uma atmosfera específica na comunidade. Cada elemento do povo possui um caráter pessoal que resulta da força do povo. A massa, ao contrário, carece de ordem, é em si mesma inconsciente, uniforme e quantitativa. Sem modo de ser próprio e sem tradição, sem base e vazia, ela é objeto de sugestão e propaganda; sem responsabilidade, vive no nível mais baixo de consciência. A massa surge onde os homens sem mundo próprio, sem terra e sem origem, ficam em disponibilidade[136].

Ora, a conseqüência que se tirou dessa distinção no início dos anos 60, especialmente pelos jovens católicos, não foi diferente daquela que Alceu Amoroso Lima apontara em 1946, mesmo que dentro de um quadro ideológico diverso.

> Há quem conclua — dizia Amoroso Lima (...) que devemos reverência ao povo mas desdém pela massa. Contra (esta) falsa conclusão (...) apontamos a verdadeira. Não se trata de combater ou desdenhar as massas e exaltar o povo. Trata-se de converter as massas em povo.

A correção dos males sociais contemporâneos ou futuros dependia de ir às massas, conviver com elas, fazer tudo para que a sua vida fosse mais humana e para que ela tivesse acesso à cultura[137]. A solução de Amoroso Lima era solidarista: as massas se transformariam em povo pela colaboração entre o capital e o trabalho, de que resultaria numa "economia personalista", pela elevação e dignificação do trabalho, pela ida às massas e construção de uma "democracia de verdade". A revolu-

---

[136] Jaspers, Karl. *Vom Urzprung und Ziel der Geschichte.* Munique, Piper Verlag, 1949, pp. 164-5.

[137] Amoroso Lima, A. *O problema do trabalho,* op. cit., p. 199. Os males sociais só seriam corrigidos "indo às massas, convivendo com elas", de modo a fazer sua vida mais humana, transformando-a em "posto civilizado e autônomo" (p. 200).

ção social e espiritual do cristianismo exigia a supremacia do trabalho e a disseminação da propriedade, e a necessária educação das massas. O próprio Jaspers, aliás, admitia também — ao contrário de outros existencialistas cristãos como Marcel — a possibilidade de que "dentro da massa se desenvolva o trabalho do verdadeiro espírito, o trabalho racional (...) que ninguém vê em seu conjunto, mas no qual impera tanta razão que sejam possíveis a existência ordenada, o trabalho livre e a livre criação"[138]. Nesse caso, era possível ser otimista em relação à história:

(...) o mundo se encaminharia então — diz ele — para um ponto da história onde tenha existência efetiva nas próprias massas o que até então era privativo das aristocracias: educação, configuração ordenada do viver e do pensar dos indivíduos, capacidade de aprender e participar da obra espiritual, refletir e ponderar e encontrar historicamente o racional nas mais agudas tensões dos homens que se opõem crítica e solidariamente ao mesmo tempo[139].

Transformar essa esperança em realidade significava, na sua linguagem, promover a elevação da massa à condição de povo e esta era claramente uma tarefa da educação.

Ora, poucas idéias foram tão populares entre os jovens católicos como esta de transformar a massa em povo através da educação, uma educação personalista que formasse homens conscientes, capazes de optar, de estabelecer laços estáveis na sua comunidade, de participar conscientemente da vida política. Freire teve de enfrentar esta mesma problemática, na medida em que vivia neste meio. A massificação era um dos seus temas centrais desde 1959; já então ele falava, como os isebianos, na necessidade de confiar no povo, de conviver com ele, falar a sua linguagem. Mas se observa claramente que ele ainda não incorporara aquela distinção nos termos de Pio XII e Jaspers (até mesmo porque ele fala, aí, no "povo como elemento de expressão da massa"), e que isto ocorrerá entre 1959 e 1965, exatamente no período em que Freire teve acesso ao livro *Origen y meta de la história* e conviveu mais de perto com os jovens militantes católicos da JUC e de Ação Popular. Em conseqüência, vamos encontrar incorporado ao trabalho publicado em

---

[138] Jaspers, Karl. *Vom Ursprung und Ziel der Geschichte*, op. cit., p. 167.
[139] Ibidem. p. 167.

235

1965 aqueles conceitos. Eles aparecem quando Freire caracteriza o radical e o sectário. Diz ele:

> O sectário, seja de direita ou de esquerda, se põe diante da história como seu único fazedor (...). Daí se identificarem na imposição. Na redução do povo à massa. O povo não conta nem pesa para seus fins. Deve comparecer no processo ativisticamente. Será um comandado pela propaganda intoxicadora de que não se adverte. Não pensa. Pensam por ele e é na condição de protegido, de menor de idade, que é visto pelo sectário[140]. Ainda mais claro manifesta-se ele no trecho em que diz, concordando com Mannheim, que a participação das massas (que com a democratização não poderiam permanecer em seu estado de ignorância), em termos críticos, só seria possível "com a sua transformação em povo, capaz de optar e decidir"[141].

Que a adoção da distinção entre "massa" e "povo" por Freire revela sua maior aproximação do movimento católico no início dos anos 60 e que se acompanha da convicção de que a uma pedagogia personalista caberia "transformar a massa em povo", para evitar a massificação, a manipulação, os totalitarismos e assegurar a democracia, revela-se na prática pedagógica com seu método, desde as primeiras experiências. Um exemplo contundente pode ser encontrado no discurso do aluno das classes de alfabetização de Angicos diante do presidente João Goulart, quando do encerramento da experiência. Na ocasião, conta o próprio Freire, aquele aluno "declarou que já não era mais *massa,* mas *povo*".

Para Freire, ele teria dito mais que uma simples frase: afirmara conscientemente uma opção. "Escolheu a participação decisória que só o povo tem e renunciou à demissão emocional das massas. Politizou-se"[142].

Aqui encontramos o cerne das contradições que permeiam as idéias e prática pedagógica de Freire e que se vincula à sua passagem de uma posição autoritária original a posições tendencialmente autogestionárias, à sua evolução da defesa da democracia burguesa a uma po-

---

[140] Freire, Paulo. EPL, op. cit., pp. 51-2.

[141] Ibidem. p. 102. Ele fala na admissão do homem brasileiro "à categoria de povo" (p. 57).

[142] Freire, Paulo. "Conscientização e alfabetização". *Estudos Universitários,* op. cit., p. 19.

sição pouco clara e definida, mas tendencialmente a favor das classes populares.

A afirmação do aluno de Angicos pretende revelar a sua politização, a sua conscientização; no entanto, o que aí transparece é a transmissão, por parte de coordenadores de Círculos de Cultura familiarizados com essa "necessidade de uma conversão da massa à condição de povo", dessa idéia ao alunado[143]. Se é certo que, na época das eleições, eles vinham aos coordenadores perguntar em quem deveriam votar (ou perguntavam ao prefeito, como tradicionalmente o faziam), pode-se ter dúvida sobre a real politização do protagonista da história. Se é certo que o conteúdo das aulas — que teoricamente deveria desdobrar-se espontaneamente a partir do próprio alunado — era minuciosamente preparado antes, visando à transmissão de um conteúdo específico[144], nos vemos diante de uma séria contradição entre a teoria e

---

[143] No *Relatório do curso de alfabetização* das Quintas (Bairro de Natal (RN), onde o método foi aplicado experimentalmente) encontramos, no relato das discussões da ficha VOTO-POVO, as seguintes considerações do coordenador do Círculo de Cultura: "Ninguém sabia distinguir massa, de povo. Como já sabem, ninguém mais quer ser massa e disseram que vão se esforçar para ser povo" (p. 5). No jornal *O pau-de-arara,* feito com "frases formadas pelos próprios alunos da experiência-piloto de alfabetização em Angicos", encontramos afirmações como: "Quero aprender a ler para deixar de ser massa", sugerindo a conexão com o direito de votar; "O povo quer melhorar de vida, deixar de ser massa".

[144] No material que conseguimos recuperar (material de avaliação do nível de consciência dos alfabetizandos na periferia de Brasília, de Florianópolis, Recife e Angicos), é bastante clara a correlação entre as notas elevadas e as frases de conteúdo nacionalista e de apoio às reformas de base. Um auxiliar direto de Freire no Serviço de Extensão Cultural da Universidade de Pernambuco afirmou, aliás, em entrevista que nos concedeu, que na verdade ao espontaneísmo político proclamado, superpunha-se uma diretividade camuflada". Esta afirmação coincide com o depoimento de Walkiria Félix, que entrevistamos em Natal no início de 1977 e que participou da experiência de Angicos como coordenadora de um Círculo de Cultura: "Todos tínhamos, na época, inclusive o próprio Paulo Freire, muitas ilusões. Pensávamos que o povo iria dizer quais eram os objetivos de toda aquela mobilização, ao mesmo tempo que tínhamos a democracia representativa como modelo. Na verdade, não era o povo que iria dizer qual regime político era melhor para ele. Ele era preparado para participar, no nível eleitoral, do processo de decisão. O povo era valorizado até o momento de votar; daí por diante, tudo cabia ao Estado (...). Além do mais, na aplicação, tudo estava permeado de nacionalismo; dirigíamos nossos esforços para mostrar a exploração do Brasil pelos estrangeiros. Começávamos pela discussão da fome concreta do nosso aluno e terminávamos na Amé-

a prática, a qual revela a fragilidade da concepção teórica e os conflitos nos quais ela estava envolvida. Por um lado, uma pedagogia personalista seria igualmente uma pedagogia "indutivista", ou seja, que não transmite um conteúdo determinado mas que o "induz" pelo diálogo: se a "verdade" está no povo (na "massa" para Vieira Pinto, mas sem a conotação pejorativa que o termo adquiriu nos meios católicos), ela não poderia ser conhecida previamente para ser transmitida. Só o contato e o diálogo permitiriam desvelá-la, tanto no plano cultural quanto no plano político. No entanto, Freire está convencido de um tipo de interpretação da realidade (que, mesmo nos anos 60, coincide com aquela feita pelos isebianos) e de uma ideologia nacionalista que na verdade é transmitida através dos debates promovidos com a utilização do seu método. A personalização dos indivíduos objetivada por sua pedagogia implicava a formação de pessoas livres, mas existiam opções concretas por detrás dos programas que o utilizavam e das pessoas e grupos que o promoviam. Assim, os supostos pedagógicos dos anos 60 — em contraste com aqueles defendidos em 1959 — eram não-diretivos, pretendiam preparar para o exercício da liberdade, para a opção. Mas esta continuava sendo, para Freire e para muitos que o cercavam, entre a "sociedade arcaica" e a "sociedade moderna"; desse modo a "personalização" libertava o indivíduo dos grilhões da sociedade arcaica e tornava possível uma opção (eleitoral) pela sociedade moderna. Se, no interior, esta luta, no plano eleitoral, era uma luta entre as oligarquias agrárias tradicionais e os líderes populistas vindos do meio urbano, a personalização dos indivíduos favorecia a estes últimos e contribuía para a modernização da sociedade. Nesse sentido, a ambigüidade que sentimos na pedagogia de Freire não é menor nem muito distinta daquela que encontramos no indutivismo de Vieira Pinto.

Como já indicamos, Vieira Pinto enfatiza ao longo de CRN a idéia de que a ideologia provém da massa, não precisa ser a ela imposta. Na medida em que a "massa" se converte à vida excepcional da reflexão sobre si mesma e seus problemas, e pode exprimir sua autenticidade, sua

---

rica do Norte (...). As discussões nas classes eram por nós minuciosamente preparadas em reuniões nas quais discutíamos os objetivos diários. Assim, já sabíamos o que iríamos explorar nas aulas, quisessem ou não os alunos (...) Talvez na teoria o método se apoiasse no espontaneísmo: na prática atuávamos como uma vanguarda".

expressão natural seria o nacionalismo e o desenvolvimentismo. Ao intelectual cabia determinar a autenticidade daquela expressão; e ele só poderia fazê-lo na medida em que se identificasse emocionalmente com ela, em que pensasse "dentro dela", a ela ligado emocionalmente. Só assim ele poderia ajudar a massa a "proferir o seu ideário", dando corpo lógico aos seus "balbucios ideológicos"[145], suprindo as carências de verbalização da massa trabalhadora. E porque a "verdade da massa" não era correta ou incorreta, mas "autêntica", correspondente ao seu "sentir" o "processo nacional" (coincidindo de maneira natural com o nacionalismo-desenvolvimentista), não era possível "doar" idéias à massa: por isso mesmo Vieira Pinto lança-se contra a teoria da vanguarda, contra o leninismo, que levaria as massas por caminhos inautênticos já que aquela "fase" histórico-cultural brasileira correspondia ao desenvolvimento do capitalismo nacional. As idéias consideradas "além da fase" atravessada pelo país eram desqualificadas como inautênticas (massificadoras, diriam os cristãos), merecendo ser combatidas tanto quanto a própria pretensão de existência de uma vanguarda. Essa forma de manipulação do princípio indutivista está, de certo modo, presente em Freire. Mas liberando-se este indutivismo da sua raiz manipuladora e autoritária, liberando-se na verdade de seu compromisso com o isebianismo, deparávamo-nos com princípios análogos àqueles que penetraram nos meios católicos através do personalismo de inspiração proudhoniana. O método pedagógico de Freire, nascido já no período de decadência e de contestação do isebianismo pelos jovens católicos (como se observa no próprio "Documento Básico" da Ação Popular) espelha o início desse processo de "liberação" do isebianismo mas de retenção do princípio indutivista, sem que ainda o rompimento possa ocorrer porque Freire não dispõe de uma interpretação e de uma proposta alternativa clara para colocar no lugar do nacionalismo-desenvolvimentista (como, aliás, parece ter ocorrido também com o próprio Vieira Pinto e com Roland Corbisier nos anos 60). Sua pedagogia, originalmente autoritária, evolui para uma forma personalista que busca ainda no ISEB alguma fonte justificadora, aí encontrando — na formulação de Vieira Pinto — filões indutivistas capazes de sintonizar com os novos caminhos que Freire, no período, começa a percorrer ainda titubeante.

---

[145] Vieira Pinto, A. CRN, op. cit., vol. I, pp. 135, 144, 145, 147 e vol. II, p. 147.